코로나 시대
(임)모빌리티와
우리들의 이야기

이 저서는 2018년 대한민국 교육부와 한국연구재단의 지원을 받아 수행된 연구임 (NRF—2018S1A6A3A03043497)

코로나 시대

(임)모빌리티와
우리들의
이야기

건국대학교 모빌리티 인문교양센터 엮음

앨피

모빌리티인문학은 기차, 자동차, 비행기, 인터넷, 모바일 기기 등 모빌리티 테크놀로지의 발전에 따른 인간, 사물, 관계의 실재적 · 가상적 이동을 인간과 테크놀로지의 공-진화co-evolution라는 관점에서 사유하고, 모빌리티가 고도화됨에 따라 발생하는 현재와 미래의 문제들에 대한 해법을 인문학적 관점에서 제안함으로써 생명, 사유, 문화가 생동하는 인문-모빌리티 사회 형성에 기여하는 학문이다.

모빌리티는 기차, 자동차, 비행기, 인터넷, 모바일 기기 같은 모빌리티 테크놀로지에 기초한 사람, 사물, 정보의 이동과 이를 가능하게 하는 테크놀로지를 의미한다. 그리고 이에 수반하는 것으로서 공간(도시) 구성과 인구 배치의 변화, 노동과 자본의 변형, 권력 또는 통치성의 변용 등을 통칭하는 사회적 관계의 이동까지도 포함한다.

오늘날 모빌리티 테크놀로지는 인간, 사물, 관계의 이동에 시간적 · 공간적 제약을 거의 남겨두지 않을 정도로 발전해 왔다. 개별 국가와 지역을 연결하는 항공로와 무선 통신망의 구축은 사람, 물류, 데이터의 무제약적 이동 가능성을 증명하는 물질적 지표들이다. 특히 전 세계에 무료 인터넷을 보급하겠다는 구글Google의 프로젝트 룬Project Loon이 현실화되고 우주 유영과 화성 식민지 건설이 본격화될 경우 모빌리티는 지구라는 행성의 경계까지도 초월하게 될 것이다. 이 점에서 오늘날은 모빌리티 테크놀로지가 인간의 삶을 위한 단순한 조건이나 수단이 아닌 인간의 또 다른 본성이 된 시대, 즉 고-모빌리티high-mobilities 시대라고 말할 수 있다. 말하자면, 인간과 테크놀로지의 상호보완적 · 상호구성적 공-진화가 고도화된 시대인 것이다.

고-모빌리티 시대를 사유하기 위해서는 우선 과거 '영토'와 '정주' 중심 사유의 극복이 필요하다. 지난 시기 글로컬화, 탈중심화, 혼종화, 탈영토화, 액체화에 대한 주장은 글로벌과 로컬, 중심과 주변, 동질성과 이질성, 질서와 혼돈 같은 이분법에 기초한 영토주의 또는 정주주의 패러다임을 극복하려는 중요한 시도였다. 하지만 그 역시 모빌리티 테크놀로지의 의의를 적극적으로 사유하지 못했다는 점에서, 그와 동시에 모빌리티 테크놀로지를 단순한 수단으로 간주했다는 점에서 고-모빌리티 시대를 사유하는 데 한계를 지니고 있었다. 말하자면, 글로컬화, 탈중심화, 혼종화, 탈영토화, 액체화를 추동하는 실재적 · 물질적 행위자agency로서의 모빌리티 테크놀로지를 인문학적 사유의 대상으로서 충분히 고려하지 못했던 것이다. 게다가 첨단 웨어러블 기기에 의한 인간의 능력 향상과 인간과 기계의 경계 소멸을 추구하는 포스트-휴먼 프로젝트, 또한 사물 인터넷과 사이버 물리 시스템 같은 첨단 모빌리티 테크놀로지에 기초한 스마트 도시 건설은 오늘날 모빌리티 테크놀로지를 인간과 사회, 심지어는 자연의 본질적 요소로 만들고 있다. 이를 사유하기 위해서는 인문학 패러다임의 근본적 전환이 필요하다.

이에 건국대학교 모빌리티인문학 연구원은 '모빌리티' 개념으로 '영토'와 '정주'를 대체하는 동시에, 인간과 모빌리티 테크놀로지의 공-진화라는 관점에서 미래 세계를 설계할 사유 패러다임을 정립하려고 한다.

왜 우리는 코로나19를 얘기하는가?

코로나 사태는 방역 관리에 그치지 않고 정치 · 경제 · 외교 · 교육 · 문화 등 우리의 삶과 관련된 모든 영역에서 거대 담론을 형성한다. 각 분야별로 자신들이 중점을 두는 지점은 부각되려니와 그 반대의 경우는 배제되기 일쑤다. 정책적으로 국가의 장래를 결정해야 하는 국면들 속에서도, 파편적이지만 코로나 사태와 관련한 개인들의 일상과 비일상의 담론들은 존재한다. 이 시대의 기록자들은 한 개인이지만 시대를 읽고 진단하고 미래를 제언하는 대중들이다. 모빌리티mobility(이동성)에 대한 인문학적 성찰을 교양교육의 목표로 삼는 '모빌리티 인문교양센터'는 시대의 증언과 역사의 기록들을 채집하여 책으로 출간함으로써 코로나 시대의 이야기를 생생하게 전달하고 보존하고자 한다.

  인간의 삶과 불가분의 관계를 맺으면서 모빌리티가 문화를 형성하는 지점을 연구하는 모빌리티 인문학의 관점에서 보면 코로나 사태는 급격한 이동성의 제한이 인간의 문화를 변형시키는 사태이며, 그에 따라 사람들의 장소감이 심하게 왜곡되는 현상이다. 물론 사람들의 이동성 제한은 예전부터 존재했다. 여권과 비자로 국경 관리가 이루어져 왔고, 잘 느끼지는 못하지만 어느 건물에는 특정한 사람들만 출입이 허가되는 방식은 늘 존재했다. 자연 채취물이나 생물의 반입이 신고제로 관리된다는 것은 국경 출입을 해 본 적이 있으면 누구나 경험해 봤을 법한 일이다.

코로나 사태는 우리에게 임모빌리티immobility(부동성)를 강요함으로써 인류에게 극도의 불안감을 증폭시키고 있다. 대한민국 국민의 예를 들면 이동성이 제한되는 경험은 무의식적인 공포로 연결된다. 역사적으로 계엄령이나 통행금지 시대를 겪은 세대들은 신체의 구속성이 막연한 불안감으로 재현될 수도 있다. 이동성의 자유를 구가하며 자란 세대는 처음 경험한 이 사태가 미래로도 이어질 수 있다는 절망적 시선을 보내고 있다. 난민들이 겪을 법한 이동의 부자유함을 조금이나마 느껴 보는 것만으로도 이 시련의 긍정적 의미라고 말하는 사람조차 있다.

이동의 제한은 장소성의 변화를 초래한다. 동호회가 모이는 장소들, 극장의 무대나 K-POP의 장소들, 즉 문화적 장소들은 새로운 모색을 해야만 한다. 커뮤니케이션의 장소들 역시 마찬가지다. 내가 있던 장소가 아닌 다른 장소에 있는 낯선 경험들. 이에 대해서《코로나 시대, (임)모빌리티와 우리들의 이야기》는 우리들에게 진솔하게 말을 건넨다. 학교에 있어야 할, 또는 회사에 있어야 할 내가 집에 있게 되면서 우리들은 새로운 자아를 발견하는 글쓰기를 통해 새로운 장소성을 구축한다. "지금 이 글은 서울 변두리 지역의 어느 20평대 아파트에 사는 아기 둘 엄마의 기록이다. 훗날 이 글 조각을 보고 '그때 그랬었지, 그래도 잘 이겨 냈어, 나도 대한민국도 참 대견하다'고 돌아볼 날이 왔으면 좋겠다"라고 서술하거나, "코로나로 우리 인간은 길을 잃었다. 하지만 길을 잃은 사람만이 새로운 길을 발견할 기회를 얻는다. 코로나는 나를 강제 은퇴로 몰았지만, 코로나 덕분에 속도를 줄이고 방향을 질문하게 되었다"고 기록하는 화자들은 대항 담론을 구축함으로써 스스로의 길을 찾고자 한다.

코로나 시대 스스로를 돌아보는 시민들은 취약 계층이 임모빌리티 상황에서 겪을 어려움에 공명하고, 페스트나 스페인 독감의 역사적 사례를 비추어 방향성을 찾고자 하며, 인종차별과 내셔널리즘이 창궐하는 코로나 시대의 윤리적인 책무에 대해 고민한다. 외국에서 임모빌리티 상황을 체험하며 국가 간의 경계를 깨닫고, 코로나 종식 후에 변화될 세계를 사유한다. 시민 대중들의 집단지성은 여느 미래학자들의 예견에 결코 뒤지지 않을 정도로 이미 시대를 맞이하고 미래를 준비하고 있다는 것을 확인할 수 있다.

이 책은 코로나 사태에 대해 거대 담론에 대항하는 개인들의 진솔한 이야기를 모으고자 기획한 건국대학교 'HK⁺모빌리티 인문교양센터'의 에세이 공모 사업의 결과물이다. 책으로 출판하는 데에 있어 필자들의 글을 최대한 존중하여 기록하고 보존하고자 노력하였다. 에세이 공모에 글을 보내 주고 흔쾌히 출간을 허락해 준 필자들, 중·고등학생·대학생·대학원생·일반인 저자들께 감사드린다. 그리고 이 기획을 실행하는 데에 중심적인 역할을 한 양명심 교수, 교정에 힘써 준 이현희 연구원과 서지연 선생님, 삽화를 그린 정지형 선생님께 고마움을 전하며, 책 출판을 흔쾌히 허락해 준 앨피 출판사에도 사의를 표한다.

2020년 가을

김주영(HK⁺ 모빌리티 인문교양센터장)

차례

6부 변화, 포스트 코로나 사유하기

1부

코로나19,
모빌리티와 거리두기

외부와 거의 단절된 채 집에서 거의 자급자족하며
가족과 함께 살아가는 모습을 표현하였다.

너와 내가 '낯선 얼굴'로 남지 않기를

2020년 3월 12일, 캐나다 토론토에서 4년 차 박사과정 중이었던 나는 도서관 카페테리아에서 다음날 있을 세미나 발표 자료를 만들고 있었다. 여느 때와 같이 조금은 무료했지만 다음날 발표 때문에 살짝 긴장해 있었다. 그런데 어느 순간 카페 안 사람들이 웅성거리기 시작했다. 고개를 들어 보니 캐나다 총리과 함께 영국을 방문했던 총리의 아내가 코로나 확진 판정을 받았으며, 총리 역시 검사를 마치고 자가 업무를 시작했다는 뉴스가 카페테리아 TV 화면을 가득 채우고 있었다.

그리고 몇 시간도 되지 않아 학교로부터 이메일이 쏟아졌다. 13일부터 학교의 모든 세미나와 학회 관련 행사를 취소하고 3주 남은 겨울 학기 수업은 온라인으로 전환한다는 내용이었다. 메일을 확인하기 무섭게 내가 조교를 맡고 있던 수업의 교수님에게서 긴급 조교회의 날짜를 잡자는 이메일이 왔다. 갑작스럽게 조교회의를 진행하고, 학교 내 IT 부서에서 보낸 링크를 눌러 온라인 튜토리얼 수업을 진행할 때 사용할 프로그램을 배우고 나니 어느새 한밤중이었다.

겨우 숨을 돌리고 뉴스를 틀자 갑작스러운 상황에 패닉Panic 상태에 빠진 사람들이 마트에서 휴지 등을 '사재기'하는 장면이 연신 보도되고 있었다. 그리고 바로 다음날인 3월 13일부터 슈퍼마켓 같은 필수 상점을 제외한 시내의 모든 레스토랑이 문을 닫고 공공기관과 국립공원도 문을 닫았다. 갑자기 찾아온 도시 전체의 록다운lockdown과 함께 집에서만 지내는 생활은 그렇게 시작되었다.

습관처럼 지냈던 일상이 달라졌다

참으로 기이한 느낌이었다. 바로 전날까지도 북적이던 도시의 거리가 침묵으로 가라앉는 걸 보는 것은. 어제 세미나 발표 준비를 하고 있던 게 꿈만 같았다. 그리고 습관처럼 지내던 일상의 루틴routine 역시 달라졌다. 아침에 일어나면 학교 도서관에 마련된 개인 좌석으로 가서 글을 쓰다, 도서관 내 카페테리아에서 점심을 먹고 오후가 되면 조교 업무와 운동을 마치고 집에 돌아와 저녁을 먹고 쉬던 일정이 마치 꿈처럼 사라졌다.

아침에 일어나면 코로나 관련 기사를 찾아보고, 토론토는 언제까지 상점과 공공기관을 통제할 것인지 확인하는 일이 학교로 향하던 일과를 대체했다. 사람들과는 온라인에서 주로 만나고, 오후에는 학기가 어떻게 마무리될지 묻는 학부생들의 늘어난 문의 메일에 답장해 주는 게 주요 일과가 되었다. 저녁에 창밖으로 가끔 지나다니는 거리의 사람들을 바라보는 것이 그나마 내가 다른 사람들과 연결되어 있음을 느끼게 해 주는 순간이었다.

한국은 1월 말 첫 확진자가 나온 이후 2월부터 본격적으로 코로나 영향 속에 있었지만, 토론토는 3월 13일 바로 전까지도 대면 수업이 진행되고 있었고, 사람들은 코로나에 대해 별다른 위기감을 느끼고 있지 않았다. 오히려 '캐나다는 안전한데 코로나를 의식해 마스크를 쓴 아시아인들이 불안감을 조장한다'며 불쾌하게 여기기 일쑤였다. 그때까지 나는 토론토 사람들이 아직 코로나의 심각성을 몰라서 마스크에 거부감을 느낀다고 생각했다.

록다운 이후 토론토 내 확진자 수가 빠르게 증가하는 걸 보며 이제는 다들 마스크를 쓸 거라고 예상했으나, 사람들은 여전히 마스크를 써야 한다는 것에 거부감을 느꼈다. 북미에서 '마스크를 쓰는 행위' 자체는 내 생각보다 훨씬 더 민감한 문제였다. 마스크를 쓰는 것이 바이러스를 피하는 데 정말 필요한 일인지를 놓고도 의견이 분분했고, '동양 문화'와 달리 서로 대면하며 표정을 마주하는 것을 중시하는 '서양 문화'에서는 마스크를 쓰는 것이 거부감이 드는 행위이니 자제해야 한다는 의견도 공공연히 받아들여지곤 했다.[*]

그러나 마스크 착용을 동양과 서양의 '문화 차이'로 가르고 마스크를 쓰는 주로 동북아시아인들이 북미의 문화를 저해한다고 믿는 것은, 북미를 백인 이민자 중심의 공간으로 환원해야만 성립할 수 있는 논리다. 이 백인 중심의 '서양 문화'에 대한 믿음은 역시 백인 중심의 우파 논리와 곧잘 연결되었고, 동시에 마스크를 쓰는 아시아인들을 서양 문화를 위협하는 존재로 여기게 하는 명분이 되었다.

이에 기름이라도 끼얹듯 미국의 도널드 트럼프Donald Trump 대통령은 공식 석상에서도 마스크를 쓰지 않았고, 코로나 바이러스를 '중국 바이러스'라고 공공연히 트위터에서 언급하는 등[**] 백인 중심의 아시아 커뮤

---

[*] "Why wearing a face mask is encouraged in Asia, but shunned in the U.S.", *TIME*, 2020. 03. 12.

[**] "Trump tweets about coronavirus using term 'Chinese Virus'", NBC News, 2020. 03. 16.

니티 혐오 논리에 힘을 실어 주었다. 이러한 국면에서 마스크를 거부하는, 주로 백인 중심의 'anti-masker'들은 코로나와 관련된 모든 상황의 원인을 '중국인'으로 보이는 '마스크 쓴 얼굴'에 대입하기 시작했다. 그리고 이 사태의 원흉으로 지목된 '중국인'으로 패싱Passing되는 동북아시아인을 대상으로 한 혐오범죄는 캐나다에서도 날이 갈수록 늘어났다.

혐오는 점차 내게도 일상화되었다

누군가를 '중국인', '아시아인'과 같은 추상화된 단어로만 납작하게 이해하면서 폭력적인 언어와 행동을 정당화하는 혐오는 점차 내게도 일상화되었다. 생필품을 사려고 길거리에 나서면 마스크를 쓰고 있다는 이유로 일부러 뒤에서 내게 기침을 하고 가거나 맞은편에서 나를 보며 'f-word'를 내뱉고 손가락질을 하는 등, 단지 마스크를 쓴 아시아인이라는 이유만으로 욕설을 퍼붓고 모욕하는 인종혐오는 코로나 사태 와중에 더욱 팽배해져 갔다. 길거리를 걷지 않더라도 매일 업데이트되는 '코로나'를 이유로 펼쳐지는 인종차별적 발언과 혐오범죄 소식을 접하며 분노와 공포심이 증폭되는 나날이었다. 되풀이되는 감정 소모를 막으려고 휴대전화를 끄면 적막만이 내려앉은 집과 도시가 나를 짓누르는 듯했다.

이처럼 전 세계적인 전염병 대유행 상황에서 록다운이라는 유례 없는 이동성의 제한은 그 물리적 거리가 제한되는 것에 국한되지 않고 인종 간·타문화 간 교류와 관계, 심리적 거리 역시도 급격히 제한되는 결과를 낳았다. 사람을 마주하는 것 자체가 점차 두려운 일이 되었다. 서로 안부를 주고받던 이웃들과도 장을 보다가 거리에서 만나면 급하게 인사만 하고 재빨리 돌아서게 되었고, 마스크를 끼지 않은 백인 남성 무리가 길 반대편에 보이면 그들이 anti-masker들일까 두려워 나도 모르게 피해서 돌아가기도 했다.

아시아인에게 공공연히 표출되는 혐오에 지친 나는 결국 록다운이 시작되고 한 달쯤 후 현재 국면이 진정될 때까지 한국에서 지내기로 결심했다. 하지만 한국으로 돌아가기로 결정한 뒤에도 마음은 편치 않았다. 북미나 유럽의 코로나 상황이 악화되면서 그 지역 유학생들이 한국에 돌아오는 것을 탐탁지 않게 여기는 시선이 존재한다는 것을 알게 되었기 때문이다. 한국에 돌아간 유학생이 자가격리도 하지 않고 제주도 여행을 간 사실이 알려지면서 '검머외(검은 머리 외국인)들이 한국에 들어오지 못하게 해야 한다'는 여론이 빠르게 형성되었다.* 유학생에 대한 부정적인 여론이 형성되는 상황을 보며 한국으로 돌아가는 것에 대하여 복합적인 감정이 들었다. 인천으로 가기 바로 전날에는 코로나 검사 결과가 양성으로 나와 '민폐 검머외'가 되는 꿈을 꾸었다.

심리적인 부담 외에도 토론토에서 인천으로 가는 물리적 과정 역시 녹록지 않았다. 코로나 이후 국가 간 이동성이 크게 약화되면서 대부분의 국제항공편이 취소되었고 인천으로 돌아가는 직항은 없는 상황이었다. 그나마 토론토에서 새벽 6시에 보딩boarding하여 디트로이트로 이동 후 6시간 기다렸다가 인천으로 오는 것이 그나마 경유 횟수도 경유 시간도 가장 적은 방법이었다. 새벽 6시에 보딩해야 한다는 게 부담스러웠지만 어쩔 수 없이 그 항공편을 선택해야 했다. 당일 공항에 도착했을 땐 새벽 4시 반의 이른 시각에도 불구하고 한국으로 돌아가려는 사람들이

---

* "교민 '엑소더스' 기류에…"한국 오지마" 혐오 논란", 〈노컷뉴스〉, 2020. 03. 19.

줄을 서 있었다.

토론토에서 디트로이트로 넘어온 뒤, 디트로이트에서 한국으로 오기 위해 체온을 재고 코로나 관련 서류들을 작성했다. 그리곤 한국에 도착하자마자 또다시 자가격리 앱app을 깔고 보건소에 들러 검사를 받고 2주간 자가격리를 시작했다. '테스트 결과 음성입니다'라는 메시지를 보건소로부터 받았을 때, 드디어 내가 보균자로 한국에 들어와 바이러스를 퍼뜨리는 '검머외'가 될지도 모른다는 강박에서 해방되는 느낌이었다.

낯선 '얼굴'을 향한 폭력과 혐오

토론토에서는 '마스크 쓴 아시아인'으로 한국에서는 '검머외'로, '나'라는 존재는 토론토에서도 한국에서도 사회를 위협하는 '낯선 얼굴'이었다. 이 타자화된 '얼굴'에 가해지는 혐오와 폭력에 대해 주디스 버틀러 Judith Butler는 2001년 9·11 사건 이후 촉발된 무슬림 혐오를 분석하며 논의한 바 있다.

버틀러는 이 논의를 전개하기 위해 에마뉘엘 레비나스Emmanuel Levinas의 '얼굴' 개념을 분석, 확장한다. 우선 레비나스는 타자the Other를 이해하는 데 있어 주요한 철학적 전환을 가져온 학자로도 알려져 있는데, 그가 이야기했던 구성적 타자the constitutive Other는 기존 서구 철학에서 주체의 시선에 수동적으로 머물러 있었던 '타자'를 '나'라는 자아의 주체성을 구성하는 데 적극적으로 개입하는 존재로 본 데서 큰 의의가 있다. 즉, 구성적 타자는 주체가 타인의 '얼굴'을 마주하는 순간들 속에서 '나'의 욕구 이전에 자리하는 윤리적 명령(예컨대, "살인하지 말라Thou shalt not kill" 등)에 응답하여 나의 자유보다 윤리적 실천을 행하게 하고, 이 과정에서

'나'라고 하는 주체로서의 인간성과 개성이 형성되게 하는 중요한 존재라고 레비나스는 보았다.

버틀러는 레비나스의 구성적 타자 개념의 의의를 말하면서도, 타자의 '얼굴'이 항상 모든 순간에 주체가 인간다운 윤리적 책임을 행위하게 하는가에 대해 질문한다. 버틀러에게 있어 레비나스가 말하는 '타자의 얼굴'은 그 어떠한 소리(언어, 비언어를 모두 포함하여)나 감정, 감각을 바탕으로 하고 있지 않고 주체의 시각으로만 파악되는 일종의 '재현물'이다. 타자가 '얼굴'로 재현될 때의 문제점은, 그 타자의 존재가 주체로 하여금 '죽이지 말라'는 윤리적 명령에 '화답할 만한' 타자가 아니라고 여겨질 때, 주체가 그 얼굴에 위협과 낙인의 상징을 새기고 폭력적 실천을 행하는 방식으로 나아갈 수 있다는 점이다.

즉, 9·11 이후 '윤리적으로 화답할 만한 타자'로 인식되지 않았던 '무슬림'으로 여겨지는 '얼굴'에 가해진 낙인과 차별, 폭력과 살인은 '무슬림'이라는 '얼굴'의 재현이 주체로 하여금 윤리적 책임(살인하지 말라)을 실천하게 하는 것이 아닌, 린치와 폭력이라는 정반대의 혐오로 표출되는 기제가 되었음을 보여 준다.[*]

버틀러가 무슬림 혐오를 분석하며 논의를 확장했던 '얼굴'의 재현과 관련된 폭력과 혐오는 현재 코로나 국면에도 여전히 유효하게 적용될 수 있다. 한 가지, 9·11 이후 무슬림 혐오에서 더 추가된 게 있다면 지금은 '전염병'이라는 국면에서 그때와 비교해 물리적 이동성이 현저히 제

---

[*] Butler, J. (2004), *Precarious Life: The powers of Mourning and Violence*, London; New York: Verso.

한되고 대면 자체가 가능하지 않은 상황에서 국경 강화와 인종 간·내외국인 간 경계가 강화되는 추세라는 것이다.

그렇다면 우리는 지금처럼 이동성이 제한되는 임모빌리티immobility의 세계에서 어떻게 이 경계를 완화하고 타인과 '제대로' 마주할 수 있을까. 우리가 서로 이해할 수 없는 '낯선 얼굴'로만 남아 서로를 혐오하는 파괴적인 관계 맺음의 방식을 깨 나가려면, 모든 사람이 '타자'와 '나'라는 대칭적 구도로 나누어질 수 없는 '유한하며 취약한 인간'이라는 보편적인 공통분모를 가지고 있음을 주지해야 한다.

코로나가 전 세계적으로 퍼져 나가는 상황에서 우리는 인간이 언제든 감염에 노출될 수 있는 취약성을 지닌 유한한 존재라는 것을 다시 한 번 되돌아보게 되었다. 그리고 이러한 인간 자체의 유한성과 취약성은 '나'만의 안전이나 '내 그룹'만의 이득을 생각하는 이기적 개인으로는 사회가 더는 유지될 수 없음을 보여 준다.

상대방이 아파도 쉬지 말고 회사나 국가를 위해 일하라고 강요하는 것이 아니라, 아프면 쉬게 하는 것이 장기적으로 볼 때 바이러스로부터 사회 구성원의 안전을 지키고 서로를 배려하는 행위임을 우리는 이 팬데믹pandemic 상황에 와서야 비로소 조금씩 배워 가고 있다. 코로나의 전 세계적 확산이 위험으로 여겨지고 있지만, 동시에 지금 이 시기가 이전의 사회구조와 관계를 재탐색하고 새로운 세계를 만들어 갈 기회이기도 한 것이다.

지금도 여전히 코로나를 이유로 인종과 국적 등에 기반하여 누군가를 혐오하는 일이 계속되고 있다. 그러나 인종주의와 국가주의라는 낡은 신넘이 현재의 팬데믹 상황을 완화할 수 있는 미래가 아님을 우리 모두 알고 있다. 포스트 코로나 시대에는 이기적 개인이 아닌, 타인의 어려움과 아픔에 충분히 공감하고 배려하며 타인을 적극적으로 껴안는 상호 돌봄의 존재를 시민의 정의로 만들어 나가야 한다. 상호 돌봄성을 기반으로 타인을 낯섦으로만, 위협의 '얼굴'로만 수렴하지 않는 인식이 포스트 코로나 시대 시민사회의 윤리적·실천적 밑거름이 되는 미래가 곧 도래하길 기대해 본다.

김현철_대학원 박사과정생

"내일 만나요!", 약속은 지키지 못했지만

사람들은 저마다의 일상, 오늘 하루를 살아간다

그것은 우리에게 너무도 익숙하리만큼 편안한 것이기에 항상 우리 곁에 있을 줄만 알았다. 모든 이별이 그러하듯 준비 없이 갑자기 맞이하는 이별은 참 힘들다. 나는 생각한다. 이별은 사람이나 동물처럼 생명을 지니고 살아 숨 쉬는 것들만 겪는 일이 아니라고, 너무 평범해서 더없이 소중했던 일상과도 이별할 수 있는 것이라고. 그렇게 2020년 올해 나는 익숙했던 나의 지난 일상과 이별했다. 그리고 이 이야기는 내가 기존의 일상과 이별하고 새로운 일상을 맞이하면서 겪게 된 감정과 생각들, 어쩌면 처음 겪어 봐서 혼란스럽기도 했지만 또 새로웠고 그래서 의미 있는 마음들, 그 알 수 없는 것들에 대한 이야기다.

나는 한국어 선생님이다. 정확히 말하면 해외에서 한국어를 가르치는 한국어 선생님이었다. 적어도 나에게는, 선생님이라는 직업은 가르치면서 배우는 직업이기에 나와 학생들은 하루하루 즐겁게 배우며 화기애애한 수업을 이어 나가고 있었다. 해외의 교육 현장에서 한국어를 가르치는 일은 말로는 다 표현하지 못할 만큼 벅차고 뜻 깊은 경험이었고, 나는 내 인생에 또 언제 다시 올지 모르는 그 빛나는 날들의 행복을 마음껏 만끽했다. 언제나 초롱초롱한 눈으로 열심히 한국어를 공부하는 학생들과 그런 학생들에게 최고의 수업을 해 주고 싶었던 나. 그렇게 우리는, 우리의 수업은 정말이지 반짝반짝 빛이 났다.

그러나 모두에게 그렇듯 우리에게도 코로나19는 예고 없이 갑자기 찾아왔다. "내일 만나요!" 하고 해맑게 헤어졌는데 결국 우리는 그날 이후로 77일을 만나지 못했고, 그렇게 계속 만나지 못한 채 학기가 마무리되었다. 그때는 몰랐던, 학생들과의 마지막 날이 되어 버린 그날의 기억이 아직도 생생하다. 다가올 날들을 예상하지 못했던 우리는 그저 학기 초의 설렘과 반가움, 그리고 새 학기에 대한 새 마음과 열정으로 가득 찬 상태였다. 수업이 끝난 후 학생들에게 숙제를 내 주고 여느 때와 다름없이 밝게 웃으며 인사하고 헤어졌다. 퇴근하고 집에 왔는데 갑자기 학교에서 다급한 연락이 왔다. 현지 교육부의 지침으로 내일부터 온라인수업을 해야 한다는 것. 그렇게 갑자기 온라인으로 수업이 전환되었다.

이런 가까운 미래를 전혀 예상하지 못했던 과거의 우리는 그 예상 못했던 만큼의 타격을 오롯이 받았다. 당황스럽고 곤란했지만 그래도 다시 만날 날만을 간절하게 기다리며 하루하루 온라인수업을 이어 나갔다. 우리의 염원에도 불구하고 현지의 상황은 점점 더 심각해져만 갔다. 애타는 속도 몰라 주고 확진자 수는 야속하게도 계속 늘어만 갔다. 결국 그렇게 만나지 못한 채 두 달 반의 시간이 지나고 학기가 끝났다. 유일하게 남는 아쉬움이라면 학생들 얼굴을 보고 마지막 인사를 나누지 못한 것이다.

우리는 코로나19가 사라지면 다시 만날 것을 기약하며 헤어졌다. 사랑하는 학생들과 마지막 인사조차 나눌 수 없게 만든 이 현실이 야속하고, 바이러스라는 게 뭔지 정말 괘씸하게 느껴졌다. 괜스레 대상이 없는 분노와 억울함을 표출하곤 했다. 왜 하필 내가 간절하게 바라던 해외 학습자들과의 만남에서 이런 상황이 터진 것인지, 왜 하필 지금인지. 내 노력으로 달라지는 것 없는 그 현실에 너무도 무력함을 느낀 당시의 나는 그저 분노를 표출하기에 바빴다.

울며 겨자 먹기로 시작했던 온라인수업

그 시작은 사실 '어쩔 수 없이 할 수밖에 없다'는 좁은 마음으로 꽉 차 있었다. 그런데 두 달 반 동안 온라인으로 수업을 진행하면서 놀랍게도 생각보다 괜찮다는 긍정적인 인상과 몇 가지 장점을 발견하게 되었다. 이런 상황이 아니었다면 한평생 몰랐거나 아주 느지막하게 알게 되었을 발견이라서, 이 발견이 더 소중하게 다가왔다.

난 대면 수업이 현존하는 수업 방식 중 가장 좋다고 생각한다. 직접 마주 보며 모든 의사소통을 공유하는 그 수업을 비대면이 완벽하게 뛰어넘기는 어렵다. 그 사실을 애써 부정하고 싶지는 않다. 그러나 불확실성이 가득한 오늘을 살아가는 시대에 온라인수업이 꽤 적절한 방안이 될 수도 있겠다는 희망을 발견했다.

선생님으로서 나에게도 이번 도전은 의미가 있었다. 어쩔 수 없는 상황에서 시작된 온라인수업은 조금 당황스럽긴 했지만, 이번 기회가 아니면 해 보지 못했을 새로운 경험이었다. 학생들에게 어떻게 하면 온라인수업으로 가장 효과적이게 한국어를 가르칠 수 있을지 고민하고 또 고민했다. 온라인수업은 대면 수업과 환경이 많이 다르기 때문에 온라인에 최적화된 새로운 자료들을 고안해야 했다. 나는 온라인의 장점을 최대한 활용하기 위해서 노력했다.

한국어 말하기 수업을 담당하는 나는 특히 온라인에서 어떻게 하면 '말하기'를 제약 없이 연습할 수 있을지 고민하고 연구했고, 그 시간은 나를 또 성장시켜 주었다. 온라인은 실시간 의사소통 면에서 전달성이 약간 떨어진다. 또한 언어 그 자체만큼이나 중요한 표정, 몸짓, 손짓 등의 비언어적 표현을 제대로 전달할 수 없다는 단점이 있다.

하지만 시각적 효과가 필요한 텍스트를 보여 준다거나 시청각 자료를 활용할 때는 다소 열악했던 교실의 기자재 환경보다 더 효율적으로 콘텐츠를 전달할 수 있다는 장점이 있다. 또한 대면 수업을 할 때에는 친구들 앞에서 발표하는 것을 꺼리던 내성적인 학생들도 온라인수업에서는 각자 집에서 편하게 수업하니 긴장하지 않고 적극적으로 이야기를 할 수 있었다. '이 학생이 이렇게까지 적극적으로 참여하며 자신감 있게 말할 수 있는 학생이었구나' 싶어서 겉으로는 티를 내지 않았지만 수업 시간에 꽤 열심히 표정 관리를 해야 할 만큼 놀란 순간이 참 많았다.

이런 점들은 교사로서 나에게 여러 생각할 거리를 제공했다. 한 가지 분명한 사실은, 어떤 학생들에게는 분명 온라인수업이 더 효율적으로 작용할 수도 있다는 점이다. 물론 몇몇 제약이 있고 어떤 것들은 절대 온라인에서 구현될 수 없어 아쉬움이 남기도 한다. 하지만 내가 한 가지 확실하게 깨달은 것은, 시간이 조금 흐른 뒤 기술적인 발전이 더 이루어진다면 학교에 가지 않고 현장성이 배제된 채 이루어지는 수업도 꽤 효율적일 수 있다는 것이다. 그렇다면 교육에 있어서 국경, 기술, 통신, 교통, 빈부 격차 등의 이름으로 규정된 장벽도 조금은 허물어지지 않을까?

특히, 우리 학생들처럼 해외에서 한국어를 공부하는 학생들은 현지에서 한국어를 제대로 공부할 방법이 많지 않다. 원어민 교사도 많이 부족하고 전문성을 지닌 교사는 더더욱 부족한 실정이다. 내가 말하고 표현하는 모든 한국어를 눈으로 보고 귀로 담으려고 했던 학생들의 초롱초롱한 눈빛은, 한편으로 이곳의 교육 환경을 다시 한 번 생각하게 만들어 마음이 무거워지기도 했다. 현재 온라인수업이 지닌 몇 가지 문제들을 개선할 수 있을 만큼의 기술적 발전과 자료 구축이 이루어진다면, 해외 학생들도 한국에 있는 훌륭한 선생님들의 수업을 아주 효율적으로 활용할 수 있을 것이다.

이번 3개월의 온라인수업은 나로 하여금 다시 한 번 교육과 배움의 의미를 생각하게 만들었다. 높아 보이는 여러 장벽을 허물고 모든 한계가 무력화될 수 있는 영역, 그 첫 번째 영역이 교육이 되었으면 좋겠다. 배움을 원하는 모든 학생이 배우고자 하는 걸 똑같은 조건에서 배울 수 있고, 그렇게 말랑말랑하고 무한한 가능성을 지닌 그들의 꿈을 키워 나갈 수 있는 그런 세상이 오면 좋겠다. 어쩌면 온라인수업이 그 길로 가는 첫 번째 수단이 될 수도 있지 않을까?

90년대생인 나에게 학교를 떠올리면 동시에 자동으로 연상되는 시각적 이미지는 운동장과 교실, 그리고 급식을 먹는 학생들의 모습이었다. 인생 최고의 해맑음을 자랑하는 30여 명의 학생들이 모여 있는 그 왁자지껄한 교실의 모습. 그런데 요즘 학교와 교실의 의미를 다시 생각하게 되었다. 이제 학교와 교실은 완전한 물리적 공간으로 존재하지 않을 수도 있을 것 같다. 배움과 교육이라는 본질이 변하지 않는 선에서 그것을 실현하는 다양한 방법과 도구가 등장하면서 어쩌면 학교와 교실이라는 물리적 실체가 다른 수단으로 대체될 수도 있겠다는 생각이 든다.

코로나19는 교사인 나에게 또 한 뼘 성장할 기회를 주었고, 그 성장만큼이나 조금은 슬펐던 일상과의 이별도 경험하게 했다. 해외에서 공부하는 학생들을 직접 만나고 싶어서 갔던 해외 파견인데 화면 속으로만 학생들을 만나니 참 마음이 아프기도 했다. 천재지변이니 아쉬워하지 말자고, 내 노력으로 해결되지 않는 일은 내려놓자고 애써 마음을 다잡아 보지만 그런 합리화의 과정 곳곳에서 어쩔 수 없는 아쉬움과 안타까움이 있었다.

결국 그렇게 "내일 만나요!"의 '내일'은 오지 않았고, 우리는 마지막 종강 날까지 교실이 아닌 컴퓨터 화면 속에서 인사를 하고 서로의 안녕을 기원했다. 예상치 못한 이별의 기간만큼이나 우리는 서로에게 더 애틋했고 서로를 더 그리워했다. 이동제한령으로 모든 사람의 이동이 막히고 집에만 머물러야 했지만, 사람들이 서로 그리워하고 사랑하는 그 알맹이만큼은 막을 수 없는 것임을 다시금 깨달았다.

비록 3월 이후로 얼굴도 못 본 채 내 사랑하는 학생들과 헤어졌지만, 사람들이 자유를 찾은 뒤 우리가 다시 만날 그날을 상상하면 내 입가에는 자동으로 흐뭇한 미소가 번진다. 보고 싶은 내 학생들. 모두 이 어려운 시기를 잘 극복하고 다시 꿈을 펼치며 하루하루 소중한 일상을 마주하는 그날이 오기를 바란다.

새로운 도시의 일상을 기다리며

5월의 마지막 날, 하늘길이 막혀 버린 현지에서 한국으로 올 수 있는 유일한 방법이었던 특별기에 몸을 싣고 나는 한국으로 돌아왔다. 특별기를 타기 위해 두 달 반 만에 외출을 했는데, 그 외출이 현지를 떠나기 위해 공항으로 향하는 길이라는 점이 나의 마음을 먹먹하게 만들었다. 폐쇄되어 버린 공항은 참 낯설었고 적막한 기운까지 감돌았다. 그 생경한 풍경은 내게 약간의 두려움을 주었다.

몇 달 전까지만 해도 이렇게 마스크와 장갑을 착용한 채 공항에서 조심스럽게 특별기를 기다리게 될 줄 상상도 못 했다. 참 오랜 시간을, 사랑하는 이 도시와 사랑하는 가족들과 함께하기 위해 집에서 견뎠을 사람들. 남자들의 머리는 몇 달간 다듬지 못해서 무성하게 자란 상태였다. 그 길게 자란 머리칼을 보며 다들 얼마나 긴 시간 동안 집에서 이 도시의 안녕을, 도시의 일상이 돌아오기를 기다렸는지 알 수 있었다.

늘 설렘으로 가득 찼던 공항은 약간의 긴장감과 아쉬움, 그리고 그 밖의 복잡한 것들로 휩싸여 있었고 그 알 수 없는 공기로 꽤 무거웠다. 마스크가 답답해 힘들어하는 아이들에게 조금만 더 버티라고 달래는 어머님들의 모습, 아름다운 이곳에서의 두 학기를 회상하며 현지를 떠나는 내 모습, 그리고 나와 함께 비행기를 기다리는 수많은 사람의 모습을 보며 생각했다. 무엇이 우리의 일상을 이렇게 변하게 했을까? 슬프고 또 안타까웠다.

결국 내가 사랑하던 그 도시의 일상과 나의 학생들의 얼굴을 보지 못한 채 나는 한국으로 돌아왔다. 이 글을 쓰는 지금도 한국을 비롯해 내가 살던 그곳, 그리고 전 세계는 여전히 알 수 없는 여러 가지 것들과 치열한 투쟁을 벌이고 있다. 언제 이 투쟁이 끝날 지 아무도 알지 못한다. 그리고 지금을 살아가는 나를 비롯한 많은 사람들이 이번에 형용할 수 없을 만큼 꽤 복잡한 심경의 변화를 경험했을 것이다.

세상도 어렵고, 바이러스도 어렵고, 그 모든 어려운 것투성이 속에서 살고 있지만 여러 마음과 노력이 모여 결국 꽃이 피어날 것을 믿는다. 그리고 이 복잡한 시간 속에서 나는 참 많은 것을 느꼈다. 내가 느낀 그 모든 것을 말과 글로 담아내기가 너무 어렵지만 적어도 한 가지 정확하게 말할 수 있는 것은, '힘들었지만 나는 그 새로운 경험과 감정들로 또 한 뼘 성장했다'는 것이다. 나도, 내 가족도, 나의 학생들도, 내가 사랑한 그 도시의 사람들도, 전 세계 온 나라 사람들 모두 하루빨리 이 긴장감 넘치는 일상이 끝나고 다시 다가올 새 일상을 만끽할 수 있기를.

　우리에게 다시 올 소중한 새 일상을 두 팔 벌려 환영하겠다는 마음으로 나의 이야기를 마친다.

최보르미_회사원

코로나19는 위기이자 위험한 기회

2003년부터 시작한 교직 생활이 햇수로 어느덧 17년이 되어 가면서 여느 해와 마찬가지의 2월을 맞이했다. 익숙해진 수업과 학사일정에 대한 준비를 끝마칠 즈음, 코로나19와 관련한 우려 섞인 소식들이 들려오기 시작했다.

처음에는 개학이 2주 미루어지는 미미한 수준의 변화였고, 코로나19라는 전염병에 대한 정보나 이해가 다소 부족했기에 교사와 학생 모두 학업에는 큰 영향을 주지 않을 거라고 예상했다. 시간이 거듭될수록 상황이 쉽게 해결될 기미가 보이지 않으면서 급기야 초유의 온라인수업이라는 플랫폼platform을 준비하는 상황에 직면하게 되었다.

고등학교의 학사일정은 '학교생활기록부'와 맞물려 있다. 흔히 학생부라 불리는 학교생활기록부는 '교과'와 '비교과' 항목이 있고, 여기서 교과는 '내신 성적'과 수업 시간 중 학생들의 특별한 활동을 기록하는 '교과별 세부 능력 특기사항' 항목으로 구성된다.

비교과는 자율, 동아리, 봉사, 진로, 독서 활동이 있고 이러한 활동들은 학생부에 기재되는 것이 일반적이다. 대학 입시 학생부종합전형에서는 교과와 비교과의 모든 항목이 당락을 결정하는 중요한 요소이다. 그러나 온라인수업으로 교과와 비교과 활동을 진행하는 데에는 두 가지 측면에서 상당한 어려움이 존재한다.

첫 번째, 학생의 모든 활동을 관찰하기 어려운 온라인수업의 한계를 들 수 있다. 학생의 수업 시간 중 활동 내용을 학생부에 기재하려면 교사는 수업 중의 모든 활동을 면밀히 관찰하고 그것을 잘 해석하여 학생의 특성에 맞게 기록해야 한다. 또한 비교과 부문에서 동아리의 경우 학생들 스스로 기획하고 추진하는 특성이 존재하며, 자율 활동에는 견학 · 답사 · 전공 체험 등의 교외 활동 및 외부 강사의 특강 등이 이루어지기에 이러한 활동을 온라인으로 진행하고 이를 교육부의 지침을 준수하며 기재한다는 것은 불가능에 가깝다.

두 번째, 교사와 학생 모두 쌍방향 온라인수업에 아직 익숙하지 않다는 점이다. EBS를 비롯하여 우리나라 사교육 업체의 강의 진행 방식은 대부분 강사가 학생에게 단방향으로 전하는 형태였다. 교사와 학생의 상호작용을 관찰·기록하고 수행평가 등을 진행하려면 '쌍방향' 온라인수업이 필요하다.

그러나 보안상의 문제로 무선 네트워크 환경은 학교에 들어오지 못했고, 익숙하지 않은 수많은 프로그램과 스마트폰 애플리케이션에 교사와 학생이 적응해야 한다는 문제가 대두되었다. 개인마다 차이가 있겠지만, 변화에 대한 반응과 수용의 속도가 매우 느린 학교 현장의 특성을 생각하면 쌍방향 수업 활성화에는 많은 시간이 소요될 수밖에 없다. 현재까지도 대부분의 학교에서 단방향 수업 혹은 EBS 콘텐츠 활용 중심으로 온라인수업이 진행되고 있을 것으로 예상된다.

여러 우려 속에서도 4월 9일부터 고3 학생들을 대상으로 온라인수업을 진행하는 것이 결정되었고, 코로나19의 여파로 이미 대학에서 교직 수업을 온라인으로 진행하고 있던 나는 이왕 한다면 마음먹고 제대로 해 보기로 다짐했다.

이전에는 경험해 본 적 없는 어려움

초기에는 EBS의 플랫폼을 이용하여 단방향 위주의 강의를 제작하였다. 그러나 영상을 촬영하는 단계부터 큰 어려움에 직면하였다. 아무도 없는 빈 강의실에서 마이크 없이 육성으로 녹음하니 음성이 제대로 전달되기 어려웠고, PPT 화면을 제대로 보여 주기 위해 조명을 일부 끄고 녹화를 한 결과 저장된 영상이 매우 어둡게 나타나서 다시 녹화하는 과정을 여러 차례 반복하였다.

그러한 단점들을 보완하기 위해 인터넷에서 적지 않은 돈을 주고 구입한 장비들은 그다지 만족스럽지 못했다. 또한, 저장된 영상을 편집하고 자막과 여러 효과를 삽입하려면 결국 유료 소프트웨어를 살 수밖에 없었으며, 그 프로그램들 안에서 내게 필요한 기능의 사용법을 익히느라 책을 사서 공부하는 등, 이전에는 경험해 본 적 없는 어려움을 홀로 극복해야만 했다.

이렇게 정성스럽고 어려운 과정을 거쳐 한 편의 영상을 완성했다고 해서 그걸로 끝이 아니었다. 강의 영상을 EBS 플랫폼에 올리려니 용량이 커서 업로드가 안 된다는 메시지가 떴고, 이를 수정하기 위해 또 다른 프로그램을 사용하여 용량을 줄이는 작업도 병행해야 했는데 용량을 줄인 영상은 화질이나 음성 면에서 그다지 만족스럽지 못했다.

결국 유튜브 계정을 활용하여 링크를 걸어 두는 방식으로 강의를 제공하기도 했는데, EBS 계정에서 종종 오류가 발생하여 유튜브로 직접 접속해야만 했다. 한데 이 방식은 공부하는 학생들로 하여금 공부와 관련 없는 다른 영상을 접하게 하여 몰입을 방해하였고, 수강 시간이 기록되지 않는다는 등의 문제점도 발생했다.

더욱이 이렇게 열심히 준비한다고 해서 특별한 보상을 받는 것도 아니고, 오히려 수많은 어려움 속에서 수업 준비보다는 기술적인 부분에 더 많은 시간을 쏟고 있는 내 모습을 돌아보면서 많은 생각이 교차하였다. '해 보지도 않고 포기한 사람도 물론 있겠지만, 시도한 선생님들 가운데서도 많은 분이 이래서 그냥 EBS 콘텐츠를 활용하여 수업을 진행하시는구나' 싶었다. 나 역시도 중요한 단원이나 꼭 필요한 공지 사항에 대한 강의는 직접 촬영·편집·업로드하고 일부 강의는 EBS 콘텐츠를 병행하는 방향으로 전환하였다.

무모한 열정으로 시작했지만

약간의 자만심과 무모한 열정으로 시작했던 초기의 도전은 나에게 여러 가지 새로운 점을 느끼게 하였다. 첫째, 오프라인 수업에서는 50분의 시간이 정해져 있는데도 이를 다 활용하기가 매우 어려웠다. 점심시간 직후나 체육 수업 직후 등 많은 경우에 학생들이 수업 준비가 되어 있지 않아 정리 정돈을 시키는 것부터 시작하여 많게는 10분 가까이 시간을 소모하기도 하였다. 또한 졸거나 떠드는 학생들을 지도하다 보면 종종 수업의 흐름이 끊기고, 수업과 관계 없는 훈화 위주의 이야기들로 수업 시간이 채워지기도 했다. 그에 비해 온라인 강의에 주어진 50분의 시간은 온전히 수업 내용으로 채워 나가야 했다. 그러다 보니 여느 해와 달리 교과의 진도가 매우 빠르게 진행되고 있음을 알게 되었고, 매번 행사나 일정 탓을 하면서 수업 시수가 부족하다고 투덜대던 내 모습을 반성하게 되었다.

둘째, 오프라인 수업에서는 수업 중 학생들에게 전달하는 내용 가운데 확실하지 않은 부분이나 나 스스로 이해되지 않는 내용도 두루뭉술하게 설명하고 넘어가는 경우가 간혹 있었다. 하지만 온라인수업에서는 학생들뿐만 아니라 학부모들까지 볼 수 있다고 생각하니 너무나 당연한 일이지만 언제부턴가 잊고 있던 원칙을 지키게 되었다. 알고 있다고 생각하지만 설명할 수 없는 지식은 나의 지식이 아니라는 격언처럼, 강의의 분량과 내용을 꼼꼼하게 검토하고 스스로 이해되지 않는 설명을 하지 않기 위해 어려운 내용은 다른 강의를 참고하기도 하였다.

온라인수업을 진행하며 느낀 점 중 마지막이면서 가장 중요한 것은, 수업 내용을 다시 복기하면서 보완할 점을 찾고 학생들에게 복습의 여건을 제공할 수 있다는 점이다. 교육과정 변화에 따라 새롭게 적용된 '사회문제 탐구' 같은 과목은 학생 중심의 토의·토론 수업 방식을 적용해 보기도 했지만, 고3 학생을 대상으로 한 '한국지리' 수업은 특별한 변화 없이 늘 해 오던 방식을 그대로 고집하였다. 그러나 온라인수업을 위해 촬영한 강의를 내가 직접 시청해 보니 그동안 볼 수 없었던 단점들이 보이기 시작하였다. 말의 속도가 너무 빠른 것부터 판서를 할 때 학습자 친화적이지 않은 부분까지, 녹화한 영상을 다시 보지 않았다면 알기 어려웠을 여러 가지 문제점을 깨닫게 되었다.

또한 부득이한 사유로 결석하였거나 여러 가지 이유로 수업에 집중하지 못하는 학생들에게 유튜브 또는 EBS 온라인 클래스에 업로드한 강의를 다시 볼 수 있도록 함으로써 재학습의 기회를 제공한다는 점은, 학습의 결손을 보완할 수 있는 훌륭한 대안이 된다는 장점과 함께 많은 학생들에게 매우 유용한 복습의 기회로 작용하였다.

'설마 그렇게까지 되겠어?'

코로나19가 전 세계적으로 유행하는 상황이지만 대부분의 미래학자들은 코로나19가 언젠가는 종식될 것이라고 확신하고 그 이후 지구촌 전반에서 나타날 변화를 예측하여 내놓고 있다. 이를 교육 분야에만 한정하여 정리해 보면, 일부 단점이 존재하지만 학교 현장에서 온라인 교육의 병행은 필연적으로 이루어질 것이라고 말하고 있다. 많은 사람이 코로나19의 대확산을 예측하지 못했던 것처럼, 앞으로 발생할 또 다른 전염병의 확산에 대비한 교육 현장의 변화는 어찌 보면 당연하다.

그러나 이러한 변화의 흐름 속에서 변화를 거부하고 과거의 익숙한 시스템을 계속 유지하려는 기득권 집단의 반발 또한 만만치 않을 것이다. 온라인 교육의 도입은 단순히 수업 방식을 혼합하는 것에 한정되지 않으며, 교사와 학생을 비롯한 학교 구성원들이 새로운 소프트웨어 및 하드웨어 구축과 활용을 위해 이전에는 하지 않았던 새로운 노력을 해야 한다는 것을 전제로 하고 있다. 특히 4차 산업혁명 시대의 도래와 맞물려 도입된 새로운 교육과정에 요구되는 프로젝트 수업, 토의·토론 수업, 교과 간 융합 수업 등 다양한 방식의 교수·학습 과정을 온라인수업에서 어떻게 구현할 것인가에 대한 모범답안을 제공하는 부분에서 교사가 가장 큰 역할을 담당해야 한다.

즉, 코로나19의 확산은 우리 사회 전반에 더 빠른 변화를 가져오게 한 것은 물론, 교육 현장에서 그동안 수많은 조건을 열거하면서 미루고 미뤄 왔던 교실 속 수업이 변화해야만 하는 이유를 더욱 분명하게 제시하고 있다. 그런데도 교육부나 교육청을 포함한 학교 현장이 과거에 해 왔던 것처럼 코로나19의 종식 이후에도 사회 전반의 변화와 연동하여 요구되는 교육제도의 변화와 혁신을 거부한다면 학교와 교사의 존재 이유는 앞으로 미미해질 가능성이 크다.

역사를 돌아보면 인류에게 다가왔던 위기들은 때로는 위험하고 절망적인 상황을 제공하기도 하였지만, 이를 준비하고 극복한 사람들에게는 새로운 도약의 기회가 되기도 하였다. 코로나19의 여파로 인해 내가 느끼는 학교 현장의 변화는 지금까지 겪어 왔던 그 어떤 변화보다 가장 큰 변화의 과정을 체감하게 하고 있다.

중요한 것은 앞으로 또 어떤 변화가 우리 앞에 다가올지 모른다는 것이다. 유튜브에 접속해 보면 과거와는 달리 수많은 선생님이 자신의 교과목 강의를 유튜브에 업로드하고 있으며, 지금 이 순간에도 많은 선생님들이 조금 더 재미있고 다양한 수업 방식을 온라인수업에 적용하려고 노력하고 있을 것이다. 이를 증명하기라도 하듯, 코로나19의 확산 이후에 유튜브 접속량이 현저하게 증가하였다는 통계는 너무도 당연한 결과다.

학생 입장에서는 당연히 들어야만 했던 재미 없고 집중이 안 되는 학교 선생님의 수업을 듣기보다는, 격주로 돌아오는 온라인수업 기간에 자신에게 더 잘 맞는 유튜브의 수업을 듣거나 비용을 지불하고서라도 더 재미있는 사교육 업체의 콘텐츠를 이용할 가능성이 더욱 커졌음은 두말할 나위가 없다.

이런 상황에서 교사가 수업 변화를 고민하고 노력하지 않는다면 학생과 학부모들은 아마도 학교에 왜 가야 하는지 질문하게 될 것이다. 그리고 노력하지 않는 교사는 그 어느 때보다 빠르게 진행되는 현장의 변화 속에서 퇴출 압박을 느끼게 될지도 모른다. '설마 그렇게까지 되겠어?'라는 안이한 생각을 지금 누군가 하고 있다면, 코로나19의 확산이라는 예상치 못한 상황만큼이나 다가올 미래에 그들에게 예측할 수 없는 위험한 상황이 펼쳐질 것이다.

4차 산업혁명과 맞물려 학교 현장의 변화를 이야기할 때 가장 중요한 부분으로서 '인간 중심의 민주 시민의식 향상'을 위한 교육을 언급한다. 로봇과 인공지능의 출현으로 인해 현재와 다가올 미래에 노동의 많은 부분이 그것들로 대체될 것이 확실해지면서 인간의 역할이 축소되는 것을 우려하고 있다. 그러한 시대가 보편화될 즈음 인간 혹은 인간만이 발휘할 수 있는 가장 중요한 가치인 소통, 나눔, 협력 등을 학교에서 학생들에게 교육을 통해 직접 체험할 수 있도록 해야 한다는 것이다.

지금은 변화에 맞추어 노력하고 준비할 때

1인 가구의 확산과 함께 더욱 어려워지는 인간과 인간 간 소통, 노동의 종말이 가속화될 때 소외되는 사람을 돌아보게 하는 나눔, 코로나19의 확산으로 전 세계적으로 고립주의가 더욱 심해지는 상황에서 나와 다른 가치관을 가진 사람과 협력하는 능력을 가르치는 것은, 역사를 통틀어 그 어느 때보다 더욱 중요한 가치로서 거듭나고 있다.

기술과 정보의 혁신으로 대변할 수 있는 요즘 시대 학생들은 교과서 속의 지식과 정보를 꼭 학교가 아니더라도 자신이 편하게 느끼는 다른 수단을 통해 얼마든지 습득할 수 있으며, 교과서 내의 정보들은 불과 몇 년 혹은 몇 시간 사이에 바뀌거나 의미가 없어지기도 한다.

또한 수많은 가짜 정보와 뉴스들이 인터넷과 미디어 속에서 홍수처럼 넘쳐나고 있는 상황에서 정보 그 자체보다는 이를 올바르게 판별할 수 있는 능력이 더욱 중요해지는 시대라고 할 수 있다. 교사와 학교는 이러한 시대 변화를 직시하고 그 흐름에 맞추어 뼈를 깎는 노력과 준비를 해야 하는 상황에 직면하고 있다.

무엇보다 지식의 제공과 대학 진학이라는 기존 학교의 목표에서 벗어나 인간으로서 갖춰야 할, 혹은 인간만이 발현할 수 있는 더욱 중요한 가치를 학생들이 함양할 수 있도록 교육 현장을 변화시키고 수업 방식을 개선하는 노력을 지금 이 순간부터 진행해야 한다는 요구가 느껴지고 있다.

그러한 이유로 나는 교사로서 17년간 재직하면서 해 본 적 없는 쌍방향 온라인수업을 준비하고 있으며, 이러한 방식을 통해서 학생의 수업 활동을 학생생활기록부에 어떻게 기록할 수 있을지, 수행평가를 어떻게 적용할 수 있을지에 대한 많은 고민을 거듭하고 있다. 아직 가 보지 않은 길이지만, 늘 그랬듯 진행하는 과정에서 많은 깨달음과 함께 노력하는 많은 동반자를 만나 크고 작은 도움을 받을 것이란 긍정적인 기대를 하고 있다.

또한 그 과정에서 학생들에게 많은 도움을 줄 수 있음은 물론, 교직 생활의 절반을 넘어서고 있는 상황에서 큰 전환점을 마련할 수 있을 것이다. '위기는 위험한 기회'라는 격언처럼 코로나19가 불러올 미래에 대한 불확실하고 막연한 두려움이 나에게는 나 자신을 새롭게 도약할 수 있는 계기가 될 것이라 확신하며, 지금도 매 순간 교사로서 최선을 다해 생활할 것임을 자신에게 약속하고자 한다.

정용민_고등학교 교사

바뀐 삶, 그리고 이후의 세상

코로나로 인해 바뀐 나의 삶, 그리고 이후의 세상을 생각해 본다. 먼저 나는 누구인가? 코로나 이전에는 어떻게 살았는지 이 기회에 적어 보려 한다. 내 나이 45세. 두 아들을 낳고 지나치게 바쁘게 살았다. 종합소득세를 신고할 때 근로소득, 사업소득, 기타소득을 기입할 정도로 말이다. 돈 버는 것만 바빴나? 하루에 한 번은 커피를 마시면서 수다 떠느라도 바빴다. 특히 지인을 집에 초대해서 침을 튀기면서 맛있는 것을 나눠 먹고 이런저런 사는 이야기를 하는 것을 너무 좋아했다.

1월에 중국 우한에서 코로나가 발생했다고 했을 때도 이렇게 길어질 줄은 몰랐다. 메르스도 그냥 지나갔으니 코로나도 지나갈 줄 알고 개학 준비를 하고 물건을 받아 놓았는데, 2월까지도 남의 일인 줄 알았는데, 2월 후반부터 모든 것이 셧다운shutdown되었다. 마흔다섯 내 인생에서 셧다운은 직장을 옮길 때와 두 아이를 낳았을 때였다. 다녀 본 직장이 열 군데가 넘고, 아르바이트나 다른 직업까지 포함하면 20개가 넘는 인생이었다. 아이를 낳고서도 아이들이 튼튼해서 둘째는 생후 6개월에 어린이집에 보내고 직장을 다녔다. 직장을 옮길 때의 셧다운과 아이를 낳고 난 후의 셧다운은 그래도 내가 선택한 자기주도적 멈춤이었다.

그런데 이걸 어쩌나. 코로나19 세상은 영화 〈매트릭스〉에서처럼 어떤 판이 뒤집어진 것 같다. 하늘에 별은 있으나 마치 막이 덮여 있는 듯 미래를 점치기조차 어렵다. 마냥 달려가면서 수다를 떠는 인생에서, 답답해도 혼자 댓글이나 남기고 온종일 핸드폰만 붙들고 있는 인생으로 바뀐 것이다. 난, 코로나19로 개학이 연기되면서 가장 먼저 직격탄을 맞은 비정규직 강사이기 때문이다.

코로나로 바뀐 나의 평범한 일상

먼저 나의 삶과 사회는 어떻게 바뀔 것인가 생각해 보았다. 마음속 울분이 터질 것 같지만 떠오르는 생각을 첫째, 둘째 줄을 세워 본다.

첫째, 코로나는 내 삶을 '복잡'에서 '단순'으로 바꾸어 놓았다. 남편도 나도 직장을 잃었다. 학교가 개학을 하지 않으니 비정규직 강사인 나는 할 일이 없어졌다. 오라는 사람도 없고 갈 곳도 없다. 사회와의 단절이 너무 무서울 정도다. 재난지원금 몇 십만 원으로 생필품을 사는 것 말고는 집 밖으로 나가지 않은 세월이 몇 개월째다. 아이들의 하루도 온라인 수업 후 집 앞 운동장에 가서 5시간씩 축구를 하고 집에 오면 숙제를 하는 단순한 삶으로 바뀌었다. 만나는 친구도 함께 축구 경기를 하는 4~5명뿐, 새 친구도 없다. 나도 세끼 밥 차리는 것 외에는 공부하고 운동하는 게 전부이다.

둘째, 코로나는 건강을 최우선의 가치로 바꾸어 놓았다. 몸을 피곤하게 해서라도 일을 성취하려는 자세는 사라지고, 조금만 피곤해도 코로나 걸릴까 봐 잠을 자게 된다. 몸을 위하는 것인지 정신이 게을러지는 것인지 나 스스로도 헷갈릴 정도이다.

셋째, 코로나는 삶에 대한 질문을 계속하게 만든다. '나는 누구인가', '나는 왜 사는가', '아이들을 잘 키우는 것이 나의 삶에 어떤 영향을 미치는가', '코로나가 끝나면 나는 과연 움직일 수 있을까' 같은 답도 없는 질문을 던지고 운동장을 돌다 멍하니 벤치에 앉아서 생각한다.

넷째, 코로나는 철밥통 같은 직장에서 자유계약직의 삶으로 나를 다시 내던졌다. 학교는 비정규직이라 해도 열심히만 하면 돈은 벌 수 있는 곳이었다. 수업은 계속되니까 말이다. 그런데 내 나이 마흔다섯에 직업을 다시 생각하게 했다. 퇴직 공무원의 심정이 이럴까? 제2의 인생을 생각할 겨를조차 없이 2월까지 개학을 준비하고 있었기에 전혀 상상하지 못했던 일이다. 이젠 일자리를 찾아야만 한다.

다섯째, 코로나는 가족의 유대감을 돈독하게 해 주었다. 코로나로 인해 나쁜 점만 있는 건 아닌 것이, 가족이 서로 끈끈해졌기 때문이다. 몇 달째 삼시 세끼를 함께 먹으며 아이들에게도 집안 사정을 얘기하여 아이들도 투정을 멈추었고, 날마다 운동을 함께하니 서로의 운동 실력을 칭찬하게 되었으며, 두 살 터울로 하루에 꼭 한 번은 다투고 눈물 흘리며 야단맞던 두 형제는 코로나로 인해 시간이 많아진 부모의 특급 솔루션으로 이젠 둘도 없는 형제가 되었다. 특급 솔루션은 바로 존댓말 쓰기. 형님이라고 꼬박꼬박 존칭하고 존댓말을 쓰니 덤벼들 일이 없고, 화가 덜 나니 사춘기가 올락 말락 해서 엄마한테 덤비던 큰아이은 아주 고분고분한 아들이 되었다.

여섯째, 코로나는 정치와 언론에 대해 눈을 뜨게 해 주었다. 온종일 뉴스 기사를 들여다보니 올바른 저널리즘을 갖춘 기사와 그렇지 않은 기사를 구별할 수 있는 눈이 생겼다. 같은 사실이라도 자기 감정을 넣어 왜

곡된 글을 쓴 기사에 격분하여, 애들한테는 욕하지 말라고 했지만 진짜 욕을 하지 않고는 시원하지 않아 오프라인으로 욕을 외치게 된다.

기자는 남의 기사를 가져다 붙여 넣는 사람인가? 하는 의구심도 들고, 대표 기자라는 사람이 사실과 전혀 다른 쓸데없는 질문을 하는 걸 보면서 참 돈 쉽게 번다는 생각도 했다. 또 정치에는 전혀 관심이 없었는데, 정치인 이름이나 어떤 인물인지 정도는 대충 알게 되어 이젠 시아버지가 밥상에서 정치 얘기하실 때 최소한 재밌게 들을 수는 있게 되었다.

일곱째, 작은 밥, 반찬이라도 감사하며 혹시나 못 먹는 지인이 있을까 챙겨 주게 되었다. 어쨌든 의식주만 해결하면 되는 삶이다. 재난지원금으로 먹을 것을 챙기고 시골에서 반찬이 올라오니 '식食'은 해결된다. 현금은 없지만 그래도 이 밥도 못 먹어 굶는 사람이 있을까 봐 신경 쓰며 두루두루 살피게 되었다.

여덟째, 고등학교 이후 단 한 번도 펼쳐 보지 않았던 수학 문제집을 다시 풀어 보게 되었다. 이 부분에서 내 지인들은 모두 내게 '엄지척'을 한다. 나는 스트레스를 받으면 공부를 하는 스타일이어서 코로나가 터지자마자 '알라딘 중고서점'에서 책을 계속 사들여서 읽었다. 세계사를 읽다가 이건 코로나가 끝난 뒤 직장으로는 이어지지 않을 교양 같다는 생각이 들어 무엇이 돈이 되는 공부일까 고민하다가 수학 공부를 하게 되었다. 초등학교 5학년 아들의 수학 학원비를 벌 요량으로 시작한 공부였는데 이젠 새벽까지 풀 만큼 흠뻑 빠졌다. 중학교 때 수학 문제를 못 풀어 두꺼운 막대기로 손바닥 맞던 기억밖에 없는데 코로나는 대단하다. '수포자(수학을 포기한 사람)'를 '수학 열공자'로 만들다니.

아홉째, 모든 인간관계를 SNS로 하게 되었다. 이 부분은 너무 슬프다.

코로나 이후로 가족들과의 스킨십 외에는 반찬을 주러 가서 만난 지인과도 반찬만 전달하고 눈짓만 할 뿐 손 한 번 못 잡았다. 마스크 너머로 혹시나 침이 튀어 서로 민망할까 봐 1~2주에 한 번 얼굴만 겨우 본다. 코로나가 장기화될 거라고 믿기 때문이다. 힘들게 쌓아 온 신뢰를 무너뜨리고 싶지 않아 스스로 단절을 선택했다. 텔레비전 속에서 웃고 있는 연예인들을 보며 대리만족을 한다. 나는 식당도 테이크아웃으로만 그것도 드라이브 스루로 다녀오는데, '텔레비전 속 사람들은 같이 만나서 밥도 먹는구나' 하며 행복해 보인다고 같이 웃어 본다.

포스트 코로나 세상은?

모두 온라인 교육으로 다 변할 것이라 이야기하지만 나는 그렇게 생각하지 않는다. 우리 아들들만 봐도 온라인 교육의 한계를 느낀다. 아이들은 더 오프라인으로 선생님 얼굴을 보고 싶어할 뿐 만족하지는 않는다. 온라인수업이 '배울 學'은 될지언정 '익힐 習'을 하는 데는 부족하기 때문인 것 같다. 또한 온라인 교육 콘텐츠를 아주 잘 만든다고 해도 편집이 조금만 뒤처지면 구식으로 보이고, 실시간 온라인수업이라도 끝난 뒤에 "이 부분은 만나서 다시 얘기하자" 할 것 같다.

코로나 이후에는 유튜브로 인해 뉴스가 망하는 세상이 될 것은 확실한 것 같다. 사람들은 내가 듣고 싶은 것을 거짓 없이 듣기를 원하는데, 코로나로 인해 자세히 살펴보면서 텔레비전 뉴스가 각자 정치 논리에 의해 기사를 쏟아 내는 것을 직접 확인했다. 직장 다니면서 아이들 키울 때는 가끔 예능 프로그램이나 드라마만 봤지 뉴스는 신경도 안 썼는데 코로나 때문에 텔레비전 뉴스를 매일 보다 보니 차라리 유튜브가 훨씬 더 사실적이라는 것을 알게 되었다. 세계 곳곳의 일들이 궁금하면 거기 사는 사람의 유튜브를 보면 된다. 텔레비전은 너무 가공을 많이 해서 보고 있으면 조미료를 부은 것처럼 역겹기까지 하다.

오히려 코로나 이후 신문을 지면으로 구독하게 되었다. 짧은 인터넷 뉴스는 자극적인 기사로 채워져 클릭을 해도 이상한 뉴스만 나오는데, 신문 지면의 긴 글은 위안을 준다. 맘에 드는 오피니언opinion은 지인들에게 사진을 찍어서 보내 주기도 한다.

또 코로나 이후에는 실업자가 대량으로 발생하면서 통일이 앞당겨질 것 같다. 도대체 남한에서는 먹고살 것이 없다. 그렇다고 해외로 갈 수도 없다. 외국은 코로나 상황이 더 심각해서 복구가 언제쯤 가능할지도 알 수 없고, 가장 안전한 나라가 한국이라는 것을 확인하게 되었기 때문이다. 같이 살 때 지지고 볶던 가족이 위기 상황에서 확실히 단결된 힘을 보여 주듯, 한국은 그런 나라라는 자긍심이 커졌다.

고로 자원이 많은 북한과 빨리 통일되어 산업이 흥하고 일거리가 많아져야 하겠다. 정부가 만드는 일거리를 보면 대부분 굳이 많은 사람이 붙을 필요가 없는 소일거리들이다. 한 사람이 다 할 수 있는 것을 여러 사람이 나눠서 하는 것이다. 공산주의가 망한 것도 굳이 열심히 일할 필요가 없어서 아닌가. 우리나라가 그렇게 되기를 원치 않는다.

코로나 시국에 전염병의 확산을 방지하기 위해 온라인으로 개인정보를 공개하는 것은 너무 불합리하다고 생각되나, 끝나고 나면 자유와 평등의 기회를 가진 나라로 국민들이 모든 것을 다시 돌려놓을 것이라고 생각한다. 코로나 때문에 어떤 집회도 불가하지만, 이후에는 집회의 자유가 있으니 말이다. 코로나 이후에는 사람들이 분노를 표출하는 방법도 조금 더 세련되어지지 않을까? 댓글들을 보면 한심하기 짝이 없는 것도 있지만, 차분하게 반론하는 내용들도 보인다. 댓글 한 번 달지 않던 나는 코로나 이후에는 기사가 엉망이든 제대로든 어쨌든 화제가 되면 반드시 댓글을 달고 나와 같은 연대 의식을 가진 사람들을 확인하는 버릇이 생겼다.

그리고 코로나로 이혼율은 줄어들 것 같다. 왜냐하면, 이혼 사유 중 재정적인 이유도 크지만 배우자의 바람도 한몫하기 때문이다. 그런데 코로나로 인해 사회적 거리두기가 몸에 배어 있으니 섣불리 바람은 못 피울 것 같다.

코로나로 인해 바뀐 나의 삶과, 좁은 생각이나마 바뀔 세상을 적어 보았다. 2월과 3월엔 코로나로 모든 삶이 한꺼번에 셧다운되는 것이 무섭고 두려웠다. 3월이 넘어가고 4월이 되면서, 먹고사는 것보다 더 중요한 것은 목숨이니 한 달에 단 얼마로도 그냥 사는 것이 감사함을 받아들이는 게 어려웠다. 5월이 되니 '나는 무엇을 위해 살아가야 하나', '어떤 목표를 가지고 살아야 하나' 등 근본적인 질문에 답을 하기 어려워졌다. 백신이 나오고 코로나 이후의 세계가 오면 인문학 열풍이 다시 한 번 불 것 같다는 생각이 든다.

박지혜_방과후교사

보통의 고통
: 불만과 비난보다는 격려와 응원을

"아기가 잠깐만 와서 엄마 얼굴 보는 것도 안 될까요?" 돌아온 대답은 '안 된다'였다. 만삭의 임산부가 눈물을 뚝뚝 흘리자, 산모들을 천 명도 넘게 만나 봤을 나이대의 간호사가 매우 안타까운 표정으로 말을 이어 갔다. '우리도 이런 적이 처음이지만 어쩔 수 없다. 첫째가 어디를 다녀 왔는지 알 수 없는데 이곳에 전파하면 큰일이다. 모든 병원이 다 그럴 것 이다'라는 말과 함께 첫째를 맡길 곳이 없냐고 물었다.

둘째 출산 전, 마지막 검진 날이었다. 제왕절개 수술 및 입원 일정을 안내받다가 보호자 1인 외 면회 금지라는 이야기를 들었다. 전혀 예상하지 못했던 일이라 머리가 어지러웠다. 둘째 임신 사실을 알게 된 때부터 줄곧 출산 후 첫째 케어에 대해 고민했다. 엄마와 떨어져서 자 본 적이 없는 첫째, 엄마의 토닥거림 안에서만 잠들어 본 첫째가 내가 입원해 있을 때 어떻게 지내야 할지에 대해서 많이 고민했고 주변의 조언도 얻었다. 그래서 특실을 얻어서라도 밤에는 첫째와 함께 보내기로 했다. 아직 어린 18개월 아이가 동생을 만나는 것도 충격이 클 텐데, 밤에라도 얼굴을 마주 보며 심리적인 안정을 주고 싶었다.

무척 오랫동안 고민한 끝에 내린 결정인데, 그 모든 시간과 고민이 헛

된 것이 되어 버렸다. 사실 둘째가 태어나기 전에 좀 더 놀러 다니고 여행도 가고 싶었지만, 남편이 쉬는 주말에도 코로나19 때문에 집에만 있어야 했다. 그때도 답답하고 화도 났지만 눈물은 나지 않았는데, 첫째와 생이별을 해야 한다는 말을 듣고는 눈물이 뚝뚝 흘렀다.

답답한 것은 이런 상황에서도 내가 노력해서 변할 수 있는 것이 없다는 사실이었다. '혹시 코로나19가 일주일 뒤엔 괜찮아지지 않을까?'라는 지푸라기 같은 희망도 가질 수 없을 때였다. 집에 오던 길에 예약해 둔 산후조리원에 다급히 전화했다. 집과 좀 떨어져 있지만 남편과 첫째와 동반 입실이 가능하다고 해서 예약한 조리원이었다. 그런데 조리원에서의 대답도 마찬가지였다. 정부에서 지침이 내려왔는데 첫째는 물론이고 남편도 거주하지 않으면 입실할 수 없다고 했다. 배 속의 아기가 엄마의 감정을 다 느끼기에 최대한 울지 않으려 했는데, 예상치 못한 상황과 어찌 할 방법이 없음에 여러 감정이 섞여 그날은 울지 않을 수가 없었다.

나는 급하게 산후조리 계획을 바꿔야만 했다. 내게는 둘째 출산 후 몸조리 기간에 첫째의 마음을 최대한 보호하는 것도 중요한 과제였다. 그래서 남편의 도움을 받는 것을 포기하고, 남편에게 첫째와 계속 같이 있어 달라고 요청했다. 입원실도 다인실로 변경했다. 어차피 면회도 되지 않으니 비싼 1인실보단 무료인 다인실이 더 편했다. 조리원 기간도 반으로 줄였다.

여전히 코로나19로 혼란스럽고 사회적 거리두기가 강화되던 때에 태어난 둘째. 첫째 때는 많은 가족과 지인들이 병원 신생아실에 와서 아기 얼굴을 보며 축하해 주었지만, 이번에는 그럴 수 없었다. 산부인과의 신생아 면회 시간은 기쁜 웃음소리와 설렘이 가득한데, 코로나로 인해 조부모마저 면회가 금지되어 마스크를 쓴 채 눈만 내민 산모와 아빠들만이 세상에 태어난 아기에게 조용한 첫인사를 건넬 수 있었다.

나는 수술 후 입원실에서 남편이라는 보호자가 없어 불편했던 적도 있었지만, 아직 어린 첫째가 엄마를 못 보는 슬픈 마음을 헤아리면 아빠라도 24시간 돌봐 주는 것이 더 낫다고 생각했다. 조리원에서는 이전과 다르게 산모들을 대상으로 하는 교육이나 활동이 전면 취소되었다. 인터넷 카페에 출산한 엄마들이 게시한 글들을 보면, 조리원에서 아무 활동도 하지 않고 남편도 오지 못하니 적적하고 우울하다는 산모들이 매우 많았다.

코로나19는 나의 둘째 출산과 조리 일정만 바꿔 놓은 것이 아니었다. 둘째와 함께 집으로 돌아온 이후에도 내 계획대로 할 수 있는 것이 없었다. 첫째는 18개월된 아들이다. 돌이 지나면서부터 아침에 일어나면 신발을 가져와서 나가자고 하는 매우 활동적이고 에너지가 넘치는 아기이다. 야외는 물론 다양한 놀이기구와 장난감이 가득한 실내 놀이터도 좋아해서 일주일에 한두 번은 꼭 밖에 나가서 노는 재미를 아는 아기다.

네 살이라도 되었다면 지금 밖에 나가는 것이 왜 위험한지, 나가게 되면 왜 꼭 마스크를 써야 하는지 설득이 될 텐데, 두 돌이 안 된 이 아기는 왜 밖에 데리고 나가지 않는지, 답답한 마스크를 왜 꼭 착용해야 하는지 이해하지 못했다.

둘째를 출산하면 첫째를 어린이집에 보내야 하나 고민했다. 내 결론은 동생이 나오자마자 어린이집에 보내면 엄마가 동생 때문에 보낸다고 생각할까 봐 조금 나중에 보내기로 마음을 먹었다. 대신 가까이에 도와주시는 양가 부모님이 계시니 매일 문화센터나 '도담도담'(나라에서 운영하는 공동 놀이방)을 예약해서 아기가 즐겁게 보낼 수 있도록 계획을 세우고 준비해 놓았다. 그러나 문화센터는 모든 활동이 전면 취소되어 자동 환불되었고, 도담도담은 기약 없이 문을 닫았다.

코로나19를 전혀 예상하지 못했기에 이 모든 상황이 참 당황스러웠다. 미성년자 아이를 둔 모든 부모가 그러했을 것이다. 어린이집부터 고등학교까지 갈 수 없게 된 아이와 함께 매일 집에서 보내야 한다는 것은, 잠시 일시정지 버튼을 누를 수 없는 일상에서 참 고된 현실이다. 삼시 세끼를 차려 줘야 하는 것은 물론 아이와 놀아 주고 가르쳐 주어야 했다.

코로나19로 집에 콕 박혀 육아하는 시간이 길어지면서 부모들 사이에선 새로운 단어가 생겼다. 이름하여 '아무 놀이 챌린지challenge'. 아이들과 집에서 함께한 놀이를 공유하는 것이다. 집에 있는 재료로 하기 쉽고 시간을 많이 보낼 수 있는 놀이면 더 환영이다. 엄마들은 아이들이 잠들면 내일은 집 안에서 무엇을 하며 하루를 보내야 하나 걱정하고 검색했다.

남편은 사회복지 공무원이다. 우리가 사는 지역의 주민센터에서 근무하고 있다. 나는 둘째가 신생아여서 남편의 도움이 더 많이 필요했지만, 남편은 코로나19 때문에 업무가 많아져서 야근이 잦았고 집에 와서도 피곤한 기색이 역력했다. 그래도 나는 아무리 업무가 많아도 남편이 조금 더 일찍 퇴근하길 바랐다. 어느 날 남편이 코로나 국면에서 사회복지 공무원들의 업무에 대한 기사를 내게 보여 줬다. 사회복지 공무원의 업무가 너무 과다해서 코로나19보다 더 재난 같은 양의 업무에 싸여 있다고 했다. 나는 더 이상 일찍 퇴근하기를 바랄 수 없었고, 그런 남편이 안쓰럽지만 도와줄 일이 없는 게 미안했다.

시간이 흘러 첫째의 예방접종일이 다가왔다. 첫째는 BCG 백신을 보건소에 가서 피내용으로 접종하였는데 지금은 코로나19로 보건소가 문을 닫아서 불가능했다. 소아과로 가서 접종해야 했는데 어느 병원으로 갈 것인지를 두고 남편과 의견이 갈렸다. 나는 A 지역 병원이 평이 좋아서 가고 싶었지만, 남편은 그 주변은 사람이 많이 다니는 곳이어서 혹시나 확진자가 돌아다녔을 확률이 높다며 B 지역 병원으로 가길 원했다.

나는 남편이 추천한 병원은 비용이 더 비싸 가기 싫었고 확진자가 B 지역에 왔을 수도 있으니 지금 이 시기에 지역의 확률을 따지는 것은 의미 없다고 말했다. 그렇게 대립하다가 결국 남편의 의견에 따라 B 지역의 소아과 병원을 다녀왔다. 꽤 큰 규모의 병원인데도 예방접종을 하러 온 아기들이 전부였다.

예방접종을 마치고 돌아오는 길에 나는 창밖 너머로 약국 앞에 길게 줄을 선 사람들을 보았다. 워낙 오랜만에 집 밖으로 나와서 마스크를 사기 위해 줄을 서 있는 풍경을 처음 보았다. 병원에서 돌아오며 가만히 생각해 보니 남편과의 갈등은 억울한 시간 낭비였다. 코로나19가 아니었으면 고민하지 않고 평화롭게 보건소로 다녀왔을 것이 아닌가.

코로나19로 실업률만 증가한 것이 아니라 이혼율도 증가했다는 말을 들었던 것이 생각났다. 전염병과 이혼이 무슨 관계가 있느냐고 묻는다면, 진정으로 사회적 거리두기를 실천하며 집 안에서 창살 없는 감옥처럼 갇혀 지내 보지 않아서 할 수 있는 말일 것이다.

코로나19로 가장 많이 변한 것은 사람들과의 관계이다. 나와 친한 사람들은 대부분 아기 엄마들이다. 꽤 자주 만나는 아기 엄마들인 언니, 동생 모임이 있다. 만나서 아이들도 엄마들도 함께 먹고 놀았는데, 코로나

19가 유행하고 생활 속 거리두기로 변한 지금까지 만난 적이 없다. 혹시나 하는 두려움에 만나자고 하지를 못한다.

어린이집이 긴급 보육으로 운영되고 있고, 점점 많은 아이들이 등원하고 있다. 하지만 우리 모임에서는 어린이집에 등원하는 아이가 없다. 밖에 나가면 여전히 맛집에도 줄이 서 있고 즐기는 사람들이 많다 하지만 아이들이 있는 부모들은 거의 그러지 못한다. 심지어 나의 어머님, 아버님은 병원 검진도 미루셨다. 혹시나 본인들이 확진자가 되어 사랑하는 손자, 손녀에게 옮길까 봐 가야 할 곳도 가지 못하고 계시는 상황이다.

나와 우리 가족은 기독교 신자다. 일요일이면 교회에 가서 예배를 드리는데, 코로나19로 인해 교회가 문을 닫아 가지 못하게 되었다. 대신 온라인으로 영상 예배를 드렸다. 일요일마다 교회에 가던 생활을 못 하게 된 것은 꽤 큰 일상의 변화였고, 교회 역사에서도 처음 있는 일이었다. 사회적 거리두기가 끝나고 생활 속 거리두기로 바뀌면서 교회 문이 다시 열렸다. 입구에서 손 소독을 하고 열 체크를 해야 들어갈 수 있었다. 들어가서도 거리를 두고 띄엄띄엄 앉았다. 나는 아기가 있어서 영아부 예배를 드린다. 영아부에서는 그동안 월마다 있던 출석상을 이제 없애기로 했다고 공지하였다. 앞으로 포스트 코로나 시대에는 꼭 교회에 와야 하는 것이 아니라, 아프면 쉬어야 하니 출석상을 없앤다고 하였다.

남편에게서 들은 말이 떠올랐다. 남편은 앞으로 코로나 이전 시대는 없고, 코로나 백신이 만들어지지 않는 이상 코로나 없는 세상은 없다고 하였다. 사실 그 말을 들을 때는 깊게 생각하지 않았는데, 앞으로 코로나 없는 세상이 없다니 너무나 아찔하고 피로하였다. 하지만 끈질기게 이어지고 온 세계에 퍼져 있는 이 질병에 대한 냉정한 판단과 준비가 필요하다. 정치적으로, 질병관리본부에서, 교육계에서만 준비할 것이 아니라 나도 포스트 코로나 시대를 준비할 필요가 있구나 싶었다. 집 안에 조금만 더 갇혀 참다 보면 지나갈 거라고 믿고 싶었는데, 그렇게 지나갈 질병이 아니었다.

나는 내가 힘들다고 하지만 다른 이들에 비해서는 보통의 고통임을 안다. 내 친구는 서른 넘어 떠난 뉴욕으로의 유학길에서 예상보다 일찍 돌아왔다. 뉴욕에 있는 것이 겁나서 미국의 시골 지방으로 가 있다가 결국 한국행을 택했다. 그녀의 에너지와 시간, 경제적인 타격, 앞으로 불확실해진 유학 일정은 그 무엇으로도 위로가 되지 않는다. 주변에 공부하는 지인들은 도서관이 닫혀 공부할 곳을 잃었을 뿐만 아니라, 시험이 취소되거나 연기되어 인생의 계획이 흐트러졌다. 또 시험 볼 때 마스크를 착용해야 하는데 촉박하게 중요한 문제들을 풀어야 하는 와중에 마스크 때문에 호흡이 곤란해서 방해가 된다고 한다. 많은 자영업자가 타격을 입었고, 재난지원금이 나왔어도 회복이 되지 않는 곳들도 많다.

이 글을 쓰는 오늘도 집 앞 중국집에 확진자가 다녀갔다는 안내 문자가 왔다. 난 속으로 매일 고민한다. '그냥 어린이집에 보낼까? 언제부터 어린이집에 보내지? 오전만이라도 어린이집에 보내면 내가 좀 덜 힘들고 아이도 놀다 올 수 있는데…, 아니야. 아직은 위험하고 혹시나 감염되면 누굴 원망하려고' 하는 생각에 다시 마음을 접는다.

하루는 아기가 급하게 먹었는지 점심 밥을 토했는데, 아기가 아픈 와중에도 이런 말이 나왔다. "재하야, 지금은 아프면 안 돼. 아파도 전처럼 응급실에 가서 수액 맞기가 어려워. 그러니까 아프지 마." 이런 말을 하고서 나도 깜짝 놀랐다. 아기에게 아프면 안 된다고 하는 이유가 병원에 가기까지가, 그리고 병원이 위험해서라니. 나도 젊었을 때 전염병을 겪었지만 이 정도로 조심스러워하지는 않았다. 그런데 부모가 되어 지켜야 할 자식들이 생기면서 다른 사람들 눈에 과하다 싶을 정도로 예민해지는 것이다.

남편은 첫째가 아직도 마스크를 쓰지 않으려는 것에 대해 걱정이 많다. 캐릭터가 그려진 마스크도 시도했지만 실패했다. 어른도 답답한 데 아기들, 아이들은 얼마나 힘들까 싶다. 코로나 초창기 시절 심부름을 다녀오는 옆집 초등학생 남자아이와 엘리베이터를 함께 탔는데, 그 아이가 집에 들어가기 전에 마스크를 착용하는 것을 봤다. 마스크를 하고 다녀왔어야 하지만 불편하니 벗었다가 집 앞에서 쓰는 것이었다. 그때는 웃음이 나왔는데 아이들이 얼마나 답답하고 힘들면 그런가 싶다.

코로나19 이후 사람들의 대화에서 근심과 한숨이 늘어난 것 같다. 하지만 힘들다고 토로해도 변할 수 있는 상황이 없다. 들려오는 소식들 속에 불만을 털어놓고 서로를 비난하는 것은 아무런 힘이 없다. 고통은 끝나기 마련이다. 다만 이 고통이 조금 더 빨리 마무리되려면 휴대전화로 전달되는 공공 안전 안내 문자의 지침을 잘 따르며 서로 격려하는 응원이 필요한 것 같다. 지난 일상처럼 안녕하기 위해서, 다음 세대 아이들이 더 안녕하기 위해서는 말이다.

이 글은 서울 변두리 지역 20평대 아파트에 살며 아기 둘을 키우는 엄마의 기록이다. 훗날 이 글 조각을 보고 '그때 그랬었지, 그래도 잘 이겨냈어, 나도 대한민국도 참 대견하다'고 돌아볼 날이 오면 좋겠다.

이진주_주부

포스트 코로나 시대 아이돌 산업과 팬덤 문화
: 아이즈원을 중심으로

신종 코로나 바이러스 감염증(이하 코로나19)이라는 새로운 전염병이 전 세계에서 유행하면서, 많은 영역에서 임모빌리티immobility의 시대가 도래했다. 이미 3월부터 보건 당국은 코로나19의 지역사회 전파가 장기화할 것으로 전망하고, 이에 맞춰 새로운 일상을 준비해야 한다고 밝혔다. 다시 말해 '자본 · 노동 · 상품'뿐만 아니라 우리가 평범하게 누려 온 모든 '일상' 또한 정지된 것이다. 여기에서 그 일상의 한 단면에 대해 이야기해 보려 한다. 그것은 조금 이상할지도 모르겠지만, 아이돌 팬으로서의 일상이다.

90년대 초 아이돌 팬덤 문화를 지탱한 것은 대부분 학생들로 구매력이 그다지 높지 않았고 사생팬 문제 등으로 인해 사회적인 시선도 곱지 않았다. 하지만 21세기에 이르러 그들이 성인이 되고 직업을 갖기 시작하면서 아이돌 팬덤은 구매력을 갖춘 동시에, 그 자체로 취미 생활의 하나로 자리 잡게 되었다. 현실의 삶이 힘들고 혐오스럽다면 팬덤 활동을 통해 다시 일상생활로 돌아갈 힘을 얻는 것이다.

한편 이러한 팬덤의 변화에 따라 아이돌에 대한 태도에도 변화가 있었다. 과거에는 춤이나 노래 같은 엔터테인먼트성만 중시되었다면, 이제는 팬과의 소통이나 도덕성도 요구된다. 특히 팬과의 소통은 단순히 음반 판매 과정에서 열리는 사인회나 콘서트 같은 공간에서뿐만 아니라, '브이라이브Vlive'(네이버에서 제공하는 연예인 라이브 방송 서비스)나 유튜브를 통한 라이브 방송, 인스타그램이나 페이스북 같은 SNS를 통해서도 이루어진다. 이렇듯 팬덤 활동은 우리 개인의 일상생활에 스며들고, 소통을 통해 지속적이고 강한 유대감을 형성하게 되었다.

이제는 세계 모두가 인정하는 한국의 아이돌 산업에 관심을 가지게 된 것은, 필자 본인이 '아이즈원IZ*ONE'*에 입덕**한 것이 계기가 되었다. 아이즈원은 2018년 방송된 〈프로듀스48〉(이하 프듀48)에서 선발된 12명의 한국과 일본 연습생으로 구성된 걸그룹이다. 자신들의 꿈을 이루기 위해 노력하던 연습생들의 모습, 특히 한국까지 와서 데뷔하기 위해 열심히 노력하는 일본인 연습생들의 모습은 당시 일본에서 고학苦學하고 있던 필자에게 엄청난 감명을 주었다. 또한 방송에서 나타난 한국과 일본인 연습생들의 사고방식이나 행동의 차이도 동아시아 역사를 공부하는 필자에게는 매우 흥미로운 소재였다. 물론 현재 두 나라의 아이돌 산업 구조의 차이에서 비롯된 것일 수도 있지만, 궁극적으로는 우리가 걸어온 역사 도정道程의 차이에서 비롯되었을 가능성이 크다. 이처럼 아주 약간 학술적인 흥미가 더해진 개인적인 관심에 의해 필자는 '위즈원

---

* 엠넷의 아이돌 서바이벌 프로그램 〈프로듀스48〉을 통해서 선발된 12명의 소녀가 하나가 된다는 의미. 권은비, 미야와키 사쿠라, 강혜원, 최예나, 이채연, 김채원, 야부키 나코, 김민주, 혼다 히토미, 조유리, 안유진, 장원영으로 구성

** 한 분야에 마니아 이상으로 심취한 사람을 이르는 일본어인 '오타쿠オタク'를 음차音借하여 오덕이라고 표현한다. 입덕은 '어떤 분야나 사람을 열성적으로 좋아하기 시작하다'라는 의미로 쓰이고 있다

아이즈원 일본인 멤버 3인방의 1년 간의 변화. 왼쪽 사진 기준 왼쪽부터 혼다 히토미, 미야와키 사쿠라, 야부키 나코.

WIZ*ONE'(아이즈원의 팬덤을 가리키는 고유명사)이 되었다.

느지막하게 아이돌 팬이 된 필자로서는 모든 것이 새로웠다. 처음으로 음반을 사고 사인회와 하이 터치회high touch會에 응모하고 음악방송 공개 사전녹화에 참여한다거나 언제 시작될지 모르는 라이브 방송을 항상 주시하고, 아이즈원 멤버가 진행하는 라디오에 사연을 보내고 콘서트에 참가하는 등, 팬덤 활동은 일상생활 깊숙한 곳까지 뿌리내렸다.

팬덤의 규모를 단적으로 보여 주는 바로미터가 음반 판매량, 그중에서도 초동初動 판매량이다. 초동 판매량이란 음반이 발매된 날로부터 예약 판매를 포함한 1주일 이내의 판매량을 말한다. 초동이 중요한 이유는 공중파 등의 음악방송에서 순위를 평가하는 데 음반 판매량이 일정 비율로 반영되기 때문이다. 스트리밍 서비스를 하는 음원 사이트 실적이 가장 큰 비중을 차지하지만, 여기에는 대중의 의향이 반영되기 때문에 팬덤이 힘을 쓸 수 있는 영역이 음반 판매량밖에 없다. 팬덤 간 경쟁 또한 중요한 요소이다.

예를 들어, 2월 17일 아이즈원 첫 정규 앨범 〈블룸아이즈BLOOM*IZ〉

는 한터차트 기준 35만 6천 장의 초동 기록을 세웠다. 이전 기록이 트와이스 〈Feel Special〉의 15만 4천 장이었던 것과 비교하면 얼마나 대단한 수치인지 알 수 있다. 아이즈원이 '걸그룹 아이돌 30만 장 시대'를 열어 젖히자, 경쟁이라도 하듯 트와이스 미니 9집 〈MORE & MORE〉가 32만 장 이상의 기록을 세웠고, 곧바로 아이즈원이 또다시 세 번째 미니앨범 〈Oneiric Diary(幻想日記)〉로 38만 9천 장을 기록했다. 특히 아이즈원의 기록은 코로나19로 인한 앨범 공급 부족 상황에서 이룬 쾌거였다.

그러나 코로나19라는 초유의 사태에 이러한 일상이 변화를 맞이하고 있다. 사실 아이돌 음반의 초동 판매에서 가장 중요한 역할을 하는 것은 '팬 사인회'이다. 충성심 높은 아이돌 팬이 사인회를 가려고 적게는 수십, 많게는 수백 장의 앨범을 산다. 아이즈원의 경우, 코로나19가 확산되기 전인 2월에 〈블룸아이즈〉 활동을 하였으나, 이때도 코로나19 때문에 축소된 형태로 사인회가 진행되었다. 이후 3~4월에는 아이즈원뿐만 아니라 모든 아이돌 그룹의 활동 자체가 진행되지 못하였고, 5~6월에 활동을 시작한 그룹 역시 이전과 같은 사인회는 꿈도 꾸지 못했다.

또한 아이돌 그룹의 수익은 음반 판매보다는 콘서트 등의 투어 공연, 그리고 그곳에서의 굿즈 판매가 가장 중요하다. 하지만 코로나19로 당분간 대규모 공연이 불가할 것이니 굿즈 판매를 통한 수익도 얻지 못할 것으로 보인다. 아이즈원은 6월 10일 전년도(2019) 콘서트 영상을 영화화한 〈아이즈 온 미: 더 무비 EYES ON ME : THE MOVIE〉를 개봉하였으나, 코로나19에 따른 사회적 거리두기로 관람객 좌석을 제한하는 바람에 '예매 전쟁'이 일어나기도 했다.

아이즈원을 매니지먼트management하는 오프더레코드와 스윙 엔터테인먼트의 모회사인 CJ ENM은 2012년부터 매년 세계 각지에서 케이콘 KCON을 진행해 왔다. 주로 미국과 일본에서 개최되었고, 2020년에는 러시아와 타이에서 개최될 예정이었다. 여기서도 콘서트 자체보다는 이를 통한 화장품이나 기타 한류 문화 박람회에 집중하였는데 이 행사 또한 코로나19로 인해서 모두 취소되었다. 이처럼 코로나19는 아이돌 산업 전반에 공격을 가하고 있다.

이제는 음반을 구입하여, 혹은 음악방송의 공개녹화에 참여하여 아이돌을 만날 수 없고, 콘서트 또한 아예 기약할 수 없게 되었다. 사실은 아이즈원이 사이버 공간에만 존재하는 것이 아니냐는 우스갯소리가 나올 정도이다. 이로 인한 일종의 금단 현상은 팬덤뿐만 아니라 아이돌 자신들도 겪고 있다. 아이돌이 아이돌인 이유는 팬덤이 존재하기 때문이다. 그런데 아무리 음반 판매량이 많고 인터넷상에서 인기가 많다고 하더라도, 많은 아이돌이 그 팬덤 혹은 인기가 '허상'이 아닌지 고민하고 괴로워한다.

한 예로, 2019년 6월 7~9일 3일 동안 열린 아이즈원 첫 단독 콘서트에서 아이즈원 멤버 안유진은 "어제 공연이 끝나고 혼자 침대에서 생각을 했는데, 갑자기 이렇게 꽉 찬 공연장에서 위즈원과 함께 있다가 혼자 침대에 누워 있으니까, 뭔가 일어나면 다 사라졌을 것 같고 혼자 있으니까 너무 외롭더라고요"라고 말했다. 낮에 화려한 조명 속에서 자신의 공연을 보러 온 수많은 사람을 지켜봤음에도, 밤에 혼자 있을 때는 그와 같은 생각이 드는 것이다. 심지어 아이즈원은 2019년 11월 7일 컴백 쇼에서 위즈원 앞에서 공연한 뒤 약 6개월이 지난 지금까지도 팬들 앞에서 공연하지 못하고 있다. 이처럼 코로나19는 아이돌과 팬덤 사이의 소통을 가로막고 있다.

하지만, 언제나 그랬듯이 우리는 답을 찾아내고 있다. 코로나19로 인해 개강·개학하지 못한 학교에서 비대면 온라인 강의를 도입했듯이, 사인회는 '영상통화 사인회'로 대체되었다. '영상통화 사인회'는 팬이 '사적인' 장소에서 멤버들과 소통할 수 있다는 장점과 함께 녹음, 녹화를 통하여 그 순간을 영원히 보존할 수 있다는 점에서 호평을 받았다. 또한 사인회 영상을 공유함으로써 사인회 행사가 일부 팬에 국한된 것이 아니라 모두가 즐길 수 있는 콘텐츠가 되었다.

또한 영화 〈아이즈 온 미 : 더 무비〉도 무사히 개봉되었고, 위즈원들은 자체적으로 안전 수칙을 알리는 이미지나 영상을 만들어서 배포했다. 한국 외에도 홍콩·베트남에서 개봉하여 상당한 수익을 올렸고, 8월에 일본 개봉을 앞두고 있다. 아이돌 최초로 '드라이브 인 콘서트'를 선보임으로써, 포스트 코로나 시대 콘서트 문화의 가능성을 보여 주기도 했다. CJ

'드라이브 인 환상콘서트'. Mnet 〈아이즈원츄 환상캠퍼스〉 2화 중 화면 캡처.

ENM 차원에서도 'KCON:TACT 2020 SUMMER'라는 이름으로 유튜브 채널을 통해 여러 콘서트를 일주일 동안 168시간 연속 공개했다.

게다가 아이즈원은 종래의 일본 활동 대신 디지털 쇼케이스showcase를 선보였는데, 이 쇼케이스를 일본뿐만 아니라 한국에서도 볼 수 있게 하여 접근성을 높이는 한편 한일 양국의 팬이 함께 소통할 수 있도록 하였다. 한편 디지털 쇼케이스에서 아이즈원의 멤버 미야와키 사쿠라(22)는 디지털 쇼케이스에서 한 발 더 나아가 VR(가상현실) 콘서트에 대한 꿈을 피력했는데, 이미 SM 엔터테인먼트가 SKT와 협업하여 AR(증강현실)이나 VR을 이용한 콘텐츠를 제공하고 있으니 실현 가능성은 충분하다. 이 역시 포스트 코로나 시대 새로운 콘텐츠 소비 모델로서 주목된다.

이러한 시도는 2019년 아이즈원의 일본 콘서트 '아이즈 온 미'에서 이미 이루어진 바 있다. 8~9월 일본 각지에서 5회에 걸쳐 콘서트를 열었는데, 그중 후쿠오카福岡와 사이타마埼玉 콘서트에서 이른바 '신체감 라이브新体感ライブ'를 제공했다. 이는 콘서트 영상을 실시간으로 볼 수 있는 것으로, 가격이 일반 콘서트와 동일했음에도 일본에서 열린 콘서트를 한국에서 볼 수 있다는 점에서 매우 평판이 좋았다. 이처럼 기업 입장에서는 수익을 늘리고, 고객 입장에서는 집 안에서도 콘텐츠를 즐길 수 있다는 점에서 포스트 코로나 시대에 걸맞은 수익 모델이 될 수 있다.

콘텐츠의 다각화라는 측면에서 본다면, 아이즈원의 '프라이빗 메일private mail'을 빼놓을 수 없다. 일종의 SNS라고 할 수 있지만, 인스타그램이나 페이스북과 같이 누구나 이용할 수 있는 것은 아니다. 팬은 돈을 지불하고 아이돌에게 메일을 받을 수 있는 권리를 획득한다. 아이돌이 SNS에서처럼 자신의 일상에 대하여 이야기하거나 팬덤을 향한 질문을 작성하면, 팬덤은 트위터의 해시태그hashtag를 통해 마치 대화하는 것처럼 소통한다. 이와 같은 수익 모델은 SM 엔터테인먼트 등 다른 회사에서도 관심을 갖고 있다.

마지막으로 팬덤 자체 활동에 관해서 이야기하려 한다. 최근 아이돌 팬덤에서는 팬들끼리의 활동 또한 중요하다. 예를 들어, 모금 활동으로 지하철 역사에 광고를 걸거나 아이돌의 이름으로 기부를 하고, 생일 등 특별한 날에 카페를 열어 팬덤 문화를 같이 향유하는 등의 활동이 그것이다.

여기에 아이즈원의 경우 음반 공동구매 활동도 펼치는데, 위즈원들이 자원봉사로 공동 구매를 위한 음반의 포장과 배송 준비를 진행하는 것

아이즈원 공구특전단. 트위터 @앞델라인

2020년 야부키 나코 생일 카페 주의사항.

이다. 물론 이 모든 활동이 코로나로 인해 변화를 맞이하고 있다. 특히 생일 카페나 자원봉사의 경우 위즈원 안에서 의료계 종사자를 찾아 안전 수칙을 지키고 의료 업무를 맡기는 식의 방법을 취하고 있다. 조금만 더 주의를 기울이고, 조금만 더 조심함으로써 최대한 원래의 일상을 유지하려는 노력도 분명 포스트 코로나 시대에 간직해야 할 중요한 태도라고 할 수 있을 것이다.

　지금까지 아이즈원의 사례를 중심으로 포스트 코로나 시대의 아이돌 산업과 팬덤 문화에 대해 이야기해 보았다. 한국은 아이돌 산업과 문화를 선도하는 나라이기도 하다. 한국 아이돌의 응원법 문화, 기부 문화 등은 이미 전 세계에 전파되고 있다. 한국의 방역이 세계의 모범이 된 것처럼, 포스트 코로나 시대 아이돌 산업과 문화 역시 세계의 모범으로 나아갈 것을 믿어 의심치 않는다.

　'드라이브 인 콘서트'에서 아이즈원 멤버 강혜원이 "우리 지금처럼 마음은 절대 거리두기 하지 않는 친한 친구로 오래오래 함께해요"라고 말한 것처럼, 위즈원은 언제까지나 아이즈원과 함께 포스트 코로나 시대를 극복해 나갈 것이다.

조호연_오사카대 대학원 박사과정생

언택트 시대, 우리의 일상

'지잉~' 핸드폰의 요란한 알림 소리가 울렸다. 또 한 명의 코로나 바이러스 확진자 발생. '다녀간 곳의 위치와 이동 경로를 참고해 주십시오.' 일상이 되어 버린 재난 알림 문자의 경고음.

코로나 바이러스 확진자의 이동 경로가 내 주변과 연관되어 있는지, 확진자의 활동 반경이 나의 일상생활 경로와 마주칠 가능성은 없는지 확인하고, 공공장소에서 주의해야 할 에티켓으로 마스크 착용 준비를 비롯하여 다양하고 민감한 사항들을 체크하는 것으로 하루의 일상이 시작된다. 과거 우리는 바이러스라는 단어를 그리 심각하게 받아들이지 않고 살아왔다. 그런 우리가 생각보다 꽤 오래 지속되고 연일 사태의 심각성이 더해 가는 가운데 인간관계에 거리를 두는 현실에 점점 지쳐 가고 있다.

'사람은 사회적 동물'이라는 말처럼 상호 교류하며 직접 만나 서로 얼굴을 보며 생활하던 익숙한 일상에서 벗어나, 점점 서로 거리를 두고 최소한의 움직임으로 일상을 해결하고 있다. 요즘 우리 일상은 마스크 속 최소한의 눈인사로 시작되고, 팀 내 회의와 일 처리는 최소한의 절차로 적절한 거리를 유지한 채 빨리 해결하도록 서로 재촉하며, 결과는 메일로 전하고 각자 정리하여 자신의 임무를 마친다.

마스크 속에서 메아리처럼 울리는 목소리와 비슷하게, 우리의 인간관계도 뭔가 불편하게 막힌 듯하다. 동료들과 함께 단골식당으로 향하던 발걸음은 멈춘 지 오래이고, 그 대신 개인의 안전을 위해 도시락을 들고 다니게 되었다. 또는 음식 배달 업체에 주문하여 문 앞에 배송된 것을 들고 들어와 온정 없이 식은 음식을 전자레인지에 데워 인위적인 온기를 불어넣는다. 그 모습이 마치 현재 우리 시대의 모습과 비슷해 보인다.

세상 곳곳으로 퍼지는 바이러스의 확산 속도와 위험성에 다시 한번 놀라게 된다. 눈에 보이지 않는 바이러스의 확산을 두려워하며 경로를 파악할 수 없는 그 무언가를 조심해야 하는 상황에서 주위와 언콘택팅uncontacting하는 삶. 그로 인해 손안에서 한 번에 많은 것들을 통제하는 인공지능artificial intelligence 멀티태스킹 시스템이 발전될 듯하다. 또한 대수롭지 않게 여겼던 감기 바이러스가 항상 조심해야 하는 질병이 되면서 의료 시스템은 한층 정밀하고 더 체계화되리라 생각된다. 전 세계가 하나의 생활권을 이루며 화면만 있으면 언제든 세계 누구와도 편하게 대화를 나누고 서로 소식을 접할 수 있으며 언제든 만날 수 있다.

사실 인터넷의 확산이 언택트untact 시대를 초래하였지만, 그래도 우리는 언제나 직접적인 만남을 전제로 그 도구들을 사용했다. 하지만 지금은 바이러스에 대비하기 위해 노출을 자제하고 있다. 마스크 사이로 보이는 짧은 눈인사로 모든 것을 표현하고, 굳이 서로 말을 하지 않아도 많은 것들을 편하게 해결해 나갈 수 있다.

안전을 지키기 위해 사회적 거리를 유지하면서 모든 주문 시스템은 비대면으로 점차 확대될 것이다. 주문은 내 손안의 기기에서 시작되고, 주문의 양과 음식이 나올 예상 시간을 미리 계산하여 조리를 하며, 결제

시스템도 직접적인 현금 거래가 아닌 무인 전자 시스템으로 진행될 것이다. 마트 이동 시간 또한 줄어들 것이다. 내가 직접 찾아가는 수고, 무엇을 구매할지 고민하는 시간, 들고 집으로 돌아오는 시간과 노력을 들이지 않아도 손안에서 간단히 주문하고 결제하면 집 앞까지 배달해 주는 시대가 도래했다. '그냥 현관에 두세요!'라는 말이 너무 익숙해졌다. 누가 어떻게 배달을 했는지와 상관없이 나의 기본 의식주 행위 자체에 만족한다. 이러한 소비 행위와 사회적인 풍토는 인터넷 활용으로 가속화되었고, 코로나 바이러스가 유행하는 상황에서 편안하고 더 빠른 처리에 대한 긍정적인 반응이 더해지고 있다. 무언가를 해결하기 위해 직접 찾아가기보다는 손가락으로 한 번에 많은 일들을 처리하기를 원한다.

코로나 사태로 공공기관과 은행 등의 업무 처리 방식에도 많은 변화가 일어나고 있다고 한다. 먼저, 공공기관의 애플리케이션은 인터넷 문의 사항을 한 번에 해결할 수 있도록 진화하고 있으며 점점 더 빠르고 쉽게 피드백을 주고 있다. 하나의 애플리케이션으로 다양한 이견을 조율하고, 문제를 해결하는 데 빅데이터 멀티태스킹 시스템을 활용하고 있다. 손가락 하나로 소통하는 이 방법은 편하고 안전하며 직접적인 만남에서 초래되는 불편함을 해결해 준다.

또한 이러한 방식은 이전 사용 기록을 활용하여 이후 발생할 문제들을 미리 예방하고 원인을 제거할 수도 있다. 직접적인 이동과 대면을 통한 문제 해결보다, 데이터베이스화된 정보를 활용함으로써 해결 방법이 간단해지고 있는 것이다. 다만, 처리를 원하는 소비자와 해결해 주는 업체 사이에 접점이 맞아 일 처리가 빨라진 것은 고무적이나, 로봇화된 기계의 발전이 인간 사이의 대면이 어려워지는 사회 분위기와 맞물리면서 점점 인간의 일자리가 사라지고 있다. 코로나 사태 이후, 인간의 자리를 컴퓨터가 대체하는 비중이 더 가속화되면서 인간의 소비 능력이 변화하고 있으며, 이는 사회경제적 패러다임의 변화를 이끌 수도 있다.

가장 큰 변화는 의료 부분에서 일어날 것으로 보인다. 바이러스의 무서움을 다시 느끼게 되는 요즘, 의료인과의 직접적인 대면마저도 조심스러운 분위기다. 직접 병원에 가지 않고 비대면 화상 채팅을 통하거나 몸 안의 신체 감지 센서로 의료진과 정보를 공유함으로써 진단이 가능하게 될 것이다. 필요한 약은 배송을 통해 집 앞에 놓일 것이고, 처방된 약의 효과와 반응을 체크하는 것도 이동 없이 각자 개인의 공간에서 의료진과의 화상 상담으로 진행될 수 있다.

모든 비대면 시스템은 컴퓨터로 자동 처리될 것이며, 모든 인간의 DNA를 파악할 수 있는 신체 감지 센서도 상용화될 것이다. 신체 감지 센서가 수집한 정보는 생체 기억 단자에 그 기록이 남겨지고, 주위 병원 혹은 의료기관에 실시간으로 전달되어 빠르고 정확한 치료는 물론 질병의 발생 이유까지 분석할 수 있게 될 것이다. 그로 인해 병의 원인을 파악하는 것이 용이해지고 개인의 컨디션과 몸의 변화, 약의 반응 등을 실시간으로 파악함으로써 더 빠르고 정확한 처치가 이루어질 수 있다. 병원균의 확산 원인, 심각성 등에 대한 규명도 빨라질 것이며 국가 간 의료 협업에도 상당한 도움이 되어 진단 키트kit 연구에 있어 상호 발전을 꾀할 수 있을 것이다.

여행 또한 큰 변화가 예상된다. 현재 바이러스 유입의 걱정 때문에 전 세계적인 왕래가 급격히 단절되었고, 여행 관련 사업이 큰 어려움을 겪고 있다. 그렇다면 코로나 이후에는 어떻게 될까? 여행을 전보다 더 빠르고 정확하게 계획할 수 있게 될 것이다. 여행을 떠나기 전 가격을 비교하여 내게 맞는 비행기와 숙소, 원하는 액티비티activity까지 모든 계획을 이동 없이 한 공간에서 세우고 처리하는 것이다. 3차원적 공간 시뮬레이션을 통해 개인의 신체적인 상황을 고려하여 원하는 여행지의 날씨, 여행지의 오염도를 체크하고 바이러스 상황을 감지하는 프로그램을 사용해 최적의 여행지를 선택하는 것은 물론 여행자의 컨디션까지 조절할 수 있을 것으로 생각된다.

또한 여행 중 일어날 수 있는 모든 상황을 대비하여 근처 병원 등 의료시설의 의료적 도움도 받을 수 있을 것이다. 최적화된 의료 정보와 여행자의 건강을 고려한 시스템을 마련함으로써 병원균의 이동과 확산을 막고 안전한 공간으로서 여행지가 각광받게 만들 것으로 생각된다.

학교의 풍경도 조금 달라지리라 예상된다. 유례 없이 긴 바이러스 대유행 때문에 인터넷 비대면 강의가 이루어지는 현재의 모습에서 힌트를 얻을 수 있을 것 같다. 이러한 상황에 놓여 본 적 없는 21세기 교육 현장에서 비대면 화상강의는 중요한 수업 방식으로 자리를 잡고 있으며, 혼란스러웠던 초창기보다 안정적으로 자리를 잡고 진행되고 있다. 원격으로 시작된 새로운 강의 형식의 어색함과 방식의 제한에서 벗어나 학생들과 교수 사이의 교류가 진행되고 있다.

비대면 방식이 성공적인 교육 방식인가에 대해서는 아직 물음표가 남아 있고, 학생들의 불편함을 초래하긴 했지만 바이러스 확산 상황에서 하나의 대안으로서 기여한 만큼 앞으로의 교육 방식에서 비대면 화상강의는 중요하게 자리를 잡을 것으로 예상된다.

코로나 사태 이후 사회적 거리두기가 계속되면서 길거리는 빠르게 한산해졌다. 사람들은 이동을 통한 직접적인 만남보다는 집 안의 공간에서 화상 연락을 통한 대화를 나누고 있다. 사람의 온기를 느낄 수 있는 만남의 행복과 인간적인 교류의 단절을 아쉬워하고, 여행을 통해 직접적인 경험을 누리지 못하는 것에 대한 안타까움이 크다.

치료제를 만들기 위한 전 세계적인 노력이 진행 중이다. 유례 없이 지독한 녀석을 이겨 내려고 모두 고군분투 중이다. 바이러스의 구조를 분석하고 인간의 몸에 맞는 백신이 어떠한 반응을 보이는지 확인하는 연구가 진행 중이다. 과학적인 분석은 마친 듯하지만 다양한 변이를 나타낼 수 있는 인간의 몸에 잘 적용될지가 아직 미지수인 것 같다.

많은 시간이 흐르고 있지만 연구진과 의료진의 노력으로 결국 바이러스를 이겨 낼 방법을 찾을 것이다. 우리는 불편해도 서로 에티켓을 지키고 스스로 건강을 관리함으로써 바이러스 확산을 막아야 할 것이다. 코로나 사태 이후 모든 상황이 이전과 똑같을 수는 없다고 혹자는 말한다. 다만 한 가지, 마스크를 벗어 던지고 얼굴 전체에서 나오는 눈인사와 인사말로 하루를 시작하는 날이 빨리 왔으면 좋겠다. 가상의 공간은 그 공간 나름대로 발전할 테지만 사람들의 이동으로 즐기는 만남, 그런 공간에서 하루빨리 서로 어울렸으면 좋겠다.

여인승_대학원 박사과정생

'혹시?', 마음의 거리를 벌리는 의심

하루 중 제일 많이 내뱉는 단어, '혹시'

코로나19로 세상이 바뀌었다. 내 시선은 더 위험하게 돌고 있다. 길에서 마주쳤던 모르는 동네 주민들이 이제는 코로나 바이러스를 운반할 수도 있는 잠재적인 위험 덩어리로만 비추어진다. '혹시…', '혹시 저 사람이?', '혹시 저곳이?'

자주 가는 동네 슈퍼에 들렀다. 퇴근길 북적북적 정겨움을 듬뿍 느낄 수 있는 곳이다. 그런데 그곳에 들어선 것을 곧바로 후회했다. 마스크를 쓰지 않은 아저씨, 물건을 집었다 놨다 하는 아주머니, 마스크를 턱에 걸친 채 큰 소리로 그날의 할인 품목을 알려 주는 직원들, 모두가 피해야 할 바이러스로만 보인다. '혹시?' 스멀스멀 피어오르는 의심을 거두려 움찔거리며 이것저것 고르고 있는데, 지나가던 사람이 툭 치자 어깨에 멘 가방이 흘러내렸다.

평소라면 무심히 가방을 고쳐 메었을 텐데, 낯선 이와 어느 부분이 닿았는지를 유심히 살피게 된다. 집에 도착하자마자 꼭 소독용 스프레이를 뿌리리라 다짐하면서 물건을 집어 올리는 손길이 바빠진다. 주변에 온통 바이러스가 떠다니는 느낌에 숨이 가빠지는 듯하다. '혹시 여기 어딘가에, 혹시….' 허둥지둥 계산하고 급히 슈퍼를 빠져나온다. 손을 얼른 씻고 싶다. 앞으로 가급적 온라인쇼핑몰만 이용하리라 결심한다.

엘리베이터를 탄다. 누군가 함께 타서 다른 층 버튼을 누른다. 무심코 쳐다본 그는 마스크를 하고 있지 않다. 흠칫 놀라며 가상 번 모서리 한 구석으로 몸을 피한다. 이웃사촌이라는 단어는 떠오르지 않는다. 거기엔 요즘 같은 시기에 마스크도 쓰지 않는 몰상식한 인간이 서 있을 뿐이다. '왜 마스크를 쓰지 않는 걸까? 혹시 저 사람이.' 나는 마스크를 쓰고 있으니 괜찮을 거라 마음을 다독여 본다. 그가 내리고 얼른 닫힘 버튼을 눌렀다. 그리고 세정제를 꾹꾹 눌러 짜 야무지게 손을 닦아 낸다.

온통 적대감과 불신으로 가득 찬 마음을 안고 들어간 집은 유일하게 마음을 놓을 수 있는 공간이다. '혹시'의 위협에서 멀리 벗어난 안전 지대다. 철저하게 손을 씻고 입었던 옷, 외부에서 들고 들어온 짐 등에 소독제를 뿌린다. 마음이 좀 놓인다. 또 손을 씻는다.

사냥은 계속되어야 한다. 생계를 위한 출퇴근을 멈출 수는 없고 버스, 지하철엔 사람들이 많다. 어디서 어떻게 지내는지 모르는 사람들이 참 많다. 혹시 열은 없는지, 오늘 컨디션은 괜찮은지, 알 수 없는 사람들이 참 많다. '혹시, 혹시 이 버스에?', '혹시 이 지하철에?', '혹시'의 물음표는 끝이 없다. 서로 밀어 대며 타는 만원 지하철에서 헐렁한 마스크가 눈에 띈다. 무언가 생경한 느낌에 돌아보니 마스크를 안 한 사람도 있다. 또 불안하다. 여기 있는 모두가 바이러스와 인사를 하는 것 같다.

그런데 그런 생각을 나만 하는 것이 아닌 게 분명하다. 불안하게 두 눈을 굴리는 한 사람과 눈이 마주친다. 흠칫 놀라며 마스크를 고쳐 쓰는 우리의 모습이 똑같이 닮아 있다. 서로의 눈빛에는 무엇보다 '혹시'라는 단어가 가장 무겁게 담겨 있다.

일상이 울렁인다

눈에 보이지도 않는 바이러스가 가까이에 떠다니는 것 같은 기분에 바싹바싹 말라 간다. 아니, 버석버석 말라간다. 하루하루를 살아가며 마주하는 모든 이들을 미소 대신 경계로 대하게 된다. '혹시'라는 의심으로 대하게 된다. 함께 살아가는 세상이라는데, 함께하는 이들을 경계하게 만드는 코로나19. 그중 가장 경계해야 할 것은 나 자신. 나 하나 아프고 끝나는 것이 아니라, 내가 매개체가 되어 다른 이들에게 폐를 끼칠 수 있다는 생각은 자신도 채찍질하게 만든다. 계속해서 손을 씻고 소독제를 뿌려 댄다. 내가 '혹시'의 주인공이 될 수는 없다. 끊임없이 불안함에 떠는 일상이 힘겹게 다가온다. 언제까지 이런 두려움 속에 있어야 할지 알 수 없다는 것이 더욱 막막하다.

사회적 거리두기, 생활 속 거리두기는 물리적인 거리만이 아니라 마음의 거리도 밀어낸다. 서로 다가가면 안 된다는 사실, 누구나 바이러스의 숙주가 될 수 있으며 그게 어디 있는지 알 수 없다는 사실이 마음의 거리를 벌리고 또 벌린다.

웃을 수가 없다. 미소 짓는 내 표정을, 내 진심을 상대에게 전할 수가 없다. '눈으로 말해요'는 없다. 눈빛만으로 모든 감정을 전할 수 있다면 오해와 갈등이 생길 이유가 없을 것이다. 다정한 목소리와 온 얼굴로 따스하게 짓는 표정으로 서로의 마음을 밝혀 주어야 하는데, 보낼 수 있는 건 감정의 일부를 비추는 눈빛만이며 마스크 속에서 웅웅대는 목소리는 먹먹하게 가라앉을 뿐이다. 또 '혹시'가 떠오른다.

재작년의 일이다. 매일 아침 출근길에 들르던 카페가 있다. 여느 날과 다름없이 주문하고 돌아서려는데 낯익은 직원이 나를 불러 세웠다. 오늘이 거기서 일하는 마지막 날이란다.

"저 오늘까지만 나와요."

"어머, 아쉬워서 어떡해요. 좋은 곳으로 가시나 봐요?"

앳된 얼굴로 배시시 웃으면서 즐겁게 말했다.

"저 취업 되었어요."

뜻밖의 기쁜 소식에 기분이 붕붕 떴다. 축하의 인사를 마음껏 건넸다.

"너무 잘되었어요. 요즘 같은 시기에, 정말 잘되었어요. 축하드려요. 앞으로 좋은 일들만 가득할 거예요. 행복하게 지내세요."

그러자 조금 더 높은 목소리로 대답을 들려주었다.

"평소에 밝게 인사해 줘서 좋았어요. 그래서 취업 이야기 꼭 하고 싶었어요."

뭉클함이 피어올랐다. 서로 이름도 모르는 사이였지만, 매일 얼굴을 마주하며 목소리를 나누고 그 한 켠에서 마음이 닿아 있었다.

코로나는 그렇게 사이를 벌려 놓았다. 서로를 얼굴조차 모르는 사이로 만들고 있다. 얼굴을 마주하며 가볍게 인사를 건네던 일상이 무너졌다. 얼굴도 익힐 수 없다. 서로의 마음은커녕 미소조차 닿을 수 없는 현실에 피어오르는 것은 불안함이다. 혹시나 하는 바로 그 불안함.

사소한 배려에서 찾은 희망

그래도 아직은 괜찮은 것 같다. 차마 손을 대지 못하고 팔로 출입문 손잡이를 조심스럽게 밀면서도 뒷사람을 위해 문을 잡아 주는 낯선 이의 따뜻한 배려가 느껴진다. 희망을 엿본다. 거리가 멀어져도 마음은 가까워야 한다는 따스함을 버리지 않고 가꿔 나가는 사람들이 있다. 나만을 위해서가 아니라, 나와 마주하는 사람 모두를 위해 마스크를 쓰는 사람들이 있다. 거리두기 따위는 아랑곳하지 않고 유흥을 즐기다 여러 이들까지 아프게 만든 뉴스가 떠들썩할 때, 손수 만든 마스크를 기부하는 사람들의 이야기도 조용하게 들려온다. 새 마스크를 차곡차곡 모아 몰래 기부하고 가는 사람들의 따뜻한 이야기도 들려온다. 누군들 보고 싶은 사람이 없겠는가, 하고 싶은 것이 없겠는가. 서로를 위해 참고 버텨 내는 것뿐이다.

가까이에서도 따스함을 찾을 수 있다. 누군가 걸어오는 소리가 들리자 닫히려던 엘리베이터 문을 황급히 잡아 기다려 주고 무심히 세정제로 손을 닦는 모습에 슬며시 웃음이 나온다. 다음엔 나도 그렇게 문을 잡는다. 마스크 너머로 보이는 눈빛에서 고마움을 읽는다. 낯선 이가 어디에서 바이러스를 묻혀 왔을지도 모른다는 두려움보다 사소한 배려가 더 중요하다는 것을 느낀다.

'혹시'라는 의심 대신에 서로에 대한 배려, 나 하나만 생각하는 것이 아니라 서로를 생각하는 마음, 조심스러운 행동들이 희망을 가져올 것이다. 어디서 또 누가 아프다는 우울한 소식들이 가득하지만, 서로에 대한 배려로 마음만은 화창하게 살아갈 수 있다는 희망이 싹틀 것이다. 각자의 자리에서 최선을 다하고 있는 우리 모두의 노력으로 결국 코로나 종식이라는 기쁜 소식이 찾아올 것이고, 그날이 조금이나마 앞당겨지기를 기도해 본다.

정희정_회사원

대봉쇄great lockdown의 시대, 코로나-19 적응기

금요일 저녁 약속 시간에 맞춰 회사에서 느긋하게 퇴근하여 자전거를 타고 천변 자전거도로로 나왔다. 오랜만에 배드민턴 클럽 회원들과 저녁 식사를 하기 위해 약속 장소로 이동하였다. 평일 저녁과 주말 오후에 인근 중학교 체육관을 빌려 운동을 하는 클럽이다. 코로나19로 클럽 활동이 중단된 지 벌써 4개월이 다 되어 간다. 요즘 같은 상황에 모임에 참석해도 될까 하는 걱정과 달리 식당은 많은 사람들로 북적였다. 다행히 오랜만에 만난 이들은 모두 건강해 보였다. 서로의 일상을 이야기하며 만나지 못한 시간을 조금씩 채웠다.

우리 가족은 코로나19가 유행하기 시작하면서 지금까지 4개월 정도 외식을 한 적이 없으며 여행이나 사람이 많은 곳에도 가지 않았다고 하니 다소 놀랍다는 반응이었다. 참석한 사람들 대부분이 코로나19가 유행하기 시작할 때는 조심하며 외출을 자제했지만, 상황이 길어지면서 외식은 크게 개의치 않는다고 했다. 배드민턴 운동 역시 무기한 문을 닫은 공공기관의 실내 체육관이 아닌 사설 체육관을 이용하여 하고 있다고 했다. 이날 모임도 언제 끝날지 모를 코로나19의 유행으로 중단된 배드민턴 운동을 가끔이라도 할 수 있는 대책을 찾기 위해 마련한 자리였다.

소심한 나와, 나를 걱정하는 소심한 우리 가족들의 걱정 때문에 나는 일주일에 한 번씩 하게 될 배드민턴 소모임에는 참석하지 못할 것 같지만, 사람들은 서서히 코로나19와 공존하는 방법을 찾아가고 있다.

우리 집에는 입학식도 못 하고 아직도 등교하지 못해 입지 못한 봄가을 교복이 벌써 작아진 중학생과, 2주 전부터 일주일에 한 번 등교를 하는 초등학생이 있다. 친구들과 쉬는 시간에 떠들고 점심시간에 뛰어다녀야 할 때 집에서 온라인수업을 하고 있다. 다니던 학원은 정부 정책에 따라 온라인수업과 대면 수업을 병행하고 있다.

우리 가족 중에서 나만 아침에 집에서 나와 회사에 출근하여 근무하고 다시 집으로 온다. 나의 직장은 아직 코로나19로 직접적인 피해를 받지 않아 꾸준히 출근할 수 있고 급여를 받을 수 있는 것을 감사히 생각하며 열심히 다니고 있다. 다행히 직장에서의 업무는 대부분 혼자 책상에 앉아 컴퓨터로 하기 때문에 낯선 사람들과 대면하지 않는다.

원래 잘 하지 않던 회식도 없어졌으며, 근무 시간이 끝나면 자전거를 타거나 걸어서 집에 온다. 일상생활에서 모르는 사람들과 근접 접촉할 일이 거의 없다. 우연히 내가 사람이 많은 곳에 방문하여 코로나19에 감염되고 직장에 바이러스를 전파한다고 생각하면 등골이 오싹해진다. '과연 내가 계속 직장에 다닐 수 있을까?' 하는 불안감 또는 회사 구성원으로서의 의무감 또는 책임감으로 주중과 주말에 항상 집에 있다.

원래 사람들을 만나거나 술 마시는 것을 좋아하지 않았기에 코로나19가 나의 생활에 큰 변화를 주진 않았다. 다만 운동을 잘하지는 않지만 좋아해서 코로나19가 유행하기 전 일주일에 서너 번 저녁에 배드민턴 클럽에서 운동했으며, 아침에 주 4일 테니스 강습을 받았다. 그리고 마라톤 클럽 회원들과 화요일과 목요일 저녁에 운동장 트랙에서 달리기 연습을 하고, 일요일 아침에는 마라톤 정기 모임에서 장거리 연습을 했다.

코로나19로 이런 나의 촘촘한 운동 계획에 변화가 생겼다. 코로나19에 취약한 실내 운동인 배드민턴은 인근 중학교 실내 체육관이 폐쇄되어 초기부터 중단되었으며, 달리기 연습과 마라톤 클럽 모임 역시 사회적 거리두기가 시행되면서 중단되었다. 실외 운동이며 사설 강습인 테니스 강습만 유지하고 있고, 달리기 연습은 천변 산책로나 주변 산 등에서 혼자 연습하고 있다. 배드민턴을 제외한 나머지 운동들은 코로나19에도 타인과의 접촉을 최소화하며 잘 유지하고 있는 편이다.

나는 월 급여를 받는 근로자이다. 다행히 내가 다니는 회사는 항공이나 여행업 등과 같이 코로나19의 직접적인 영향을 받는 산업이 아니어서 아직은 큰 피해가 없는 듯하다. 하지만 세계은행의 예상에 따르면 올해 글로벌 경제성장률은 2차 세계대전 이후 최악의 마이너스 성장을 기록할 것으로 보인다. 코로나19로 인해 성장하고 발전하는 분야도 있겠지만, 대부분의 산업 분야에 안 좋은 영향을 주고 있는 것은 확실한 것 같다.

작년부터 조금의 여윳돈을 모아 주식 투자를 하던 나에게도 코로나19는 위기였다. 2월 중순부터 3월 중순까지 한 달 동안 주가가 3분의 1가량 폭락했다. 역사적으로 보면 세계 대공황, 닷컴 버블 붕괴, 금융 위기 등 여러 가지 원인으로 경제적 위기를 겪은 바 있다. 눈에 보이지도 않는 아주 작은 코로나19 바이러스는 산업시설을 폐쇄하고 사람들의 이동을 제한함으로써 전 세계 경제 활동을 위축시키고 있다.

하지만 역사적으로 위기는 또 다른 기회가 되기도 했다. 이번 코로나19로 인한 경제 위기 초기에는 모든 분야의 산업이 하락하였지만, 바이러스 검사 키트kit와 백신·치료제 등과 관련된 바이오와 제약 분야는 빠르게 성장하였다. 그리고 사람들이 백화점 등 사람이 많은 곳에서 대면하는 것을 기피하여 인터넷에서 물건을 구매하고 결제하며 원격 근무를 하면서 화상회의를 이용하게 되니, 이와 관련된 비접촉 분야의 산업이 코로나19가 대유행하기 이전보다 더 크게 성장하였다. 이렇듯 경제 분야에서는 뉴노멀New Normal이라는 새로운 정상 상태, 새로운 경제적 기준을 찾아가고 있다.

코로나19가 대유행하기 이전에도 우리의 삶은 변하고 있었다. 단지 조금씩 변하고 있어서 잘 인식하지 못했을 뿐. 현재 공공기관에서 운영하는 사회체육은 완전히 멈춘 상태이고 사람들은 운동을 하기 위해 사설 체육시설로 모이고 있다. 학교에서는 방학이 끝나고 개학을 했지만 일주일에 하루만 등교하고 나머지 요일은 집에서 인터넷이나 교육방송으로 수업을 하는 새로운 방식이 도입되고 있다. 회사에서도 직원들이 출근하지 않고 원하는 장소에서 원격 근무를 하고 원하는 시간에 출근하여 일하는 업무 수행 방식이 자리를 잡아 가고 있다. 코로나19를 치료하는 치료제와 면역을 형성해 주는 백신이 단기간에 개발되기는 어려울 듯하다. 치료제와 백신이 개발된다면 코로나19 대유행 이전의 삶의 방식으로 온전히 돌아갈 수 있을까?

눈에 보이지 않는 바이러스인 코로나19에는 여러 가지 모습이 있는 것 같다. 처음 중국 우한에서 발생한 코로나19를 일부 사람들은 지금까지도 '우한 바이러스'라고 부르며 정치적으로 이용하고 있다. 해외에서는 동양인을 상대로 한 인종차별 범죄가 발생하기도 한다. 그리고 거의 모든 국가가 국경을 걸어 잠그는 '대봉쇄great lockdown의 시대'가 되었다.

세계화를 지향하던 시대에서 다시 자국의 안전과 이익만을 추구하는 국수주의 시대가 오고 있다. 강대국들은 정치적 목적과 자국의 이익만을 위해 코로나19의 백신과 치료제를 이용하려고 한다. 매우 작은 나노미터 크기의 바이러스가 세계를 분열시키고 재편시키고 있다.

코로나19와 같은 바이러스의 발생 기원을 살펴보면 우리는 온전한 피해자가 아니다. 이제까지 알려진 바이러스는 주로 동물을 숙주로 한다. 이러한 동물을 가축화하거나 식용하면서 인수 공통 감염병으로 바뀌어 사람에게 전파되는 것으로 알려졌다. 인류에 의한 환경 파괴 및 무분별한 야생동물 포획과 남용 등이 결국 이러한 바이러스의 공격으로 인류에게 되돌아온 것이다.

최근 발생한 바이러스로 사스, 신종플루, 메르스 등이 있었고 코로나19는 역사적으로 세 번째 전 세계 대유행 전염병으로 선포되었다. 이전의 에볼라, 에이즈, 신종플루와 메르스 등의 바이러스는 코로나19 바이러스보다 상대적으로 치명률이 높지만 그에 비해 전염력이 약했다. 하지만 바이러스도 점점 진화하면서 전염력이 높고 치명률이 높은 쪽으로 변하고 있는 것 같다. 또한 새로운 바이러스의 발생 주기를 대략 10년 정도로 보았는데 이 주기도 점점 빨라지고 있다.

코로나19뿐만 아니라 인류를 위협하는 또 다른 바이러스는 언제든 발생할 수 있다. 앞으로 발생하는 바이러스는 전염성도 강하고 치명률도 높을 수 있다. 이에 대해 인류도 발 빠르게 대응하고 있다. 하지만 인종주의와 자국의 이익만 우선하는 국수주의로는 바이러스를 극복할 수 없다.

개인뿐만 아니라 국가적인 측면에서도 봉쇄만이 답은 아니다. 서로 협력하여 코로나19를 이겨 내지 못한다면, 이후에 더 강력한 바이러스가 발생하여 인류는 큰 위기를 맞을 수 있다. 코로나19에 감염되지 않도록 생활 속에서 실천하는 개인적인 방역도 중요하지만, K-방역이라고 불릴 만큼 바이러스 대응에 있어 선진국의 면모를 보인 나라의 국민으로서 폐쇄적 민족주의 또는 국가주의로 빠지지 않도록 항상 감시하는 자세 또한 중요하다.

장형상_회사원

2부

낯선 일상, 언택트 시대의 소통하기

바람에 날리어 머나먼 곳에 다다르는 민들레
홀씨처럼 코로나 극복에 대한 의지와 희망을
에세이집을 통해 전달하고자 하였다.

미안해, 코로나 천국!

"헉~ 이사 가세요? 웬 짐이 이렇게 많아요?"

배가 불룩한 마트 가방이 9개. 거실 가득한 짐 보따리를 보고 아들은 기겁했다.

드디어 내려간다. 2월에 시작된 코로나가 3월쯤엔 끝날 줄 알았다. 더는 확진자 수를 세며 불안에 떨기도 지쳤다. 우울감이 온몸을 뒤덮기 전에 난 이 도시를 떠나기로 했다. 시골에 가서 한동안 살아 보리라. 처음 2주 수업을 휴강할 때만 해도 참 행복했다. 30년 가까이 집으로 방문하는 아이들과 책 수업을 했다. 제대로 쉬지도 못했는데 비록 강제 휴가지만 달콤한 휴식이었다. 그러나 한 주 한 주 지날수록 '이러다 팀이 다 깨지면 어떡하지?' 하는 걱정이 들기 시작했다. 학원들이 하나둘씩 문을 열 때도 아직은 때가 아니라고 다독였다. 내 생계만 생각하는 이기심으로 무책임하게 수업할 수 없었다. 그렇게 한 주 두 주, 한 달 두 달이 지나가 버렸다. 코로나가 끝나기를 기다리는 사이, 수업 팀들이 하나둘씩 깨져 버리고 본의 아니게 직업을 잃었다. 50대 중반에 은퇴하게 됐다. 30년 동안 한 가지 일만 하다 갑작스럽게 닥친 은퇴에 난 당황했다. 내 형편에 아직은 은퇴가 이르다. 분양받은 아파트 대출금도 남았고, 무엇보다 막

내가 아직 대학교 3년을 더 다녀야 한다. 그 아이 졸업할 때까지 맞벌이를 하려고 했는데…. 뭐, 인생이 내 맘대로 되던가.

은퇴 후 전원생활을 하리라 막연히 꿈꿨었다. 잘됐다. 이참에 노후 전원생활을 위한 사전 연습을 한다고 생각했다. 고창 두메산골에 나의 조부모님이 사시던 집이 있다. 집은 초가집이라 부를 정도로 낡았지만 마당이 넓다. 오랫동안 비워 뒀기에 살 수 있을지 걱정이 됐다. 도시에서 3시간 반 거리이다. 달랑 다섯 가구가 사는데 그중 네 가구가 친척이다. 한적해서 온종일 개미 새끼 한 마리 보이지 않을 때가 많다.

수년 동안 비워 놓은 집이라 손볼 데가 많았다. 거미줄을 쫙쫙 걷어 냈다. 갑작스러운 침입자에 놀란 거미들이 달아나기에 바빴다. 형광등은 불을 밝혔던 기억을 잊었고, 수도꼭지는 줄줄 샜다. 남편은 읍내에 있는 철물점을 들락날락하며 수리했다. 아직 묵은 냄새가 많이 나는 방, 잠자리에 들었지만 잠이 오질 않았다. 뒤척이다 검색하다 어느새 잠이 들었다. 시골 첫날은 그렇게 보냈다.

다음날 나무를 사다 심었다. 앵두나무, 복숭아나무, 감나무, 사과나무…. 먼 훗날 열매가 주렁주렁 열리고 우리 아이들의 아이들이 신나게 따먹으리란 상상하면서. 마을 어르신들의 조언을 받아 도라지와 더덕 씨앗을 뿌렸다. 혹시나 내가 다시 일을 시작하면 자주 내려오지 못할 수도 있기에 장기적으로 키울 수 있는 것들로 텃밭을 채웠다.

남편은 삽질을 많이 해 골반이 아프다며 끙끙댔다. 쪼그리고 앉아 호미질하던 나는 허리가 아파 끙끙. 콘크리트 바닥만 딛던 우리 부부가 흙에 제대로 신고식을 했다. 그날 밤은 휴대전화를 들여다볼 새도 없이 밤

9시에 곯아떨어졌다.

셋째 날, 화단 꾸민다고 돌멩이를 주워다 날랐다. 저녁을 먹자마자 7시 조금 넘어 곯아떨어졌다. 세상에 내가 7시에 잠들다니! 일찍 잠드니 새벽 3~4시면 저절로 눈이 떠졌다. 밖은 아직 어둠이라 이불 속에서 남편과 두런두런 많은 이야기를 나눴다. 서서히 동이 트면 자연의 오케스트라가 연주한다. 어느 집 수탉이 우렁차게 울어 아침을 깨우면 이 집 저 집 개들이 대답하고 5~6종류의 새들이 노래한다. 처음에는 정신없는 소음이었는데 서서히 조화롭게 다가왔다.

다음날 남편은 우거진 감나무를 잘랐다. 수십 년 자란 감나무가 지붕까지 닿아 집이 어두컴컴했다. 와지끈 나무가 무너지는 소리를 듣고 온 동네 참새들이 떼로 모여들었다. 쨱쨱 요란하게 지저귄다. 언뜻 듣기에도 '네가 뭔데 우리 나무를 자르냐!'며 자기들의 평화를 깨뜨린 침입자를 향해 시위하는 듯했다. 정말 미안했다. 우리는 마을의 질서를 깬 침입자였다.

시골에 와서 날마다 노동하느라 온몸이 쑤시지만 그래도 가장 행복한 시간을 꼽으라면 커피 타임이다. 아침 식사 후 남편과 함께 커피잔을 들고 툇마루에 앉으면 온 마을이 한눈에 보인다. 호수와 구불구불 마을 길. 누구네 차가 들어오는지 서로 알아맞히기를 한다. 커피를 마시며 휴대전화가 아닌 동백꽃과 수선화 그리고 아직 피지 않은 화초들을 바라본다. 유심히 들여다본다. 어떤 꽃을 피울 거니? 내 눈은 날마다 새로운 것을 발견하고 감동한다. 자연 속에 들어와서야 난 내 눈을 제대로 사용할 줄 알게 되었다.

사실 내가 살고 있는 도시의 아파트는 전망이 좋다. 우리 부부는 남들보다 한참이나 늦은 나이에 집을 장만했다. 운 좋게도 전망 좋은 동을 분양받았다며 세상을 다 가진 양 행복해했다. 그런데 이번 시골살이가 그게 아니라고 말했다. 그건 가짜였다. 아파트에서는 유리벽으로 차단된 자연을 감상한다. 온실 속에 갇혔기에 자연은 멀리서 바라보는 대상이다. 이곳 시골에선 안방 문만 열면 바로 자연으로 들어갈 수 있다. 그래서 좋다.

온 동네가 노란 유채 세상이었다. 동네 이장님인 당숙 어른 말씀으로는 관광객 유치를 위해 어렵게 '유채꽃 심기 특별 사업'을 따 왔단다. 이 골짜기까지 유채꽃 보자고 관광객이 들어올까 싶었다. 다섯 가구밖에 안 되는 작은 마을이 사람들 구경 오라고 온 밭마다 유채를 심고 노란 세상을 만들었건만 코로나는 방문객들을 차단했다.

제주도 유채꽃밭은 관광객 오지 말라고 파 버렸다는 뉴스가 나왔다. 안타까웠다. 그리하여 이 두메산골 유채는 오롯이 우리를 위해 존재했다. 매일 유채나물을 먹었다. 유채가 그렇게 맛있는 나물인 걸 태어나 처음 알았다. 유채와 벚꽃이 어우러진 길을 걸으며 이 코로나 시국에 이런 행복을 누려도 되나 생각했다. 과분한 호사다.

식사 준비를 위해 우리는 날마다 마트 가방을 들고 슈퍼가 아닌 동네를 한 바퀴 돌았다. 오가피 순, 엄나무 순, 두릅, 머위, 유채를 마트 가방에 한 보따리 안고 돌아왔다. 개선장군의 미소를 얼굴 가득 담은 채.

산에서 소나무 순을 따서 솔 순 효소를 담갔다. 머위 효소도 담그고, 칡 순 효소도 담갔다. 마당엔 쑥과 민들레가 지천이라, 따서 차를 만들었다. 쑥차와 민들레차의 구수한 향에 저절로 몸이 건강해지는 느낌이다. 나의 이 보람찬 생산물들을 나의 지인들, 도시 촌놈들과 나눌 생각만 해도 행복했다.

전원생활의 낭만을 깬 사건이 있었다. 잠자다 한밤중에 남편이 벌떡 일어섰다. 무슨 일이냐고 물을 새도 없이 불을 켰다. 식탁 밑으로 냅다 달아나는 기다란 벌레. '헉~ 지네!' 기다랗고 발이 여러 개, 거무스름한 빛깔, 책에서만 보던 지네다. 갑자기 온몸에 소름이 돋았다. 너무 놀라 비명조차 나오지 않았다. 파리채 한 방에 지네의 운명은 끝났지만 더는 잠들 수 없었다. 죽은 저놈이 혼자 온 게 아니라 친구들을 데리고 왔는데 우리가 발견하지 못했다면? 생각다 못해 안방에 텐트를 치고 자기로 했다.

누가 전원생활이 아름답다고 했나. 검색해 보니 지네는 습한 곳을 좋아한단다. 사람이 없는 동안 저놈들이 이 집을 터 잡고 살았나 보다. '이제 새 주인이 왔으니 너희들은 집을 빼 줘야겠어.' 난 단호하게 세입자들을 쫓아내기로 했다. 지네 출몰에는 명반이 좋단다. 읍내에 나가 명반을 듬뿍 사다 집 안팎에 골고루 뿌렸다. 제발 지네들이 건물에서 나가 자연의 품으로 돌아가길 간절히 기도했다. 아니면 파리채로 응징하리라.

지네 못지않게 경악스러운 일이 또 생겼다. 한참 아침을 먹고 있는데 밖에서 인기척이 들렸다. 윗집 당숙께서 제초제를 뿌리며 대문 앞을 통과하고 계셨다. 밭에 제초제를 뿌리고 많이 남아 우리 마당에 뿌려 주겠다고 인심 좋게 말씀하셨다. 제초제를 뿌리면 힘들게 예초기 안 돌려도 된다고 조언도 해 주셨다.

당숙 어른의 부담스러운 친절에 할 말을 잃었다. 하마터면 쑥차, 민들레차는 수년 동안 구경도 못 할 뻔했다. 윗집 당숙 어른께 차 한 잔 드시라고 권하며 팔을 잡아끌었다. 그리고 여러 번 다짐받았다. 우리 마당에는 절대로! 절대로! 제초제를 뿌리지 않기로. 덕분에 우리는 '뭘 모르는 딱한 도시 놈들'로 찍혔다.

시골 생활의 백미 중 하나는 고사리 삶고 남은 장작불에 구워 먹는 감자 맛이다. 장작불이 활활 타는 모습은 봐도 봐도 질리지 않는다. 빨갛고 파랗고 노란 불에 나도 모르게 빨려 들어간다. 불이 꺼지고 빨간 기운이 남아 있는 숯에 감자를 구웠다. 감자를 구워 먹고 밤하늘을 쳐다보면 쏟아지는 별들을 만날 수 있다.

미세먼지 없고 맑은 날 밤이면 오래오래 산책을 했다. 밤하늘의 별자리를 찾느라 뒷목이 아프다. 둘이 함께 천천히 걷는 이 시간이 또한 천국이다. 마을 분들이 말씀하시길 여름이면 논에서 반딧불이를 만날 수 있다고 하셨다. 이곳의 여름이 기다려졌다.

도시에 사는 친구들에게 전화했다. 집에만 있다 보니 확'찐'자가 되어 우울하단다. 밖에 나가려 해도 공원에 산책하는 사람들이 바글바글해 서 1미터 거리를 유지하기가 힘들단다. 운동기구를 사서 집에서 운동하는데 잘 안 된다며 코로나가 언제 끝날지 모르겠다고 한숨만 쉬었다. 그 친구를 보며 나의 이 호사스러운 누림이 미안했다. 친구야 미안하다. 아무래도 내가 전생에 나라를 구했나 보다. 이 마을에 터를 잡은 조상님께 감사했다. 이 집에서 살아도 된다고 허락해 준 형제자매들이 고마웠다.

시골 생활 하루하루, 아니 순간순간이 감탄이고 감사였다. 이 작고 아름다운 마을을 위해 뭔가 하고 싶었다. 뭘 할까 고민하다 산책길 눈살을 찌푸리게 하는 쓰레기를 줍기로 했다. 마을 앞 호수 주변에는 낚시꾼들이 버리고 간 쓰레기가 많다. 밭두렁에는 농사짓고 버린 비닐들이 즐비

했다. 남편과 나는 각자 큰 마대자루와 집게를 들고 마을 한 바퀴를 돌며 쓰레기를 주웠다. 역할 분담도 했다. 남편은 플라스틱 병과 캔을. 나는 비닐 종류를.

만나는 마을 어르신들마다 기특하다고 칭찬하셨다. 한 분은 좋은 일을 하면서 쓰레기 버린 사람을 욕하면 안 된다고 하셨다. 뜨끔했다. '어떤 놈이 버린 거야!' 비난했던 내 속마음을 읽으셨나 보다. 하긴 세상을 아름답게 하겠다면서 걸음마다 투덜대면 내 영혼은 얼마나 오염될지 안 봐도 훤하다. 낑낑대며 짊어지고 온 쓰레기 보따리를 분리수거함에 쏟아 부었다. 이장님이자 당숙님이 한 말씀 하신다. "아이고 우리 조카님들, 본보기가 되네. 빨랑 이사와야것어~." 우리를 이 동네 일원으로 받아 주겠다는 말씀 같아 기뻤다. 깨끗해진 산책길, 난 이제 이곳과 사랑에 빠졌다.

"인생은 속도가 아니라 방향"이라고 괴테는 말했다. 나는 좀 더 윤택한 삶을 향해 질주했다. 풍족한 삶이 곧 더 나은 삶은 아니란 걸 알지만 살던 대로 살았다. 사실 나의 경제적 결핍은 '견딜 만한 가난'이다. 아들 둘, 이제 다 컸고 그 정도는 스스로 해결할 수 있다. 분양받은 대출금은 천천히 갚아 나가면 된다. 무엇보다 내가 못 벌어도 남편이 버텨 주고 있으니 얼마나 고마운가.

게다가 시골살이는 도시보다 많은 돈이 들지 않는다. 텃밭이 있으니 주말마다 장 보러 가지 않아도 된다. 문화생활은 필수라며 영화나 전시회 보러 갈 일도 없다. 입고 나갈 데가 많지 않으니 옷 살 일도 많지 않다. 바쁘다며 배달 음식 사 먹는 일도 없으니 건강이 저절로 지켜진다. 시골에서 살면서 마음에 여유가 생겼다. 한 푼이라도 저축해 미래를 대비해야 한다는 강박관념에서 조금씩 벗어나게 되었다. 코로나로 인해 드디어 내 삶의 방향이 보였다.

낮에 땅 파고 노동을 하면 초저녁에 곯아떨어지고 새벽에 잠이 깬다. 이 생활을 매일 반복하다 보니 나 자신이 참 단순해졌다. 이 단순함이 좋았다. 난 활자중독증이 살짝 있었다. 시골에선 몸이 피곤하니 책 한 장도 읽기가 힘들다. 대신 새싹과 나무와 돌멩이와 대화한다. 그리고 순간순간 감탄한다. 때론 멍때리며 가만히 앉아 있어도 좋다. 점점 내 삶에 감탄과 단순함만 남았다.

남은 내 인생, 반세기는 자연의 가르침에 따라 머리 아닌 몸으로 살고 싶다. 우리가 자연에 반하는 생활을 했기에 자연이 코로나라는 징계를 내렸다. 무엇보다 사람이 사람을 두려운 존재로 여기는 가장 큰 벌을 내렸다. 아무리 반가운 사람을 만나도 안아 주어서도 손을 잡아서도 안 된다. 요양원에 계시는 우리 엄마를 몇 달째 만날 수 없다. 영상통화 속 엄마는 울기만 하셨다. 인간은 더는 친밀한 접촉을 해서는 안 된다.

코로나로 우리 인간은 길을 잃었다. 하지만 길을 잃은 사람만이 새로운 길을 발견할 기회를 얻는다. 코로나는 나를 강제 은퇴로 몰았지만, 코로나 덕분에 속도를 줄이고 방향을 질문하게 되었다. 이제 나의 남은 인생의 방향을 정했다. 그래서 난 행복하다.

김경순_주부

누구도 가 보지 않은 길

지난 겨울방학, 입시가 먼저냐 사람이 먼저냐를 두고 갈등하던 부모들이 뭉쳤다. 초등학교 6년간 다져진 체험활동과 독서 덕분일까. 중학교 2학년을 앞둔 아이들은 부모의 부추김에 거절하지 않고 독서 모임에 응했다. 아이들이 주체적으로 참여한다는 명목 하에 주제와 운영 방식은 아이들이 꾸려 가도록 오리엔테이션을 열었다. 첫 번째 주제는 죽음과 자살. 첫 리더인 민성이는 겨울방학을 앞두고 학교에서 본 영화 〈버드 박스Bird Box〉를 추천했다.

영화 〈버드 박스〉 속 사람들은 형체 없는 무언가를 본 후 스스로 정신줄을 놓은 듯 자살을 했다. 사람들은 두려움에 창문을 가리고 천으로 눈을 가렸다. 주인공 멜러리는 사랑하는 남자에게 버림을 받고 홀로 아이를 낳는다. 마을 전체가 악령에 휩싸여 한 집에 모이게 된 사람들은 위험한 순간을 같이 이겨 내며 서로 가족이 된다.

곁에 있던 사람들이 모두 죽고 멜러리와 두 아이만 남는다. 험한 급류를 지나야 하는 여정, 장애물이 많아 배가 뒤집힐지 모르니 누군가 앞을 봐야 하는 상황에서 멜러리는 자신이 낳은 아들과 올림피아가 낳은 딸 중 누구를 택해야 할지 잠시 고민한다. 결국 모두 눈을 가리고 배에 몸을 맡긴다. 긴 역경을 이기고 도착한 곳은 바로 시각장애인 학교였다.

앞을 볼 수 없는 사람 / 앞만 보는 사람

누가 더 행복할까? 서로를 느끼며 아끼고 살아가는 사람과 드넓은 세상 속에서 시간과 돈에 쫓겨 바쁘게 살아가는 사람. 평범한 일상의 소중함을 깨닫게 해 준 코로나19 바이러스는 나의 일상을 단숨에 삼켜 버렸다. 자주 가던 집 앞 도서관이 문을 닫고 스포츠센터도 문을 닫았다. 시시콜콜 만나서 수다 떨며 넋두리를 나누던 지인을 만나는 것도 불가능해졌다.

세상이 정지되었다. 텔레비전에서는 코로나 확진자와 사망자, 전 세계의 혼란스러운 소식이 전해졌고 아침마다 핸드폰으로 확진자의 이동 경로가 전해지며 불안감은 높아져 갔다. 지금 내가 사는 세상이 진짜인지 가짜인지 혼란스러웠고 앞으로 어떻게 살아가야 할지 막막했다.

이전 생활을 떠올려 봤다. 매일같이 기계처럼 빼곡히 채워진 일정을 소화하느라 누가 시킨 것도 아닌데 항상 쫓기고 있었다. 한 달에 한 번 있는 문학회 책 모임, 탁구 동호회 월례회, 단체 집행부 회의, 초·중 학부모 책 모임, 회사 등산 모임과 일주일에 한 번 있는 아부 책 모임, 도서관 수업 등으로 다이어리는 항상 꽉 차 있었다. 거절하기 어려운 약속까지 잡히면 집은 엉망이 되었다.

사회생활을 위해 만나야 하는 사람들, 그 관계 속에서 내가 얻는 힐링과 성장은 성취감으로 다가왔다. 약속 없는 주말에 홀로 도서관에서 책을 읽다 보면 누군가가 나에게 속삭였다. '내 삶인데 왜 내 마음대로 살수 없지? 이 관계를 끊는다면 어떻게 될까?' 많은 일정을 소화하다 가끔 문제가 생기면 바로 폭발해 버렸다. '아는 사람 없는 곳으로 이사 가서 다시 새로운 삶을 시작할까?' 마흔이 되고 나만의 라이프 스타일이 생기면서 가끔 드는 생각이었다.

그런 나에게 코로나는 반가운 손님이었다. 아무 곳도 갈 수 없는 제약된 환경이 모든 관계를 끊어 주었고, 퇴근 후 집에서 보내는 시간은 여유로웠다. 시간이 많으니 점점 집 안을 둘러보게 되었고, 어디에 무엇이 있는지 알 수 없어 주말이면 청소를 했다. 쌓인 물건을 치우고 버리다 보니 찾던 물건들이 보이기 시작했고, 손길이 닿으니 집 안 곳곳에 애착이 생겼다. 모든 일을 함께해 주는 남편의 도움이 컸다. 가족들과 함께하는 저녁 시간이 제일 좋다는 아들은 엄마, 아빠와 함께 있어 행복하다고 했다. 처음에는 어색했던 시간이 어느새 일상이 되어 퇴근길에 재난지원금으로 무엇을 살지 행복한 고민에 빠졌다.

코로나로 인해 매일 저녁은 고기였다. 하루는 삼겹살, 하루는 오리고기, 가족의 건강을 위해 단백질은 필수가 되었고 이전에 밖에서 쓰던 돈은 모두 부식비로 쓰였다. 얼마나 비싸고 사치스러운 생활을 했는지 돌아보게 되었다. 3만 원이면 다섯 식구가 풍요롭고 행복하게 보낼 수 있는데 밖에서는 어림도 없는 돈이다.

퇴근하고 돌아와 온 가족이 저녁을 준비했다. 고기와 함께 구울 버섯과 마늘 등 재료를 씻고 준비할 동안 남편은 고기를 구웠고, 어머니는 밥과 반찬을 담아 주셨다. 각자의 노력으로 차려진 저녁 밥상은 더 풍요로워 우리의 몸과 마음을 따뜻하게 했다. 서로에게 도리를 다한 떳떳한 분위기는 모두를 평등하게 만들어 주었고, 각자의 생각을 허심탄회하게 나누는 대화의 장이 열렸다. 꺼질 줄 모르는 코로나에 대한 불안감으로 앞으로 어떻게 살아가야 할지 종종 이야기를 나누다 풀리지 않는 의문을 들고 유튜브를 찾았다.

검색은 오로지 네이버만 알았던 내게 유튜브는 새로운 세상이었다. 사회적 거리두기가 한창인 요즘, 우리 가족의 미래를 위한 일이라고 다른 사람에게 해를 끼칠 수 없어 고민하다가 알게 된 유튜브 부동산은 쉽고 간편하게 해당 지역의 땅과 집을 보여 주었다. 중개인의 "발품은 제가 팔겠습니다"라는 말이 마음에 와닿았다. 유튜브는 친절하게 내가 검색한 단어와 연결된 결과물을 한꺼번에 보여 주었고, 나는 거부감 없이 유튜브 세상에 빠져들었다. 처음엔 영상 중간의 광고를 건너뛰었는데, 어느 순간 그 광고의 물건을 사고 있었다. 영상의 꼬리를 물고 따라가다 보면 한두 시간은 금세 흘렀다. 만나지 않고도 신뢰가 쌓이고 믿음을 키울 수 있다는 것이 신기했다. 부동산, 재테크, 미래 교육 등 원하는 정보를 원하는 시간에 언제 어디서든 볼 수 있다는 게 큰 장점이었다.

가족의 미래가 걸린 일이기에 직접 발품을 팔기로 했다. 온라인에서 본 물건지와 실제는 다를 수 있다고 생각하며 떠났지만, 눈으로 확인한 실제는 더 달랐다. 차 한 대 겨우 지나갈 수 있는 좁은 길, 마을을 지나 끝이 보이지 않는 우거진 숲길, 높은 언덕과 송전탑에 둘러싸인 동네 등 보는 순간 속았다고 생각했다.

쉬는 날 8~10시간 운전을 하는 버거운 일정이지만 즐거웠다. 내가 하고자 하는 목표를 이루기 위한 공부이기에 가능한 걸까? 차를 타고 다니는 걸 힘들어하시는 어머니도 기대에 부풀어 힘든 줄 몰랐다가 집으로 돌아오는 길에는 지쳐 보였다. 우리가 가진 돈과 마음에 맞는 물건을 찾는 것은 하늘의 별 따기다. 1년을 목표로 시작했는데, 벌써 마음에 맞는 물건이 떡하니 떨어지기를 바라고 있다.

해 보지 않은 일에 대한 두려움은 누구나 있다. 홀로 가야 한다면 무섭겠지만 함께 갈 가족이 있어 든든하다. 도시를 떠나 시골로 가는 전원생활에 대한 낭만이 어떻게 현실로 바뀔지 알 수 없지만, 그 낭만 속에서 분명 얻는 건 많으리라 믿는다. 주말농장을 시작한 지 10년이 되어 가지만 그동안 부모님이 쌓은 경험은 내 실력이 아니다. 아직도 제대로 된 기술을 습득하지 못해 자연의 가르침을 받는다. 잘못했다고 꾸짖기보다 그저 바라보며 응원하듯 수확의 기쁨을 주는 자연. 열매를 수확할 때마다 나무에게 미안하다. 잡초가 무성하고 거름과 물을 제대로 주지 않은 나에게 너그럽기만 한 자연.

"인생은 전인미답이다"

며칠 전 형체 없는 코로나가 우리 아파트를 덮쳤다. 안전 안내 문자와 지인이 보내 준 카톡으로 다급하게 성남시청 '코로나19 상황 보고'에 들어가니 성남동 ○○아파트 이름이 떡하니 올라와 있었다. 갑자기 가슴이 콩닥거려 일이 손에 잡히지 않았다. 모든 게 허물어지듯 의욕이 사라지고 집 안에 갇혀 있어야 할 것 같은 죄의식이 밀려왔다. '만약 내가 의도치 않게 접촉자가 된다면 어떡하지?' 처음 겪는 일이라 생각만으로도 눈앞이 깜깜했다.

하지만 퇴근길 1층 안내판에 적힌 방역 완료 공고문과 보건소에서 이미 접촉자에게 연락이 갔고, 연락을 안 받았으면 마스크만 제대로 착용하면 된다는 안내를 받고 모든 근심이 사라졌다. 몇 시간 전만 해도 세상이 꺼질 듯 절망적이었는데 이렇게 갑자기 마음이 변해도 될까?

토요일 아침 눈을 뜨니 빨간 앵두와 보리수가 아른거렸다. 접촉자는 아니지만 찜찜하여 주말을 조신하게 보내려 했는데, 뉴스에서 흘러나오는 비 소식에 마음이 급해졌다. 비가 오면 앵두와 보리수가 다 떨어질 텐데. 아침밥도 안 먹고 서둘러 나섰다. 어머니와 토요일마다 나가던 습관 덕분에 빠르게 준비할 수 있었고 30분 만에 산에 도착했다.

색이 빨개진 보리수와 앵두가 빙그레 웃으며 나를 맞이했다. 어머니께도 이 모습을 보여 드리려고 빨리 오시라고 하니 앵두나무를 보며 해맑은 소녀처럼 활짝 웃었다. 어머니가 아끼는 블루베리 나무도 보랏빛 미소를 보냈다. 맹지인데다가 물이 없어 포기했던 땅에 다시 애착이 생긴 듯, 여기에 심은 나무에 애정을 쏟고 품종을 높여 제대로 된 기술력을 키워 보자는 어머니 말에 의욕이 생겼다.

코로나 때문에 사회관계는 소수 정예로 좁아질 것이고, 폐쇄적인 사회 분위기 때문에 이동으로 인한 활동량이 줄어든 만큼 좁지만 깊은 관계가 형성되지 않을까. 각자의 다름을 인정하고 존중한다면, 앞을 볼 수 없지만 따뜻한 감성을 지닌 사람과 앞만 보지만 정확하고 빠른 판단력을 지닌 사람이 함께 세상을 변화시키지 않을까 기대해 본다.

유튜브처럼 사람과 사람을 연결하는 다양한 플랫폼은 반드시 현실에 존재해야 한다. 분명 코로나로 인해 다른 세상이 펼쳐지고, 다시는 그전 세상으로 갈 수 없을지도 모른다. 어른들이 옛 시절을 그리워하듯 나 역시 이전 생활이 그립다. 잠시 이 글을 쓰며 나만의 포스트 코로나 시대를 머릿속에 그려 본다.

박웅현의《여덟 단어》마지막 장에 나온 "인생은 전인미답이다"란 말이 떠오른다. 우리가 앞으로 살아갈 세상이 바로 누구도 가 보지 않은 전인미답이 아닐까. 그것을 헤치고 지날 용기가 있어야 모험도 시작할 수 있다. 시간이 흘러 후회하지 않는 선택을 위해 지금 바로 움직이자. 정답은 없지만, 용기를 내고 싶다.

강현정_회사원

언택트 시대, 마음의 연결고리

사람이 사람을 마주할 수 없는 세상, 코로나19로 우리는 새로운 세상에 직면했다. 일상 속에서 우리는 하루 동안 얼마나 많은 접촉을 하며 살아왔는지, 또 그 물리적 연결이 인간관계 형성과 사회적 삶의 유지에 얼마나 중요한 역할을 해 왔는지, 우리는 사회적 거리두기와 격리·봉쇄라는 지난 몇 달간의 여정을 통해 깨닫게 되었다. 인간의 신체 접촉이 친밀감의 형성과 관계 발달에 큰 영향을 미치며, 악수나 포옹이 뇌에 미치는 긍정적 영향에 대한 연구는 이미 다양하게 진행되어 왔다. 반가워도 악수를할 수 없고, 힘들어도 안아 줄 수 없는 언택트untact 시대의 단절은 물리적연결을 중축으로 살아온 우리이기에 더욱 가혹하게 느껴졌는지 모른다.

비정상적으로 여겨졌던 표준이 새로운 기준이 되는 뉴노멀 시대, 경기부양과 위생 안전을 위한 정부의 개입과 역할이 확대되는 '큰big 정부' 시대의 도래와 같이 포스트 코로나 시대를 지칭하는 새로운 키워드들이 생겨나고, 언택트 시대의 기반산업으로 부상하는 디지털과 비대면에 관한 새로운 담론들이 활발히 논의되고 있다. 집과 교육, 직장에 대한 새로운 정의가 내려지며, 물류 시스템 개선과 가상공간에서의 연결과 공존을 구현해 내는 따뜻한 기술에 대한 논의가 한창이다.

세상은 예상치 못한 변수에 대응하며 우리의 관습과 사고를 변화시키고 관념과 가치관의 전환을 요구한다. 그러나 코로나19로 인한 4차 산업혁명의 가속화, 기존 질서의 해체와 문명의 대전환 같은 거대한 패러다임은 급급하게 하루를 다그치며 살아가는 우리의 일상과는 다소 먼 이야기처럼 느껴진다. 그렇다면 코로나로 인한 현재의 변화는 어떻게 정의할 수 있으며, 다가올 내일을 대비할 수 있을까?

우리는 코로나 사태로 인한 변화의 무게감을 인지하지 못해도 우리의 삶 속에서 일어나는 작은 변화를 마주하고 새로운 발견을 이어 가고 있다. 외출 시마다 챙겨야 하는 마스크, 학교에 가지 못해 매일 아이들과 씨름 중인 어른들, 일상 속 깊이 스며든 불안 심리와 그로 인한 사회활동의 제약은 당장 우리가 느끼는 일상의 큰 변화들일 것이다.

그러나 동시에 우리는 직장을 매일 나가지 않아도 회사는 돌아가고 유연근무제가 가능하며, 육아와 근무를 병행하고 몸이 불편해도 일을 할 수 있다는 'Before Corona(코로나 이전)' 시대에 불가능한 일이라 치부되었던 일들이 현실화하는 인식의 변화를 체득하고 있다. 또한 '스위트 홈 sweet home'으로서의 집이라는 공간의 재발견과 공동운명체적 정신에 기반한 가족의 새로운 정의, 새로운 내적 가치를 추구하는 삶으로의 전환은 코로나가 가져다준 긍정적 발견일 것이다.

한편 바이러스는 부자와 가난한 자를 구분하지 않는다고 하나 방역의 사각지대에 내몰린 소외계층의 피해와 고통은 갈수록 여실히 드러나고 있다. 우리가 선진 시스템이라 믿어 왔던 몇몇 국가의 복지정책의 한계와 차별적인 사회의 민낯 역시 코로나19로 인해 마주하게 된 불편한 진실들이다.

K-방역 성공을 자찬하기에 앞서 성공의 이면에 존재하고 있는 과도한 개인정보 유출과 인신공격, 특정 집단에 대한 혐오는 지나친 통제가 위기를 극복하기 위한 수단으로 허용되기에는 우리 사회가 지켜야 할 가장 보편적인 인권 존중의 원칙이 간과되고 있음을 드러낸다. 이처럼 우리는 한 번도 겪어 보지 못한 전 세계적 지각변동의 순간에 크고 작은 흔들림을 느끼고 있다.

불확실성의 시대를 살아가는 오늘날의 우리에게 변화에 대응하는 유연한 사고와 적응 능력은 더없이 중요한 덕목이다. 포스트 코로나 시대의 삶은 이전 세상과는 완전히 다른 양상일 거라고 많은 학자들이 이야기한다. 그리고 이 새로운 변화의 양상에 뒤처지지 않기 위해 혁신에 박차를 가하며, 불확실한 시대를 대비하기 위한 수많은 가설과 전망이 쏟아져 나오고 있다. 부동산 업계의 새로운 투자 전망 분석, 포스트 코로나 시대를 공략한 유례없는 통화 재정정책과 그에 대응하는 기업의 생존 전략들은 언택트 시대에서 초연결 시대로 가기 위한 패러다임의 진화를 이야기한다. 그러나 코로나 사태가 무한경쟁과 성장을 중시하는 자본주의의 일그러진 모습과 인간의 욕망으로부터 야기된 재난이라는 점을 생각한다면, 우리는 이 전환의 시점을 또 다른 성장의 발판이 아닌 게임의 논리를 벗어던진 새로운 프레임으로 바라봐야 할 것이다.

코로나 시대에 우리는 무엇을 하며, 어떻게 살아야 할까? 세계화의 끝에 국경의 문턱은 높아지고 서로에 대한 경계심이 견고해지니 참으로 아이러니하다. WTO는 지난 4월 코로나로 인한 탈세계화의 초래는 필연적이지 않다고 밝혔다. 그러나 글로벌 공급망의 연결과 수요로 인한 경제협력이 지속된다고 하더라도 코로나 사태를 통해 터져 나온 서로에 대한 불신과 의심, 인종 간의 차별적인 시선, 소수 집단에 대한 원색적인 혐오, 제도의 사각지대에 빠져 버린 사회적 취약 계층의 소외는 우리에게 지금 더 중요한 대책이 무엇인가를 생각해 보게 한다. 포스트 코로나 시대가 가상의 연결을 통한 초연결 시대를 추구한다면, 우리는 그 연결이 무엇을 의미하는지 되짚어 볼 필요가 있다. 우리가 소중했던 일상으로의 회복을 꿈꾸며 돌아가고 싶은 세상의 중심에는 무엇이 있을까?

여느 학자들은 언택트 시대는 불편한 소통보다 '편리한 단절'을 추구하는 현대인의 욕망에서 비롯된 예견된 미래라고도 이야기한다. 편리한 단절이란 기존의 사회에서 존재했던, 사회적 조건과 배경으로 야기된 '부과된' 연결고리가 아니라 취미의 공유와 필요에 따른 선택적 연대감이라는 것이다. 이렇듯 느슨한 연결이 현대인이 추구하는 관계의 양상이라 하더라도, 결국 인간이 지향하는 궁극적 가치는 사회적 동물로서의 기본적인 욕망, 심리적 연결과 신뢰를 바탕으로 한 관계 속에서의 인정과 유대감일 것이다.

갈망되는 공동체 사회, 마음의 연결고리

지난 몇 달간 세계 여러 나라에서 이동 제한 명령과 봉쇄령을 내리면서 우리는 흥미로운 장면을 목격했다. 발코니에 나와 노래를 부르는 성악가, 창문 너머로 이웃과 함께 춤을 추는 사람들, 매일 8시가 되면 의료진에게 보내는 박수를 치기 위해 발코니로 나오는 파리 주민들의 모습은 여전히 우리가 연결되어 있고 이 어려움을 함께 이겨 나가고 있다는 위로와 공감을 전하는 순간이었다.

가장 그리운 일상이 무엇이냐는 질문에 많은 사람들은 2미터 거리가 아닌 가깝게 붙어 앉아 가족, 친지와 나눌 수 있는 단란한 시간이라고 답한다. 우리는 여전히 누군가와 생각을 나누고 위로받을 수 있는 공동체 사회로의 회유를 갈망하고 있다. 타인을 이해한다는 것, 인간이 살아가는 데 필수인 사회적 연대와 신뢰는 서로 간의 강한 존경을 바탕으로 형성된다. 코로나가 도래하기 이전 시대는 다양성의 가치를 인정하고 개인의 가치를 존중하며, 차별과 혐오의 벽이 없는 공동체를 지향하던 시대였다.

다양성의 존중은 개인의 정체성과 사회적 배경, 가치의 다름을 포용하는 것으로, 이는 크게는 국경을 넘어선 차이일 수 있으며, 한 국가 내에서도 다양한 집단과 배경의 차이에 따라 나뉠 수 있다. 이상적인 공동체에 도달하지 못해도 이상향을 향한 갈망과 바람이 있었고 그를 위한 노력이 가치 있게 여겨졌다. 그러나 코로나가 촉발한·위기로 인해 우리가 중히 여겨 온 이 모든 가치가 충돌하고 혼란을 일으키며, 다양성이 존중받는 사회와는 더욱 멀어져 버렸다.

코로나19와 한국형 대응 모델이 세계적으로 큰 이슈가 되었다. 우리는 한국의 방역 성공 요인으로 시민사회의 힘을 꼽는다. 전문가들은 신속한 검사, 광범위한 추적, 철저한 격리와 같은 정부의 투명하고 신속한 대응과 정치적 색채를 배제한 정부를 향한 시민사회의 신뢰와 협조를 바탕으로 이룩해 낸 성과라고 이야기한다.

이를 두고 프랑스의 한 변호사는 한국은 개인의 사생활 침해가 심각하며, 고도의 감시와 밀고로 통제받는 국가라고 지적했다. 이와 같은 시각에 우리는 배타적 인종 국가주의로 대응하기보다는 실제 한국의 방역 정책으로 야기된 지나친 개인정보 유출과 그로 인한 특정 집단에 대한 혐오와 인신공격을 막을 수 있는 새로운 방안을 강구해야 한다.

반면, 서양인들은 왜 마스크를 쓰지 않을까? 마스크에 관한 문화적 코드가 다르고, 여러 행정적 요인으로 인해 각국의 대응 방식은 달라질 수 있으나, 이동 제한이 해제된 후 일부 지역에서 축제처럼 쏟아져 나오는 인파와 경계를 낮춘 모습은 서구 사회에서 개인의 자유란 무엇을 의미하는지 다시 한 번 생각해 보게 한다.

코로나 사태로 인해 멈춰 버린 경제, 직장과 가족을 잃은 사람들, 우리는 이 고통과 슬픔을 무엇으로 보상받을 수 있을까? 이질적인 타문화를 편견 없이 바라보고 포용하며, 상호 협력을 통해서 함께 살아가는 사회를 만드는 것은 이제 더욱 어려운 일이 되어 버렸다. 포스트 코로나 시대가 바라보는 초연결 사회로 나아가려면 우리는 국가와 인종, 집단 간의 증오와 혐오를 낮추고 사회적 분노를 해소할 방안을 강구해야 한다.

마음의 끈이 닿아 있지 않은 연결은 우리에게 더욱 공허하고 고독한 삶을 가져올 것이다. 또한 본격적인 디지털 시대의 도래는 정보와 기술의 혜택을 받지 못하는 소외계층에게 더욱 큰 사회적 격차와 단절된 삶을 가져올 수 있다는 사실을 기억하며, 인간의 감성이 누락된 차가운 기술로 전락하지 않도록 경계해야 할 것이다. 이제 우리는 도약을 멈추고 자연과 인간의 공존, 상호 존중을 바탕으로 서로 다른 문화의 차이를 포용하고 이해하는 인간과 인간의 공존 시대를 바라봐야 할 것이다.

공존의 시대라는 표어가 거창해 보일 수 있지만, 당장 우리는 삶 속에서 타인에 대한 공감 능력을 바탕으로 한 작은 실천을 통해 따듯한 연결로 이어진 초연결 시대로 나아갈 수 있다. 가깝게는 가족, 가까운 이웃들과 대화로 서로 간의 이해를 증진하며, 사회적 거리두기로 물리적 소통이 어려워지더라도 가상공간 속에서 열린 마음으로 타인을 바라보며 마음을 담은 공감으로 교류하고 소통해야 한다.

서로 간의 느슨하고 유동적인 연결을 추구하더라도 확장된 가상의 공간 안에서 또다시 연결되어 있다면, 우리는 얼마든지 지속가능한 형태의 공동체 사회에서 안정감과 행복을 느낄 수 있을 것이다. 또한 국가는 포스트 코로나 시대의 단절과 격차를 줄이기 위한 사회적 안전망 구축으로 이를 뒷받침해야 한다. 우리가 누렸던 일상의 행복을 되찾기 위해서는 그 연결의 중심에 '함께'라는 공동체 의식과 사회적 신뢰가 있어야 한다는 것을 기억하며, 열린 마음과 더 큰 포용력으로 분노와 증오의 감정도 치유할 수 있어야만 희망적인 포스트 코로나 시대를 열어 갈 수 있을 것이다.

최민영_대학원 박사과정생

삶이 이어질 수 있는 세상을 위해

코로나 시대가 도래하기 전 일이다. 1년에 두 번 갖는 대학 동기 모임에서 경기도에 사는 친구가 '서울까지 오는데 1시간에서 1시간 30분, 길게는 2시간까지도 걸린다'며 모임이 주로 서울에서 이루어지는 것에 대해 한탄했다. 실수로 광역버스라도 놓친 날에는 함께 식사하지 못하는 경우도 부지기수였기 때문에 그 친구의 빨간 버스가 내리는 곳 근처로 약속 장소를 정하고, 헤어지는 시간도 친구의 광역버스에 맞춰 잡는 것이 우리의 암묵적인 약속이었다. 매번 친구가 서울에 오는 것이 미안해 경기도에서 만날까 이야기도 해 보았지만, 친구는 자신만 빼고 모두 서울에 살고 있으니 차라리 혼자 움직이는 게 마음이 편하다고 했다.

그러다 갑자기 코로나 시대를 맞이하게 되었고, 고작 1년에 두 번 보던 약속도 발을 동동 구르며 '일단은 취소'를 이야기할 수밖에 없었다. 그렇게 원래는 만나야 할 날에 만나지 못한 채 각자의 집에 누워 단톡방에서 아쉬운 마음을 나누고 있었는데, 대학원생 친구가 코로나가 터지고 난 뒤 연구실 사람들과 교수님과 화상 채팅을 이용해 모임을 하고 있다고 했던 말이 생각났다. 부랴부랴 친구에게 연락해 그때 사용한 프로그램이 무엇인지 물어 보고 몇 개의 프로그램을 추천받았다. 그리고 대학

동기 단톡방에 '줌Zoom'과 '행아웃Hangouts'을 말해 주고 여기에서 모이자고 하니 다들 좋아하며 설치를 시작하였다.

분명 누군가에게는 설치 방법이 쉬웠을 것이다. 하지만 대부분 프리랜서였던 우리는 직장이나 대학에서 쓰는 프로그램을 잘 알지 못했다. 우리는 한참을 헤매며 프로그램을 깔아야 했다. 6명 중 3명은 들어오고 3명은 못 들어오고, 어떤 친구는 마이크가 켜지지 않는 등, 거의 1시간여의 우여곡절 끝에 우리는 하나의 채팅 화면 앞에 모일 수 있었다. 모니터 너머의 친구들은 조금은 지쳐 보였지만 한껏 상기된 표정과 반가움에 손을 마구 흔들어 댔다. 새로운 방식의 만남을 알게 된 우리는 신문물 너머 서로를 바라보며 세상에 이런 게 다 있냐며 한참을 깔깔거렸다.

랜선 너머 열리는 새로운 노멀

랜선 너머 친구들의 세상은 익숙하지만 또 낯설었다. 서로의 집이나 방을 보면서 이야기하는 것은 참으로 오랜만이었다. 물론 10여 년을 만나면서 화장을 하지 않은 얼굴이나 내추럴한 모습을 보지 않았던 것은 아니지만, 각자의 사회에서 각자의 자리를 향해 가는 동안 우리는 대개 '사회인'의 모습으로 만나곤 했다.

더군다나 각자 생활하는 지역이 달라 거리가 거리인 만큼 부담을 주기 싫다는 이유로 서로의 집에는 몇 년 동안 전혀 가지 않았다. 코로나 시대 덕분이라고 하기엔 조금 무리가 있지만, 새로운 방식의 랜선 모임 덕분에 우리는 서로의 좀 더 자연스럽고 편안한 모습을 볼 수 있었고, 시간에 구애받지 않고 각자 먹고 싶은 것 먹고 하고 싶은 것을 하며 한 공간에 머물 수 있었다. 물론 서로의 말이 맞물리거나 실수로 화면이 획획 돌아가는 등 한참을 익숙지 못해 어색한 시간을 보내기도 했지만, 언젠가 친구가 말했던 창밖의 새소리를 함께 들으며 다음 데이트 때 입을 옷을 골라 주기도 하고, 서로의 '잇템it item'을 자랑하며 우리는 좀 더 편하게 서로에게 녹아들 수 있었다.

나에게 화상 모임을 알려 준 대학원생 친구도 이런 비슷한 이야기를 한 적이 있다. 평소 무뚝뚝하기로 유명해 서로 어색하고 서먹했던 몇 기수 높은 선배와 화상회의를 할 때 '온쉐이프'라는 소프트웨어를 무료로 제공했다고 한다.[*] 온쉐이프는 웹사이트를 통해 계정을 생성하면 사용 가능한 소프트웨어이기 때문에 누구나 부담 없이 사용할 수 있다. 온세이프 개발사인 PTC의 사례처럼 기업이 이윤만을 추구하지 않고 사람들을 위한 기술을 개발하고 유통하는 '선한 영향력'을 발휘한다면, 온라인수업을 들을 방법이 없어 자살이라는 극단적인 선택을 하는 안타까운 일[**]이 재발하지 않을 것이다. 그럼으로써 코로나가 만든 사회적·경제적 위기를 오히려 시민사회와 기업이 서로 더 가까워지고 신뢰할 기회로 만들 수도 있을 것이다.

교육기관에서는 코로나 상황에서 주로 원격 수업이 이루어지는 방식에 대한 고민이 필요할 것이다. 현재 원격 수업은 주로 공유 화면에 PPT를 띄워 놓고 강사가 PPT를 설명하는 방식으로 이루어지고 있다. 이런 방식에 대하여 언어 정보만으로 전달될 수 없는 상대방의 감정과 몸짓

---

[*] "PTC, 코로나19 속 원격강의 학생 위해 '온쉐이프' 소프트웨어 무료 제공", 〈미디어 리퍼블릭〉, 2020. 06. 04.

[**] "온라인수업 들을 스마트폰 없던 14살 소녀는 왕따 당할까봐 스스로 목숨을 끊었다", 〈인사이트〉, 2020. 06. 04.

등을 볼 수 없게 되면서 타자와의 관계 형성과 인간성 확립에 부정적인 영향을 미칠 수도 있다는 우려가 있다.[*]

원격 수업이 인간성 파괴로 이어지는 것을 막기 위해 공동체성을 향상할 수 있는 교육이 이루어져야 한다. 단순히 수동적으로 PPT 화면을 보고 듣기만 하는 방식이 아니라, 원격 수업 프로그램에 서로 소통할 수 있는 방식(채팅과 토론 등)을 늘리고 실시간 강의를 진행할 수 있는 인프라를 갖춰 서로 대면하고 대화할 수 있는 공간을 만들어 나가는 등, 일종의 '활동 지향형'^{**}학습 방식을 원격 수업에도 적용할 수 있을 것이다.

새로운 교육 방식이 잘 정착하려면 무조건 신문물을 거부하고 믿지 못하며 피하기만 해서는 안 된다. 코로나 시대 이전의 관계 형성처럼 사람의 얼굴, 모습, 장소, 시간 등으로만 연결고리를 만들어 가는 것이 아니라 시간과 장소에 구애받지 않는 더 큰 사회망 형성을 위해서 언택트 untact의 삶을 이해하고 받아들이는 태도 역시 필요하다.

개인적 차원에서는 원격 근무가 점차 일상화되면서 일터와 집의 경계가 모호해지는 문제점들을 잘 해결해 나가기 위해 가족 구성원 간 '팀플레이'를 잘하는 것이 그 어느 때보다 필요한 시점이다. 이전에는 일하는 장소와 집이 명확히 나뉘었다면, 지금은 침대에서 일어나 그대로 책상에 앉으면 그곳이 직장이 된다. 나만의 공간이었던 방이나 집이 일터가 되면서 그 간극을 적응하기 어려워 재택근무를 시작하기 전 일부러 현관문을 나섰다가 다시 집으로 들어오는 일종의 '의식'을 치르는 사람들도

---

[*] "[서경식 칼럼] 코로나 재난 속의 인문학 교육", 《한겨레》, 2020. 06. 04.

^{**} "[투데이기고] 코로나 이후의 평생학습", 《충청투데이》, 2020. 06. 04.

많다고 한다.

"노동시간과 장소의 경계가 허물어지는"*** 현 상황에서 집에 24시간 돌봄이 필요한 아이나 어르신이 있는 경우는 혼란의 정도가 더욱 커진다. 일도 하면서 다른 사람도 돌보느라 업무에 집중하기 어렵고 업무에 남보다 더 많은 시간이 소요되며, 그로 인한 스트레스가 증대되면서 건강권 역시 침해되고 고용안정성도 위협받고 있다고 한다.

집이 '24시간 업무 중'으로 치달으며 휴식이 사라진 공간이 되지 않으려면 앞에서 이야기했던 정부, 기업, 연구기관과 교육기관의 역할도 물론 중요할 것이다. 그러나 또한 동시에 포스트 코로나 시대에 일터이자 휴식 공간, 또 교육 공간의 기능을 겸비하게 된 '집'이라는 공간을 함께 만들어 가는 가족 구성원들이 일을 나누어 분담하고, 서로의 감정과 아픔을 배려하는 공동체적 태도와 윤리의식을 가질 필요가 있다.

다시 대학 동기들과 낑낑거리며 모니터 앞에서 서로를 마주했던 순간을 떠올려 본다. 새로운 만남의 방식 앞에서 우왕좌왕했던 그 순간을 우리뿐 아니라 사회 전체가 겪었고, 지금도 겪는 중이다. 불안정할 수밖에 없는 상황 속에서도 친구와 내가 결국 관계의 연결에 도달하였듯이 정부와 기업, 연구기관, 교육기관, 그리고 개개인의 협력과 배려 속에서 포스트 코로나 시대에 알맞은 공동체 정신을 구축해 나가는 성숙한 사회가 되었으면 한다.

그렇게 함으로써 이제는 '뭉치면 살고 흩어지면 죽는다'가 아닌, '모

*** "일과 삶의 경계 무너질 때 걱정해야 할 것들",《한겨레21》, 2020. 05. 30.

두가 흩어져도 뭉칠 수 있고, 그렇게 삶이 이어질 수 있는' 새로운 노멀 normal을 이야기하고 정착시켜 나가야 하지 않을까.

이지연_프리랜서

포스트 코로나 시대, 위기는 위험과 기회

변화는 상징과 은유의 형태로 시작된다.

1453년 5월, 천년 제국의 수도 콘스탄티노폴리스Constantinopolis가 무너졌다. 만지케르트Manzikert전투와 십자군전쟁을 거치며 도시국가로 전락한 뒤였지만, 그래도 비잔티움 제국의 멸망이 가져온 충격은 엄청난 것이었다. 동서 교역을 중개하며 막대한 부와 찬란한 문화를 이룩한 그들이 아닌가. 역사적으로는 유럽사의 뿌리 로마제국의 적자며, 종교적으로는 교황과 함께 당대 기독교 사회를 양분한 정신적 지주였다. 차라리 태양이 추락했다는 말이 더 현실적이었으리라.

충격은 여기서 그치지 않는다. 역사상 처음 대포가 성벽을 깬 사건이기도 했다. 그것도 3중 성벽과 해자를 겸비해 역사상 최강의 성벽으로 불린 테오도시우스Theodosianus 성벽을 오스만제국의 청동 대포는 집중 포화로 뚫어 낸다. 군주를 중심으로 한 중앙집권의 위력도 세상에 알려진다. 술탄의 지휘 아래 국가적 역량을 체계적으로 동원한 오스만은 용병 기사에 의존한 비잔티움을 굴복시킨다. 한마디로 근세의 선두주자 오스만이 낡은 중세의 상징 비잔티움을 집어삼키며 역사의 페이지를 갈아치운 것이다.

이렇게 변화는 상징과 은유의 형태로 시작한다. 우리가 눈앞에 보는 현상이나 사건들은 사실 겉껍데기일 뿐, 진짜 역사를 움직이고 우리 사회를 변화시키는 힘은 그 배면에 숨어 있다. 비잔티움 멸망만 해도 대포가 성벽을 깨고 천년 제국이 신생 왕조에 패했다는 사실보다, 이제 성벽만 쌓고 개별 영주 단위로 군웅할거해선 직면하는 변화와 도전 앞에 승산이 없다는 새 시대의 논리가 더 중요한 것이다.

코로나19 역시 마찬가지다. 전염병의 대유행은 우리의 모든 걸 다 바꿔 놓고 있다. 낯설고 새로운 것을 일상으로 맞이해야 하는 시대(New Normal)가 왔다. 비대면untact은 사회의 새로운 표준이 됐고, 그에 따라 우리는 서로에게 인위적으로 거리를 둬야만 한다. 그리고 그 공백은 4차 산업혁명이 불러온 기계와 인공지능이 채울 것이다.

그러나 이 모든 것도 상징과 은유일 뿐이다. 우리는 그 이면에 깔린 진짜 변화에 주목해야 한다. 포스트 코로나가 단순히 코로나19가 종식된 이후의 이야기로 그쳐선 안 되는 이유다. 코로나19는 비잔티움 멸망 이상의 충격적 사건이지만, 그 이후 세계관을 정립할 힘은 자신의 깊숙이에 숨겨 두고 있다. 우리는 코로나19를 똑바로 봐야만 한다.

이슈 차원 : 비선형적 돌발 이슈의 상시화

포스트 코로나 시대에는 우리가 마주하는 이슈의 성격부터 다를 것이다. 경과나 영향을 함부로 예측할 수 없으며(비선형성), 인과관계나 이해당사자를 파악하기도 어렵고(복잡성), 그렇다고 해결 수단이 제대로 발견된 것(불치성)도 아니다. 현재 방역 당국이 코로나19에 대해 어려움을 호소하는 부분들과 똑 닮아 있다. 비유하면 제2의 코로나19가 일상화되는 것이다.

이슈의 성격이 바뀐 이유는 긴밀한 연결망 때문이다. 불과 십 수년 전만 해도 우리의 네트워크는 국적, 직업 등 범주화를 통해 분류가 가능할 정도로 단순하고 정형적이었다. 하지만 오늘날 세계는 물리적 거리를 뛰어넘어 차츰 더 긴밀해지고, 그에 따라 사회와 개인의 네트워크는 훨씬 더 복잡해졌다.

네트워크가 복잡해질수록 이슈는 난해해진다. 이슈는 사회 구성원이 공유하는 집단적 문제로서, 사회의 양상에 따라 특징이 달라진다. 농경 사회처럼 공동체가 협소하고 이해관계가 단순하면 이슈도 단순하다. 수확의 분배나 노동의 동원 같은 1차원적 문제가 대부분이다. 제조업 사회라면 양상은 좀 더 복잡해진다. 계급이나 세대 갈등처럼 가치의 충돌로까지 번지게 된다. 그리고 포스트 코로나는 이들을 훨씬 뛰어넘는 세계화와 정보·기술혁명의 사회다.

시간이 지날수록 네트워크는 더 긴밀해질 것이다. 이것은 보호무역이나 인종차별 같은 세계화를 막는 장벽들도 어찌할 수 없는 대세다. 이유는 단순하다. 세계가 서로 긴밀히 교류하는 것이 더 편하고 더 많은 이득을 창출하기 때문이다. 유발 하라리Y. Harari도 종교나 정파, 인종주의의 노력에도 불구하고 지구는 동시대를 살아가는 사람들의 단일한 정체성으로 생각보다 훨씬 긴밀하게 연결될 것이라고 예언한 바 있다. 미래 이슈를 제2의 코로나로 비유한 이유다.

이슈가 변하면 정치권력도 지각변동이 불가피하다. 정치권력은 공동체의 문제를 어떻게 해결할지에 대한 문제이며, 따라서 공동체의 문제가 변하면 기성 권력도 변해야 한다. 과거의 봉건제가 그랬고, 절대왕정이 그랬고, 또 사회주의가 그랬다. 오늘날 정치권력도 다르지 않을 것이다. 지금껏 정치권력을 움직인 힘은 민주주의를 내세우는 대중과 전문가주의를 표방하는 엘리트 간의 양자 운동이었다. 포스트 코로나는 이 중 엘리트주의의 종말을 가져올 것이다. 새로운 시대의 이슈들은 엘리트의 전문성이나 경험, 직관으로 해결할 수 없는 난제들이다. 아무리 뛰어난 개인이라도 전 지구 단위에 걸친 문제들을 홀로 처리할 수는 없다.

가장 극적인 사례는 일본이다. 올림픽을 앞둔 일본은 성공적 개최를 위해 코로나19 방역보다 불안감 차단에 주력했다. 엘리트들이 코로나 사태를 낙관한 결과다. 하지만 사태가 생각보다 심각해지며 올림픽은 연기됐고, 일본은 국민적 불신과 반감을 샀다. 물론 이들의 무능을 탓할 수도 있지만, 일본 관료는 찰머스 존슨C. Johnson이 전후 일본 부흥의 제일 요인으로 꼽을 정도로 유능한 집단이다. 가장 유능한 엘리트조차 이제 무능을 노출했다고 해석하는 편이 나을 것이다.

반대로 우리나라의 코로나19 대응은 포스트 코로나의 정치권력이 어떤 모습이어야 하는지를 잘 보여 준다. 한국은 사태 초기부터 정보를 투명하게 공개했고 국민적 합의를 중요시했다. 거시적 의사결정도 밀실보다 광장에서, 소수보다 다수에 의해 결정되었다. 그 결과 질병 그 자체보다 무서운 사회적 혼란과 국민의 불신을 예방할 수 있었다.

일자리 차원 : 노동 계층의 유목화

코로나19는 전례 없는 고용 한파를 몰고 왔다. 통계청에 따르면, 우리나라의 올해 1분기 고용 실적은 사상 최악이다. 미국도 사정은 다르지 않은데, 연방준비제도는 코로나19의 여파로 자국 실업률이 30퍼센트 가까이 치솟을 거라고 내다봤다.

그렇다면 현재의 일자리 위기는 코로나19가 본질적인 원인일까? 다시 말해, 사태가 진정되면 우리는 과거의 일자리를 돌려받을 수 있을까? 대답은 유감스럽게도 '아니오'다. 코로나19는 언제고 닥칠 위기를 몇 년 내지 몇 달 앞당겼을 뿐, 그 자체로 문제의 본질은 아니다. 즉, 이미 우리의 일자리에는 위협이 매복해 있었고, 코로나 사태는 이것을 자극한 것에 지나지 않는다.

문제의 진짜 본질은 기술이다. 4차 산업혁명으로 촉발된 기계와 인공지능의 발달, 통신망의 확대가 우리 일자리를 위협하는 실체다. 물론 코로나19가 촉매가 된 것은 분명하다. 감염병 유행은 기업이 별다른 저항 없이 기계로 인간을 대체하는 명분을 만들어 줬다. 또 개인들에게는 기계가 직장 동료로나 점원으로서 생각보다 나쁘지 않은 파트너라는 예비 경험을 심어 줬다.

이때 기계로 대체된다는 의미를 분명히 할 필요가 있다. 기계는 인간의 노동을 대체하는 것이지 우리의 직업을 대체하는 것이 아니다. 따라서 기계가 도입되면 모든 인간이 실직자가 되는 것이 아니라, 해당 직종에 종사하는 사람의 수가 줄어들 뿐이다. 이것은 노동자의 분화를 뜻한다. 기계와 협업할 자격이 있는 인간과 그렇지 못한 인간. 전자는 살아남아 직업을 유지할 것이며, 후자는 해고당할 것이다. 그래서 요약하면, 미래 노동시장은 인간과 기계가 서로 경쟁하는 구도가 아니라 인간들끼리 기계를 들고 경쟁하는 구도가 될 것이다.

하지만 살아남든 살아남지 못하든 노동자의 최후는 대부분 비슷할 것이다. 일자리를 두고 펼치는 경쟁은 한 번으로 끝나지 않을 것이며, 기술이 발전될수록 이들이 두고 싸우는 일자리의 총량은 차츰 줄어들 것이기 때문이다. 과거에 100명이 필요했던 일을 50명, 10명, 최후에는 1명이 너끈히 해치울 수 있게 된다면, 1명의 슈퍼스타를 제외한 절대다수의 노동자에게 실직은 시차의 문제가 되고 만다.

그렇다면 일자리를 잃은 99명은 어디로 가게 될까? 크게 두 가지 경우의 수를 생각해 볼 수 있다. 첫 번째는 정부와 기업의 타협의 결과로 만들어진 이류 노동자가 되는 경우다. 영국의 옥스퍼드 이코노미스트는 정부와 기업의 상반되는 속성을 통해 새로운 고용 형태의 출현을 설명했다. 이윤을 추구하는 기업은 대량 해고를 희망하지만, 표를 추구하는 정부는 이를 억제한다. 그래서 양자가 절충한 결과 기존 정규직에서 노동권이 사라지거나 노동시간이 단축되는 등의 불이익을 안은 새로운 고용 형태가 등장한다. 하지만 대량 해고에 대한 절충인 만큼, 이들 일자리도 실직자에게 모두 돌아갈 정도로 충분하지 않을 것이다.

두 번째는 기술 발달로 새롭게 출현하는 일자리를 얻는 경우다. 이것은 낙관론을 반영한다. 새 일자리가 충분하다면 포스트 코로나에서 일자리는 위기가 아니라 오히려 기회라는 논리다. 하지만 설령 낙관론의 기대처럼 새 일자리가 차고 넘쳐도, 포스트 코로나의 일자리 위기는 사라지지 않을 것이다. 예나 지금이나 소위 잘나가는 분야의 인력난은 꾸준했다. 최근 빅데이터나 뇌신경 분야의 인력난이 이를 방증한다. 하지만 이 사실과 무관하게 오늘날 청년과 장년층은 고용난을 겪고 있다. 여기서 인력난은 정말 사람이 부족하다는 의미가 아니라 전문가가 부족하다는 의미이기 때문이다. 또 새롭게 출현하는 일자리라고 영영 기계로의 대체에서 안전이 보장되리란 법도 없다.

요약하면 노동시장은 정주 사회를 지나 유목 사회로 진입하게 될 것이다. 여기서 노동자는 동료와 기계를 상대로 한 무한경쟁에 내몰리며, 유목민처럼 일을 찾아 직종 또는 직장을 옮겨 다녀야 한다. 산업화 시대에 노동권을 보호하던 노동조합이나 노동법도 무용지물이다. 이들은 착취와 탄압을 막는 데 특화되었을 뿐, 일할 자리 자체가 소멸해 노동에서 배제되는 상황에는 준비가 안 되어 있다.

일자리의 위기는 국가나 개인 모두에게 큰 도전이다. 국가에겐 새로운 경제 패러다임이 요구된다. 지금까지 해 오던 방식으로 효율성과 자율을 중시해서는 노동 계층의 열악한 환경을 개선할 수 없다. 일자리와 기술 혁신의 공존을 모색해야 한다. 그리고 개인의 정신 건강도 주목해야 한다. 무한경쟁과 이직을 반복하는 가운데, 개인의 정신적·정서적 피로가 가중될 것이다.

소통 차원 : 영상 기반 의사소통으로의 전환

2000년대에 출생한 이른바 'Z세대'의 가장 특징적인 인터넷 사용 행태는 구글과 틱톡 애착이다. 앞선 세대들이 네이버와 페이스북, 인스타그램을 주로 이용하는 것과 대조적이다. 그 이유는 단순하다. Z세대가 활자나 그림 대신 영상에 익숙하기 때문이다. 이들은 유튜브에서 정보를 찾고, 틱톡을 통해 자신의 감정을 표현한다. 이들에게 영상은 단순 오락거리를 넘어 활자나 그림을 대신하는 의사소통 도구이다.

영상 기반 의사소통은 이렇듯 일부 세대에선 이미 보편적인 문화다. 그렇다면 영상 기반 문화가 한 세대의 유행에 그치고 말 것인가, 아니면 사회의 주류로 도약할 것인가. 대답은 명확하다. 포스트 코로나는 영상 기반 사회가 될 것이며, 영상은 그림이나 활자를 대신해 인류의 가장 대중적인 의사소통 수단이 될 것이다.

코로나19 유행은 그 시점을 앞당기고 있다. 이유는 미래 사회의 특징과 관련이 있다. 포스트 코로나는 무관심과 스트레스의 시대가 될 것이다. 개인 간의 물리적 거리는 멀어지고, 그 공백을 기계가 채운다. 가뜩이나 세상이 빠르게 변하고 알아야 할 것도 많은데 거리까지 멀어지니자연 서로에게 무관심할 수밖에 없는 구조다. 거기에 전술한 일자리 위기 등은 인간을 만성적 스트레스 상태로 몰고 갈 것이다.

무관심하고 피로에 찌든 상대와 소통하기 위해선 재미가 최우선이다. 그것도 말초적이고 단순한 재미여야 한다. 노래를 곁들이고 눈을 뗄 수 없게 편집까지 하면 금상첨화다. 특징을 나열하고 보니 왜 영상이어야만 하는지가 명확해진다. 거기에 영상은 잠금 효과가 있다. 활자를 접하던 사람이 영상 매체는 쉽게 이해할 순 있지만, 그 반대는 어렵다. 영상에 익숙해진 사람은 활자 같은 다른 매체를 해석할 사고가 퇴화하여 영상 매체에 더 의존하게 된다.

영상 기반 사회가 우려되는 것도 이 지점이다. 영상은 사람을 수동적 객체로 전락시켜 비판 기능을 거세한다. TV나 유튜브 영상을 넋 놓고 본 기억이 한 번씩은 있을 것이다. 또한 영상은 너무 자극적이고 화려하다. 사람의 관심을 잡아 두려고 발화자 간의 경쟁까지 붙는다면 그 끝이 어디까지 치달을지 가늠조차 되지 않는다. 이렇게 되면 포스트 코로나 시대의 인간은 일터는 물론 여가에서조차 엄청난 피로와 스트레스에 시달리게 될 것이다.

우리에겐 시간이 없다. 최근 포스트 코로나 논의가 활발하다. 아직 코로나19는 진정될 기미조차 보이지 않기에, 시기상조라고 말하는 목소리도 있을 수 있다. 하지만 변화가 닥치고 나면 준비를 할 수 없고, 방비하지 않은 변화는 희생을 치르게 마련이다. 이미 변화는 눈앞에 와 있다. 우리에겐 시간이 별로 남지 않았고, 포스트 코로나 논의가 의미 있는 이유도 여기에 있다.

누군가는 위기를 말한다. 포스트 코로나가 재앙의 시작이라는 것이다. 하지만 위기危機는 위험危險만을 말하지 않는다. 그것은 기회機會도 함께 품고 있다. 지금 우리가 할 일은 두려움에 사로잡히는 것이 아니라, 앞으로 닥칠 미래를 제대로 보는 일이다. 천년의 제국 비잔티움도 입이 있다면, 그렇게 웅변하리라.

지은성_공무원

불타는 청춘

둘째 아들이 작년 3월 군에 입대했다. 예술을 전공하는 예민한 아이라 걱정이 이만저만이 아니었다. 그런데 알아보니 요즘 군대는 밤마다 휴대전화도 주고 PX 사용도 자유로웠다. 내가 다닐 때의 엄격한 분위기가 아니었다. 보직도 여유로운 것을 맡아 군에서 공부하며 무사히 잘 지내다 오리라 믿어 의심치 않았다. 강원도 오지까지 아내와 함께 종종 면회를 다녔다. 아들놈 덕분에 숙소를 잡아 속초 여행을 하고 그런대로 잘 지냈다.

그러다 코로나가 터졌다. 군대는 많은 사람이 함께하는 공간이라 모두 바짝 긴장한다는 소식을 전해 들었다. 이동할 때도 한 줄로 간격을 두고 걷고 밥 먹을 때도 한 방향만 보고 먹는단다. 상관들의 엄격한 단속으로 힘들다는 이야기를 종종 했다. 그래도 모두 함께 겪는 일이니 잘 버티려니 믿었다. 문제는 외출, 외박, 면회, 휴가 모든 게 막힌 것이었다.

아들은 말년휴가를 길게 가려고 휴가를 아끼고 아껴 저축해 놓았다가 망해 버렸다. 외출도 휴가도 안 되니 갇혀 있는 답답함에 몸부림치기 시작했다. 함께 숙소를 사용하는 동기들도 예민해지기 시작했다. 급기야 우울감을 호소하는 부대원들이 하나둘씩 나오기 시작했다.

나는 아들이 걱정됐다. 통화할 때마다 휴대전화 너머 우울한 아들의 얼굴이 떠올랐다. 아들을 다독이며 조금 있으면 나아지리라 희망의 메시지를 주었다. 코로나는 한 달 두 달이 지나고 언제 풀릴 지 기약이 없었다. 동기 중에 우울증 약을 복용하는 사람들이 생겼다고 했다. 자유롭게 살던 영혼들이 외출도 면회도 못 하고 좁은 숙소에서 단체생활을 하려니 얼마나 힘들겠는가. 갇혀 있다는 기분, 바로 그것일 것이다. 내가 군에 갈 때는 3년 꼬박 채웠고 힘든 생활을 당연하게 받아들였지만, 지금은 1년 8개월이라도 쉽지 않은 시간이다.

그러던 어느 날 드디어 희망적인 소식이 들렸다. 코로나 확진자 수가 한 자리로 유지되면 휴가를 나갈 수도 있다는 것이었다. 아끼고 아끼며 9개월 가까이 휴가를 못 나온 아들이 1순위에 올랐단다. 휴가 갔다 오면 부대에서 2주간 자가격리를 한단다. 아마 한 달 격리를 한다 해도 나오고 싶었을 것이다. 나는 확진자 수가 부디 늘어나지 않기를 간절히 바랐다.

드디어 아들놈이 휴가를 나왔다. 군에서 15킬로그램이나 빠져서 홀쭉해졌다. 열심히 몸 관리를 했다고 했다. 얼굴 가득 함박웃음이 끊이질 않는다. 아내는 매일 먹고 싶다는 것을 모조리 만들어 주고 주문해 주었다. 우리 가족은 오랜만에 모두 한자리에 모여 웃음꽃을 피웠다. 부대에서는 휴가 나간 군인 한 명 한 명을 꼼꼼하게 관리했다. 매일 체온을 재서 보고해야 했다. 또 휴가 동안 다니는 동선을 부대에 보고해야 했다. 이런 세심한 관리가 있었기에 부대에 코로나가 많이 안 퍼졌나 싶었다.

열흘 휴가 중 3일째 되는 날, 우리 집은 수원인데 아들이 서울로 친구들을 만나러 다니기 시작했다. 걱정스러웠다. 다음날도 또 다음날도 연달아 나갔다. 서울에 가지 않는 날에는 동네 친구들을 만나러 나갔고 술

냄새를 풍기며 돌아왔다. 걱정스러웠다. '오랫동안 갇혀 살다가 얼마나 누리고 싶은 자유겠어' 이해하다가도, 한편으로는 '지금 시국이 어떤 시국인데 이렇게 싸돌아다니냐!'고 잔소리를 했다. 아버지 말에 순응하기에는 젊음은 너무나 뜨거웠다.

드디어 복귀 전날, 새벽까지 들어오지 않던 아들놈이 아침이 다 되어 들어왔다. 노래방에서 깜빡 잠이 들었단다. 뉴스에서 코인 노래방 확진자가 나오던 시기였다. 자기가 간 곳은 코인 노래방이 아니라며 안심하라고 했다. 기가 찼다.

아침에 씻고 군대 복귀 준비를 하던 아들이 두통을 느꼈다. 전날부터 머리가 아프고 설사 증세도 있었다. 설사를 하면서 술 마시러 가고 노래방까지 갔다니 어이가 없었다. 말린다고 들을 놈도 아니기에 내버려 뒀더니 자제력을 잃었나 보다. 9개월 만에 나온 휴가에 고삐 풀린 망아지가 된 것이다.

"대장님이 복귀하기 전에 몸이 아프면 보고하랬는데 보고해야 하나 말아야 하나 걱정돼요. 감기 같기도 한데…."

복귀하는 군인이 몸이 아프면 보고하는 게 당연했다. 혹시나 코로나에 걸리면 전 부대원이 위험에 빠질 수 있기 때문이다. 아들은 단순 감기일 거라 생각했지만, 혹시 몰라 복귀하는 버스 정류장에서 부대에 전화했다. 자신의 몸 상태를 알렸더니 당장 보건소로 가서 코로나 검사를 받으라고 했다. 아들은 택시를 타고, 당연히 마스크를 착용했다. 접촉을 최대한 피하려고 앱app으로 선결제를 하고 보건소에 가자고 했다. 택시 기사는 군인 손님을 태우니 이것저것 자기 군 시절 이야기를 하다가 보건소에 도착하자 안색이 변했다. 아무 생각 없이 태웠다가 기겁한 것이다. 당시 택시 운전사 감염 소식이 종종 뉴스에 나왔다. 최대한 접촉을 줄인 아들은 보건소에서 검사를 받았다. 입과 코에 면봉을 넣어 분비물을 채취했다. 결과는 다음 날 아니면 3일이 걸릴 수도 있다고 했다.

다시 택시를 타고 집으로 돌아오면서 아들은 자기 방과 화장실을 제외한 나머지 구역에 칸막이를 쳐 달라고 주문했다. 부랴부랴 필요한 모든 물건을 방 안에 넣어 놓고 현관을 들어서자마자 자기 방으로 들어가게 했다. 아들놈을 태워 준 두 분의 택시 운전사께 죄송했다.

아들은 집 안에서 마스크를 쓴 죄인이 되었다. 가족 모두를 아니 자기가 만난 모든 사람을 위험에 빠뜨렸다. 아내가 쟁반에 음식을 차려 칸막이 안에 넣어 주었다. 가족과 접촉을 최대한 줄였다. 검사 결과 코로나가 아니면 다행이지만 만일 양성이면 휴가 나와서 만난 모든 사람, 이동할 때 같은 공간에 있던 모든 사람이 위험해진다. 마스크를 썼다고 하지만 술집이나 노래방에서까지 착용했을 리가 만무하다.

아들놈은 죄인이 되어 휴가 때 만난 친구들에게 전화를 돌리기 시작했다. 자기가 몸이 아파 보건소에서 검사를 받았는데 결과가 내일 아니면 3일 뒤에 나온다고. 친구들은 놀랐고 모두 외출을 자제하기로 했다. 문제는 친구 한 명이 군인이고 그날이 휴가 나왔다가 복귀하는 날이라는 것이었다. 그 친구는 자기 부대에 이 상황을 알렸다. 친구 부대도 발칵 뒤집혔다. 복귀를 미루라고 연락이 왔다. 이제 모든 게 검사 결과에 달렸다.

작년에 부대에서 세례를 받았던 아들은 오랜만에 기도를 했다. 절박하니 저절로 신께 매달리게 되나 보다. 내가 사는 동네는 아직 코로나 확진자가 한 명도 나오지 않았다. 아들놈이 동네 최초가 되지 않기를 기도했다. 나야 자유직이지만, 대학원 다니는 큰아들이 출근해야 할지 말아야 할지 고민에 빠졌다. 아직 확진 판정을 받은 게 아니니 일단 출근했다. 연구실 의 연구원들 모두를 위험하게 하는 건 아닌지 심히 걱정됐다.

10일 휴가를 받은 아들은 전화 한 통화로 4일 휴가를 더 받았다. 부대에서도 코로나 검사가 오래 걸릴 수 있다는 것을 알고 있었다. 휴가 기간 동안 신나서 돌아다니던, 자제하라고 아무리 말해도 듣지 않던 작은놈은 기가 팍 죽어서 제 방에 갇혀 지냈다. 감기가 아니라 코로나 양성으로 판정 나면 어떡하냐며 공포에 떨었다. 두통과 설사만 있던 증세가 근육통까지 생긴 것 같다고 했다.

갈수록 태산이다. 만일 아들의 결과가 좋지 않게 나오면 2차, 3차 대기 군인들의 휴가도 취소될 수 있다. 아들의 결과에 많은 사람의 운명이 걸렸다. 만일 결과가 다음 날 나오지 않고 오래 걸리면 어쩌나 걱정이 됐다. 나도 큰아들도 출근이 찝찝하고 불안했다. 부디 결과가 다음 날 나오기를 바랐다. 온 식구가 잠을 설쳤다. 작은놈은 휴대전화만 쳐다보느라 밤을 새웠단다. 하긴 자기가 벌인 일이니.

"아빠, 엄마 저 음성이래요!"

아들이 제 방에서 소리 질렀다. 보건소에서 휴대전화로 결과를 알려주었다. 온 가족이 신났다. 하늘에 감사했다. 큰아들이 작은아들 등에 올라타더니 말했다.

"이놈아 너 때문에 교수님한테 혼났잖아. 싸돌아다니는 동생 안 말리고 뭐 했냐고!"

둘은 한참 레슬링을 했다. 작은놈이 부대에 연락하고 친구들한테도 연락해야 한다며 휴전하자고 했다. 두 아들놈은 다 커서도 수시로 레슬링을 한다. 나와 큰아들은 후련한 마음으로 일터로 나갔다. 만일 결과가 양성으로 나왔으면…, 생각만 해도 끔찍했다. 신기하게도 음성이라는 결과를 들은 뒤 아들의 증세는 호전되기 시작했다.

4일 후 작은아들은 복귀했다. 연락해 보니 컨테이너에서 격리 중이란다. 온 국민이 코로나로 힘든 시기에 작은놈은 엄청난 수업료를 냈다. 부대에 들어가서도 동선 보고를 제대로 안 했다고 엄청나게 혼났을 것이다. 혼나도 싸다. 불타는 청춘을 마음껏 발산한 죄로 아들은 많은 사람을 곤경에 빠뜨릴 뻔했다. 자신의 행동이 어마어마한 파문을 불러올 수 있다는 것을 뼈저리게 배웠을 것이다.

이 글을 쓰는 지금도 그때만 생각하면 십년감수했다는 표현이 딱 적절하다. 나 또한 부모님 말씀 잘 듣고 자라지는 않았다. 이태원 클럽, 코인 노래방, 탁구장 등 아직도 젊은이들은 코로나가 자기는 피해 갈 것처럼 젊음을 발산하고 있다. 문제는 무증상 확진자도 있어 노약자들을 위험에 처하게 할 수 있다는 것이다. 다른 한편으로는 우리나라 의료 시스템에 감사하다. 가장 부유하다는 미국조차 검사비가 비싸서 검사조차 못하는 사람이 많아 사망자가 속출했다. 어떤 나라는 시체가 길에 널브러져 있어도 치우지 못했다. 아들의 검사가 다음 날 신속하게 이루어져 얼마나 감사한지 모르겠다. 그것도 무료로.

그리스신화에 무모한 행동을 하는 인물의 대명사로 이카로스Icaros가 나온다. 크레타섬의 미노스Minos 왕으로부터 미움을 받아 미궁에 갇힌 다이달로스Daedalus와 그의 아들 이카로스. 만들기의 달인 다이달로스는 깃털과 밀랍으로 날개를 만들어 아들과 함께 하늘로 날아올라 미궁을 탈출한다. 태양에 가까이 가면 밀랍이 녹아 추락할 수도 있다고 아버지가 경고했지만 처음 하늘을 나는 이카로스의 귀에는 들리지 않았다. 신이 나서 태양 가까이 날아오른 이카로스는 결국 바다에 추락하고 말았다.

무모한 이카로스, 무모한 내 아들이었다. 이카로스를 긍정적으로 보자면 인간의 몸으로 불가능에 도전했고 끝내는 좌절한 청춘으로 볼 수도 있다. 꿈을 향한 도전이었기에 아름답다고도 할 수 있다. 그러나 내 아들놈의 행동에는 도전 정신도 아름다움도 없다. 사회적 거리를 유지하라는 간곡한 당부에도 불구하고 젊음을 발산하기에 바빴다.

아들은 엄청난 수업료를 내고 행동에 대한 책임을 배웠으리라. 부모의 잔소리 백 번보다 자신의 깨달음이 더 뼈저리게 다가올 것이다. 그나저나 많은 젊은이가 병영에 갇혀 있고 밖에는 더 많은 젊은이가 코로나에 갇혀 있다. 열심히 일하고 돈 모아 여행하며 미지의 세계를 탐험할 기회조차 잃어버렸다. 한편으로는 이런 끔찍한 환경을 만든 기성세대가 더 죄인이다.

싱가포르에 사는 친구는 그곳에서 마스크 없이 거리를 돌아다니면 벌금이 30달러, 두 번째 걸리면 1만 달러라고 했다. 우리나라는 강력하게 법적 제제를 하기보다는 자율에 맡겨서 여기까지 왔기에 코로나 강국으로 인정받은 것이다.

불타는 젊은이들이여! 부디 이 코로나 시국을 이겨 내기 위해 인내와 절제로 높은 시민의식을 보여 주기를 바란다.

차용준_개인사업자

모빌리티 불평등과 코로나 블루

학창 시절, 논술과 에세이의 서론을 작성할 때 '교통 통신의 발달과 더불어'라는 표현을 자주 사용하곤 했다. 모빌리티mobility의 고도화는 이같이 다양한 주제를 아우를 수 있는 사회 변화를 가져온다고 볼 수 있다.

2020년 전 세계를 뒤흔들고 있는 코로나 바이러스-19 감염증의 대유행은 고도화된 모빌리티의 악영향이라고도 할 수 있다. 모빌리티의 악영향은 잉카제국 멸망에 외부에서 들어온 전염병이 영향을 준 역사와 같이 과거부터 계속 존재해 왔으나, 고도로 이동적이라 할 수 있는 현대사회에서 더욱 광범위한 파급력을 나타내고 있다. 비말과 접촉을 통해 전파되는 감염병의 특성상 사람들 간의 물리적 접촉을 최소화하는 비대면·비접촉untact이 강조되고 있으며, 이는 결국 물리적 이동의 제한으로 귀결되고 있다.

모빌리티가 극도로 고도화된 상황에서 물리적 임모빌리티immobility가 중시되고 있는, 어찌 보면 역설적인 시대에 살게 되었다는 생각이 든다. 이러한 상황들 가운데 삶 속에서 나타나고 있는 모빌리티 불평등에 주목해 보고자 한다. 사람의 이동뿐만 아니라 정보의 이동과 관련해서도 불평등은 나타나고 있다. 포스트 코로나 시대를 준비하며, 더욱 평등한 모빌리티 사회를 구현하는 것에 대한 깊은 고민이 필요한 시점이다.

모빌리티 불평등: 개인의 이동, 상품 & 정보의 이동, 접근성

먼저 코로나19 상황에서 개인의 이동과 관련한 모빌리티의 불평등을 살펴보자. 비대면 · 비접촉과 거리두기를 중시하게 되면서 개인 차량을 소유한 사람들이 그렇지 못한 사람들보다 더욱 안전하고 자유로운 이동을 누리게 되었다. 이는 늘 있었던 차이라고도 할 수 있으나 코로나19 상황과 관련해서 안전-생존의 문제, 기존에 영유하던 생활을 유지할 수 있는가의 문제와 연결되었다.

드라이브 스루를 활용한 진단검사와 상품의 판매 등도 개인 이동 수단이 있는 사람에게 유리하다. 물론 차량을 이용할 수 없는 사람들이 걸어서 진단검사를 받을 수 있도록 '워킹 스루walking thru' 스테이션도 마련되어 있다. 그러나 개인 차량으로 이동하는 것과는 안전성 및 편의성 면에서 차이가 있다. 개인 차량을 이용하여 한적한 교외 등으로 이동하여 여가를 즐기는 사람들의 모습을 보며 소위 '집콕'을 할 수밖에 없는 사람들은 상대적 박탈감과 억울한 감정을 느끼며 여기서 발생하는 갈등도 만만치 않다.

팬데믹 이전까지는 차량 공유 서비스가 발전하면서 개인의 이동 제약을 보완해 주고 있었다. 그러나 제어가 되지 않고 퍼져 나가는 이 전염병은 타인과 무엇을 함께 사용하는 것에 대한 극도의 공포를 불러일으켰고, 사람들은 공유보다는 소유하는 것을 통해 안전함을 느끼게 되었다. 대중교통의 위상이 낮아지고 개인이 소유하는 1인용 이동 수단이 주목받게 되었다.

세계적인 렌터카 회사가 파산을 신청하였고, 없어서 못 타던 공유 자전거와 킥보드는 노상에 방치되었다. 국가 간 이동의 제약이 커진 상황에서 안전하다고 느끼는 곳으로 이동하거나 모국으로 귀국하는 데도 큰 비용이 소요되는데, 여기서도 불평등은 발생한다. 확진자의 경우 2차 감염을 막기 위해서도 개인 이동 수단을 활용할 것을 권장하고 있다. 감염 의심자들은 대부분 자가격리 수칙을 잘 지켜 왔으나, 본인이 감염되었다는 사실을 전혀 인지하지 못한 시점에 대중교통 등으로 이동한 경로가 공개된 경우 사회적 비난과 노골적인 질타의 대상이 되기도 한다.

한편, 물리적인 이동의 제한과 관련하여 물자와 상품의 이동도 코로나19의 영향을 크게 받고 있다. 국가 간 물자 교류가 어려워지고 더 큰 비용이 발생하는 상황에서 빈곤한 국가들은 커다란 어려움을 겪게 되었다. 페루 등 중남미 국가에 의료용 산소가 부족하여 환자 가족들이 고군분투하는 안타까운 모습을 보면 많은 생각을 하게 된다.

배달, 배송 서비스 접근성과 관련한 불평등도 발생하고 있다. 새벽에 문 앞에 놓여 있는 상품을 받을 수 있는 사람들은 전혀 집 밖으로 나가지 않아도 생활을 영위하는 것이 가능하지만, 그렇지 못한 형편이라면 생필품 등을 구하기 위해 나가야만 한다. 이는 이어서 이야기할 정보의 이동과도 밀접한 관련이 있다.

사람과 물자의 이동뿐만 아니라 정보의 이동, 정보 접근성과 관련한 불평등도 눈에 띈다. 현대인은 '호모 모빌리쿠스Homo Mobilicus'라는 말에 걸맞게 휴대전화를 손에서 떼지 않고 살아가고 있다. 이들은 시간과 공간에 구애받지 않고 다양한 사람들과 소통하며 정보를 주고받는다.

그런데 코로나19의 확산으로 세대 간, 지역 간, 빈부 간 디지털 격차가 노골적으로 드러나게 되었다. 감염을 방지하는 데 있어 가장 기본적이고도 중요한 생필품인 마스크를 구매하는 것과 관련하여, 마스크 판매처 및 재고 확인은 스마트폰과 인터넷을 활용할 수 있는 사람들만 가능하였다. 확진자의 감염 경로 및 세부 동선도 각 지역 자치단체의 누리집이나 SNS를 통해 접근할 수 있다. 디지털 정보 접근성이 취약한 집단은 이러한 정보에서 소외되어 불편을 겪게 되었다.

세계 각국은 팬데믹 상황에서 기본소득 보장의 중요성에 대해 고민하였고 우리나라도 긴급재난지원금을 지급하였는데, 이를 수령하는 과정에서도 정보 접근성은 매우 중요하였다. 스마트폰 인증을 통해 자택에서 간단히 신청하고 받는 것과 직접 은행 등을 방문하여 수령하는 것은 소요되는 시간과 에너지의 차이가 크다. 긴급재난지원금을 어디서 어떻게 사용할 수 있는지에 대한 정보도 인터넷과 스마트폰을 활용하여야 상세히 접근할 수 있다.

과학기술정보통신부가 2019년 말 발표한 '디지털 정보 격차 실태조사'에 따르면, 70대 이상 고령층은 일반 국민의 36퍼센트 정도의 디지털 정보화 수준을 보인다고 한다. 인터넷에 접속하여 정보를 운용하고 스마트폰을 활용하는 능력이 현저히 차이가 나는 것이다. 자녀 등 가족이 직접 도움을 주는 것도 한계가 있으므로 고령층의 재사회화, 즉 정보 격차를 줄일 수 있도록 지원하는 사회적 장치가 요구된다.

온라인수업의 보편화와 관련하여 빈부 격차로 야기되는 정보의 불평등에 대해서도 생각해 볼 필요성이 있다. 온라인수업에 참여할 수 있도록 저소득층에 다양한 지원이 이어지고 있으나, 학습 장비뿐만 아니라 학습 공간 확보도 중요한 상황에서 교육 격차의 발생이 불가피해지고 있다. 이동이 제한되면서 도서관 등의 공공장소를 활용하여 학습하던 저소득층 학생들이 학습 공간을 잃고 상대적으로 더 어려움을 느끼게 되는 것이다. 도시와 농어촌, 도서 벽지의 차이도 있는데 농어촌의 경우는 인터넷이나 모바일 활용보다는 이장과 같은 지역 공동체 대표의 정보력에 의존하는 경향이 크다. 이는 정보 획득의 속도가 늦을 수 있다는 것과 더불어 잘못된 정보나 가짜뉴스에 노출되기 쉽다는 문제점도 동반한다.

초연결되는 언택트untact 사회

코로나 이후의 사회, 즉 포스트 코로나 시대는 '언택트 사회'라고 칭할 수 있을 것이다. 감염증의 완전한 종식과 예방책이 도래하지 않는 한, 늘 생활방역을 하고 언제든 거리두기로 전환할 태세를 갖추고 있어야 한다. 새로운 전염병의 출현 가능성을 대비하며 외출과 이동을 최소화하는 물리적 임모빌리티와 더불어, 정보를 포함한 가상적인 이동은 더욱 고도화되는 상황이 발생할 것이다. 이러한 앞날에 불평등한 모빌리티로 인해 일어날 수 있는 문제들을 고민하고, 이를 줄여 나가려는 노력이 요구된다.

개인의 이동과 관련하여 대중교통보다는 1인 이동 수단과 자율주행 기술이 주목받게 될 것이다. 이것들을 이용하는 데서 발생하는 불평등을 해소하는 방법을 찾는 것과 함께 대중교통 및 공유 서비스를 지원하고 보완하는 방안을 물색해야 할 것이다. 아울러 새롭게 개발되는 이동 수단은 화석연료의 사용을 줄이는 방향으로 연구되어야 한다. 불평등한 모빌리티에서 파생되는 권력은 화석연료의 장악과 밀접하게 관련되어 있으며, 이로 인한 환경오염의 폐해는 결국 권력을 갖지 못한 계층이 떠안게 되기 때문이다.

물자의 이동은 직접 사람의 손을 거치는 것보다는 로봇 같은 자동화 기술을 활용한 배송이 보편화될 것이며, 물류의 이동을 보다 고도화된 스마트 플랫폼 위에서 관리하게 될 것이다. 이로 인하여 직접 배송하거나 물류를 분류하는 업무 등과 관련된 일자리가 줄어들 수 있는데, 실업 등과 같은 사회적 이동을 직무의 전환이나 대체로 돌릴 수 있는 교육 체계의 마련 등이 요구된다.

물리적 이동과 접촉을 통한 정보의 교환 대신 인터넷 등의 통신 네트워크를 통한 정보의 교류가 중심이 되는 시대에, 정보 기기를 보급하고 그 사용법을 알리는 것도 중요하지만 정보 보안을 확보하는 것도 상당히 중요하다. 회의나 수업이 원격으로 이루어지는 것이 보편화되면 정보 보안과 더불어 지식재산권(저작권) 보호에도 관심을 기울여야 할 것이다.

사회적으로 원격 근무 · 재택근무 · 유연근무제 등을 적극적으로 권장하고 있는 상황이지만 회사의 규모나 형태, 정보화 수준에 따라서 격차가 발생할 우려가 있으며 변화된 근무 양식에 대한 인식 변화가 발맞추어 가야 할 것이다. 주5일제 실시 초기에 회사들이 망할 것이고 직장인의 월요병이 더욱 심해질 것이며, 우리나라가 세계에서 제일 휴일이 많은 나라가 될 거라는 우려가 있었다.

지금은 주5일제가 보편화된 것처럼, 변화된 근무 양태에 대한 인식도 바뀔 것이라고 예상한다. 온라인으로 수업을 진행하고 스포츠와 예술 공연을 접하는 것이 자연스러워질 것이다. 세계 유수 대학의 강좌를 온라인으로 수강하고, 접하기 어려운 공연을 집에서 실시간으로 볼 수 있게 되는 것이다. 얼마 전 조성진의 피아노 공연을 집에서 실시간 영상으로 감상하면서 큰 기쁨을 느꼈다.

그러나 이러한 상황에서 교육 서비스와 공연 문화예술의 '경쟁력' 확보가 중요할 것이라는 생각도 하게 되었다. 국제적으로 유명한 강연이나 공연을 쉽게 접할 수 있는 환경이 마련되면 국내 소규모 대학과 잘 알려지지 않은 강연, 영세한 규모의 공연예술은 몰락할 수도 있다. 개인적으로 문화예술계 안에서도 소외된 장르로 여겨지는 한국 전통음악, 즉 '국악' 관련 업계 종사자로서 이러한 고민은 더욱 클 수밖에 없었다. 국악의 주된 소비자는 FM 라디오나 CD도 아닌 카세트 테이프를 이용하여 음악을 듣는 고령층이기 때문이다.

국악을 라디오와 TV 방송으로 전하는 과정에서 방송망을 확충하고 다양한 플랫폼을 활용하여 접근성을 높이려고 노력하고 있으나 어려움이 많은 실정이다. 제공하는 서비스의 국제적 경쟁력을 확보하려는 노력과 더불어, 어려움을 겪을 수 있는 집단을 지원하는 제도적 장치를 고려해야 할 필요성이 있다.

어린 시절, 전 지구적 전염병의 창궐과 인류의 멸망을 예언한 책을 보며 막연한 공포에 떨었던 기억이 있다. 전염병이나 좀비 아포칼립스를 주제로 한 영화들을 보면서, 저런 상황이 오면 어떻게 숨고 어떻게 살아남아야 할까 장난스럽게 고민해 본 적도 있다. 그러나 현실의 삶에서 마주하게 된 팬데믹은 너무나도 평범한 얼굴을 하고 우리 곁에 자리하였다. 어릴 적 보던 만화에서 묘사한 '우울한 2020년'이 오지 않았다는 이야기를 나누며 새해를 맞았는데, 전 세계적으로 '잊을 수 없는 2020년'이 오고 말았다. "예전과 같은 일상으로는 상당 기간, 아니면 영원히 돌아갈 수 없을지도 모른다"는 국무총리의 말처럼 코로나19 이전과 이후의 삶은 완전히 달라질 것이다.

현대사회는 모빌리티 사회이다. 고도화된 모빌리티는 사람에게 날개를 달아 줄 수도 있지만 거대한 불평등을 초래할 수도 있다. 포스트 코로나 시대에는 불공정한 모빌리티에서 발생하는 재난을 최소화하고 정의로운 모빌리티 사회를 구현하기 위한 노력이 더욱 요구된다. 코로나 사태가 가져온 심리적 변화에 대한 연구도 이어지기를 희망한다.

유럽과 영미권에 대한 사대주의가 환상처럼 흩어져 버렸고, GPS와 같은 기술의 유용성을 체감하는 것과 동시에 감시와 규제에 대한 공포가 만연해졌다. 감염과 격리에서 이어진 불안은 '코로나 블루corona blue'라는 신조어로 표현할 수 있다. 중국이 감염병의 발원지로 지목되면서 서양권에서 아시아인에 대한 환대가 사라지고 혐오와 차별이 발생하고 있다. 이와 관련한 논의도 계속되어야 할 것이다.

이전보다 더 기술에 의존하는 방향성을 가진 포스트 코로나 시대에 '사람'을 생각하고, 사람과 그들이 속해 있는 사회의 지속적인 발전을 지향해야 할 것이다.

이성아_회사원

끝없는 전쟁, 코로나-19

나는 컴퓨터 앞에 앉아 있다. 스마트폰에 깔린 마트 앱app으로 당일 배송을 예약하고, 더운 날씨에도 꼭 필요한 공적 마스크를 사기 위해 약국을 갈 때나 급한 일이 아니고서는 밖에 나가지 않는다. 초등학교에 다니는 두 아들은 코로나19로 5개월 동안 학교에 가지 못하고 온라인수업을 하다가 지난 주부터 일주일에 한 번씩 짝수 홀수 교대로 학교에 가는 것으로 조금 변했다.

학교에서 내준 과제를 온라인으로 올리느라 아들 둘은 열을 올리고 있다. 난생 처음 겪는 이 풍경이 이제는 익숙해져 가고 있다. 아이들 세끼 챙겨 주고 공부 봐 주고 나면 하루가 너무 빨리 간다고 느낀다. 새삼 선생님들의 존재와 학교란 무엇인가를 생각한다. 선생님들도 코로나19로 열린 새로운 환경에 적응하기가 쉽지 않을 것이다. 그리고 온라인수업으로 대체되면서 교사라는 직업에 대해 불안감을 느낄 것 같다. 사이버대학이나 방송통신대학처럼 이제 온라인수업이 주가 되고 오프라인수업은 주 1회가 되어 가고 있다.

두 아들은 처음에는 답답해했다. 밖에 나가고 싶어 했고, 친구들을 못 만나는 것을 아쉬워했다. 그렇지만 한편으론 예민한 친구나 성향이 다른 친구 때문에 받는 스트레스가 없어서 좋다고 했다. 아이들조차 인간과의 관계 속에서 위로도 받고 또한 스트레스도 받는 것이리라.

나는 건축 디자인을 15년째 하고 있다. 코로나19로 재택근무를 하고 있다. 벌써 두 달째 되어 간다. 내가 태어나서 45년을 살면서 요즘은 정말 전쟁 상황 같다는 생각을 자꾸 하게 된다. 정말 급한 일이 없으면 집에서 일하며 회의도 화상으로 하고 있다. 회식도 안 하고, 회사 창립일마다 등산을 갔었는데 올해는 그런 행사가 모두 취소되었다. 생활 속 거리 두기로 완화되었다고 해도 산발적으로 지역감염이 확산하고 있으니 모든 모임은 취소되고, 잡지도 않게 된다.

'오늘은 또 무엇을 해서 먹을까?' 외식은 거의 안 하고 매일, 매끼 밥을 하려니 고단하다. 정은경 질병관리부본부장의 말을 들어야 한다고 생각한다. 방심은 금물이다. 이런 시국에 답답하다고 롯데월드 가고, 클럽 가고, 교회에 나가는 몰지각한 사람들이 제발 방역을 잘 지켜서 코로나19를 극복하는 데 함께했으면 좋겠다.

나도 놀고 싶다. 나가고 싶다. 하지만 남에게 피해를 주지 않으려고 노력하고 있다. 한데 일탈을 하는 사람들에 의해 코로나가 다시 확산했다는 뉴스를 들으면 나는 열심히 하고 있는데 자기 자신만 생각하는 사람들을 원망하고 질타하게 된다. 엘리베이터에서 마스크를 하지 않은 사람만 보더라도 상식 없는 사람이라 속으로 욕을 한다. 답답해도 해야지 누구는 답답하지 않아서 안 하는가 하고 원망하게 된다.

미세먼지가 많아도 잘 끼지 않았던 마스크를 꼭 착용한다. 대중교통을 이용하든 음식점을 가든 도서관을 가든 마스크를 쓰지 않으면 이용할 수 없는 환경. 지인들이나 떨어져 사는 가족들도 전화로 안부만 물을 뿐

사회적 거리를 두고 있다.

'이제 좀 괜찮아지겠지', '이 달만 지나면 좀 좋아지겠지…' 희망을 품었지만, 이제 백신이 나올 때까지는 계속 이렇게 교회에서 운동 시설에서 방문업체에서 클럽에서 노래방에서 지역감염이 확산됐다 진정되기를 반복할 것이다. 이럴 때 나는 TV를 보고 집에서 배송을 이용하며 비대면적인 일상생활을 맞이하고 있다. 도서관에서 책을 빌리던 것을 이제는 전자도서관을 이용하고 있다.

아들 둘은 방과후 수업과 주민센터에서 받던 미술 수업, 그리고 수련관에서 받던 수영 수업과 영어 수업을 못 하게 되었다. 학원 다니는 아이들과 격차가 생길까 전전긍긍하며 내가 수학을 가르치고 영어는 아내가 봐주고 있다. 우울한 생각이 들 때도 있다. 소시민들에게 필요했던 모든 혜택은 사라져 가고 돈 있는 사람들은 자녀를 사교육으로 대체하여 어떻게든 해결하니 말이다.

코로나19는 사람을 가리지 않는다. 나는 한국에서 사는 것만이 좋지는 않다고, 외국으로 이민 가서 살고 싶다고 생각한 사람 중에 한 명이었다. 아이들 교육을 위해 형편이 된다면 외국에서 살고 싶다고 말이다. '헬조선'을 외치던 사람 중에 한 사람이었는데, 이번 코로나19로 미국도 유럽도 우리나라처럼 방역을 제대로 하지 못하고 의료 시스템도 우리나라처럼 잘 갖추어져 있는 나라가 없구나 싶어서 우리나라가 살 만한 나라라는 생각이 든다.

K-방역이라 하지 않았던가. 미국과 유럽의 많은 나라가 우리나라의 방역 시스템과 의료 시스템을 본받으려 한다. 유튜브나 신문에서 보는 우리나라는 정말 선진국이라 생각하지 않을 수 없다. 돈이 많다면 우리

나라에서 사는 것이 정말 행복이구나 싶다. 대통령을 잘 뽑아서 긴급재난지원금도 받고, 특히 성남은 아동 양육수당과 경기도 성남시 긴급재난지원금도 받아 그나마 생활비에도 보탬이 되고 경제 순환에도 도움이 많이 되었다고 본다.

요즘 특히 아쉬운 건 취미로 하던 수영을 코로나로 인해 6개월 동안이나 하지 못했다는 것이다. 운동을 안 하니 당연히 뱃살이 많이 나왔고 살도 5킬로그램이나 늘었다. 농담으로 확'찐'자가 된 것이다. 근력이 많이 감소됐는지 몸이 뻐근하고 찌뿌둥하다. 아내와 아이들과 매일 집에 있다 보니 대화하다가 짜증을 부리는 경우가 종종 발생하기도 한다. 한 달에 한 번 독서 모임도 있었는데 그것도 이제는 온라인으로 책을 읽은 소감이나 좋은 구절을 공유하는 걸로 대체했다.

언제까지 이 끝없는 전쟁 상황이 계속될 지 두려운 마음이 든다. 불안한 내 미래도 걱정이다. 나는 다행히 정규직으로 15년째 직장에 다니고 있지만, 코로나로 인해 고통받는 사람들을 보면서 정치에도 더 관심을 가지게 되고, 어떤 정치인이 활동을 잘하고 있는지 눈여겨보게 된다. 기본소득에 대해서도 앞으로 더 논의되어야 하겠지만 전 국민 고용보험 가입과 더불어 한 발 앞선 복지정책이 구현될 수 있도록 위정자들이 노력해야 한다고 생각한다.

무엇보다 코로나19로 일어난 가장 큰 변화를 꼽자면, 에세이를 전혀 쓰지 않았던 내가 시간 여유가 생기면서 책도 보고 글도 쓰게 된 것이다. 감히 에세이 공모에 참여하는 나 자신을 발견하고 내심 놀라고 있다. 코로나19라는 긴 터널을 무사히 빠져나가고 싶다. 코로나19 이전으로 돌아갈 수 없을 것 같다는 생각이 지배적이다. 하지만, 이 시기를 내 가족과 우리 국민이 잘 극복해 내길 염원하는 것은 변함없다.

민정식_건축 CG디자이너

언젠가는 이 멈춤이 약이 되기를

솔직히 말하면 답답하다. 까놓고 얘기하자면 코로나19로 답답하다. 무엇보다 숨을 제대로 쉴 수가 없다. 이놈의 KF94 마스크 때문이다. 비말 차단을 위해, 방역을 위해 미세먼지가 많은 날에도 잘 하지 않던 마스크가 일상이 되었다. 집 밖을 나서면 무조건 마스크부터 챙긴다. 마스크는 코로나19 시대에 필수다. 대중교통을 이용하든 가게를 가든 마스크를 쓰지 않으면 무서운 눈총을 받음과 동시에 죄인이 되는 것이다.

그럼 언제 마스크를 벗을 수 있단 말인가? 그것은 코로나 백신이 개발되고 상용화되어야 가능하지 않을까? 그럼 내년까지도 마스크는 나의 일부가 되는 것이리라. 나가서 누굴 만나는 것도 서로 예의가 아닌 것 같아 만나자는 제의도 하기 어렵고, 이런 시국에 어딜 마음대로 놀러 갈 수도 없다. 그렇다고 지인을 집에 초대하기도 어렵다. 집에서 도를 닦는 것 같다. 안빈낙도安貧樂道하는 기분이랄까?

그래도 나 자신을 추슬러 본다. 건강한 것만으로도 감사하자고. 전화 상으로 안부를 물으며 그래도 하루하루를 살아가고 있는 아들들, 남편, 시부모님, 친정 가족, 내 지인들 모두 건강함에 감사하자고 말이다. '건강이 최고다'가 요즘 내 인생의 명제가 되어 버렸다.

코로나19로 바깥 생활을 자제하고 전 세계 나라들이 폐쇄 조치를 강화했다는 뉴스와 함께 기상 관측상 미세먼지나 초미세먼지가 보통에서 좋은 날이 많았다는 보도를 접한다. 정말 인간이 이렇게 잠시 멈췄을 때 지구가 다시 살아나는구나! 새삼 놀랍다. 지구가 살아나려고 코로나19 영양주사를 맞고 있구나. 말도 안 되는 상상을 한다.

인간과 환경에 대해 고민해 본다. 무분별한 플라스틱 사용과 이산화탄소 배출, 각종 환경오염 물질, 방사능 누출 사고, 세계 각국에서 벌어지는 쓰레기와의 전쟁…. 먹고사는 것에만 집중할 때 지구가 살려 달라는 비명을 지르고 있었음을, 이렇게 변종이 된 바이러스로 인간에게 경고하고 있음을 느끼며 소름이 끼친다.

겨울이 지나고 3월이 오면 어김없이 학교에 가던 초등학교 6학년, 4학년 아들 둘. 그러나 벌써 5개월 넘게 집에만 있다. 사상 유례없는 온라인 개학으로 EBS 라이브 수업을 하더니, 성남북초등학교 선생님들이 모여 각고의 노력 끝에 자체 플랫폼을 만들어 온라인수업으로 과제 제출과 온라인 단원 평가를 시행하고 있다. 처음에는 과제가 많아 힘들어하던 아들들도 3개월이 되니 제법 익숙해져서 스스로 잘하고 있다. 거기에다 학교에서 받는 스트레스가 없어 좋다고 한다. 학교에서 잘 맞지 않는 친구들, 예민한 아이들과 부딪치지 않아서 좋다는 것이다.

아들의 말에 머리를 한 대 맞은 듯했다. 인간은 사회적인 동물이다. 관계를 통해 사회성을 배울 나이이지만 인간으로 인해 상처도 받고 위로도 받는 양면이 있는 것이다. 실제로 학교에 가지 않아서 학교폭력이 많이 줄었다고 하니 아이러니한 상황이 아닌가.

도대체 학교란 무엇인가? 학교는 친구를 사귀는 장소도, 공부를 해야 하는 장소도 아니란 말인가? 갑자기 머리가 멍해진다. 아이들조차 인간관계가 꼭 필요한지 의문을 갖는 것 같다. 예민한 친구와 만나지 않는 것만으로도 안심하는 것을 보면서, 아이들도 인간관계에서 오는 피로감을 느낀다는 것에 생각이 많아진다. 인간관계의 양면을 보는 것 같아 씁쓸하다.

6월부터는 단계적으로 등교 개학이 이루어졌지만, 그것도 학년별로 각기 다른 요일에 일주일 한 번 등교이다. 일주일에 한 번 수업과 온라인 수업을 병행하는 것이다. 꼭 학교 교실에 앉아서 공부해야 하는가? 선생님 없이도 온라인에서 각 과목 유명 강사들에게 수업을 받고, 앞으로는 AI가 수업을 할 수도 있는 것 아닌가? 코로나19로 선생님들은 생계의 위협을 느꼈을 것이다. 요즘 같은 추세라면 가장 먼저 사라질 직업 1위가 선생님이라는 말이 있을 정도이다.

온라인수업으로 인해 초·중·고등학교는 비상이다. 대학교는 어떠한가? 내가 일하는 도서관의 대학생 주말 근로자가 대학 등록금을 그대로 내야 하는 부당함을 나에게 호소한 적이 있다. 그리고 온라인수업으로 과제가 82개나 있다며 허술한 수업에 과제만 산더미라고 하소연하였다. 온라인수업에 맞춰 즉각적인 대책을 마련하지 못한 채 학생들에게 무거운 짐을 떠넘기는 기성세대와 대학들은 반성해야 한다. '돈을 일부라도 돌려주라'고 말하고 싶은 충동이 인다. 의견 수렴은 하지 않은 채 변명만 하며 정당화하는 기성세대와 학교들 말이다. "너 자신을 알라"고 소크라테스가 말했다. 학교 측에서 학생들에게 해 줄 수 있는 접점을 찾아 대화로 풀어 나가야지, 소통은 하지 않고 자기 입장만을 고수한다면 대학들이 얼마나 오랫동안 살아남을 수 있을지 의문이다. 대학들과 위정자들은 학생들의 소리에 귀 기울이고 소통하라고 말해 주고 싶다.

온라인수업의 실효성을 두고도 논란이 있다. 그러나 우리 아이들을 가만히 보면 인간은 환경에 잘 적응할 수 있음을 새삼 다시 깨닫는다. 어른들은 모른다. 아이들이 얼마나 잘 적응하는지 말이다. 어른의 잣대로 아이들의 능력을 한계 짓지 말아야 한다.

나 또한 동네 도립도서관에서 문화교실 북트레일러 자격 과정을 신청했는데 온라인 라이브 강좌로 변경되어 진행된다고 한다. 비대면 수업을 맞닥뜨리게 된 것이다. 시대에 맞는 수업 방식으로 발 빠르게 변경한 것에 감사한 마음이다.

물론 문제도 속속 드러나고 있다. 도움을 받아야 하는 어르신들, 장애아동이나 돌봄이 필요한 저소득층 아이들 또는 한부모가정 아이들의 경우가 그렇다. 학대받는 아이들이 뉴스에 나올 때마다 인간의 잔인함에 진저리를 친다. 아이들이 무슨 죄인가? 코로나로 공간에 갇힌 아이들이 심한 학대로 죽어 가는 소식을 들을 때마다 나는 분노를 느낀다. 정부 차원에서 긴급 돌봄이 필요한 노인과 아이들을 이런 전쟁과 같은 시국에 제대로 관리할 수 있도록 복지제도를 체계화하기를 바란다.

남편이 두 달째 재택근무 중이다. 감사하게도 남편은 대기업에서 정규직으로 근무하기 때문에 재택근무를 하면서도 월급은 코로나 이전과 똑같이 받고 있다. 뉴스나 신문에서 보는 비정규직 분들, 내 지인 중에 방과후 선생님이나 학습지 선생님, 수련관이나 문화센터에서 일하는 강사님들은 모두 무급휴직을 하고 계신다. 한편으로는 감사하고 한편으로는 미안하다. 전 국민 고용보험 가입이 언론에 보도될 때 고민해 볼 적기가 왔음을 느낀다.

성남에 살고 있는 나는 지자체에서 주는 긴급재난지원금과 아동 양육 수당을 받았다. 그리고 얼마 후 정부에서 주는 긴급재난지원금도 받았다. 시아버지는 다 빚이라며 딴지를 걸면서도 잘 받아 쓰시는 모습이 모순적으로 보였다. 시어머니는 3년 동안 미뤘던 안경을 맞추셨고, 나는 아이들과 남편 뒷바라지하며 사치라 느꼈던 옷을 동네 가게에서 샀다. 오랜만에 재래시장에 가서 소고기도 샀다.

재래시장에는 사람이 많고 대형마트에는 사람이 눈에 띄게 줄었다. 재난지원금을 쓸 수 있는 사용처가 정해져 있어 지역 소상공인들을 살리는 데 나도 한몫한 것 같아 어깨가 으쓱해진다. 동네 피부과에서 목과 얼굴에 난 편평사마귀도 제거했다. 이른바 '과소비'를 한 것이다. 그래도 내가 쓴 돈으로 우리 마을 경제가 살아나고, 어려웠던 소상공인들의 얼굴에도 살고자 하는 의지와 희망의 끈이 보이니 위정자들이 잘하고 있다고 생각한다.

기본소득이 요즘 정치계에서 화두가 되는 것도, 돈을 받아 본 시민들이 내가 낸 세금이 이렇게 쓰일 수 있다는 것을 체감했기에 가능하다고 생각한다. 돈을 써야 경제가 돌아가는데 사람이 일할 수 있는 일자리가 점점 기계나 AI로 대체되어 가는 시대, 코로나로 모두 멈춰 있는 이때 국가란 무엇인가? 적기에 어떤 정책을 써야 하는가? 의문을 던진다.

"뭣이 중헌디"라는 대사가 번뜩 뇌리를 스친다. 나홍진 감독의 영화 〈곡성〉에 나온 대사로 한때 크게 유행했었다. 코로나19로 먹고살기 어려워진 시대에, 그야말로 모두 멈춤 상태인 임모빌리티 시대에 무엇이 중요한지 묻는 것은 헛되지 않다고 본다.

위정자들은 코로나19 상황에 맞는 고용보험 정책과 복지정책을 펼쳐야 한다. 이제 정치를 나랑 상관없는 일이라 생각하지 않는다. 국민의 소리에 귀 기울이는 위정자가 진정한 위정자이다. 민심이 천심이라고 했던가. 촛불혁명으로 세워진 지금 최고 리더가 잘해 내고 있다고, 응원하고 있다고 말하고 싶다. 감히.

시민들은 질병관리본부의 말을 잘 듣고 코로나19 확산을 막을 수 있도록 마스크 착용과 개인 위생을 철저히 관리하며 사회적 거리두기를 해야 한다. 다 같이 살 노력을 해야 한다. 위기 때마다 서민들의 힘으로 이겨 낸 나라, 나는 자랑스러운 한국인이다. 이제 더 이상 '헬조선'이 아니다. 미국보다 중국보다 유럽 어느 나라보다 살기 좋은 나라가 우리나라임을 새삼스레 깨닫는다. 투명한 정보 공개와 신속한 방역 체계, 그리고 매일 TV를 통해 익숙해지고 친밀해진 정은경 본부장의 말을 잘 들어야 한다고 생각한다. 오늘도 묵묵히 제자리에서 최선을 다하는 의료진들의 노고에 박수를 보낸다. 최전선에서 싸우는 그들에게 미안하고 감사하다. 그들이 진정한 영웅이다.

코로나19로 전쟁과 같이 모두 '멈춤' 상태이다. 혜민 스님의 책《멈추면, 비로소 보이는 것들》에서처럼 일상생활의 소중함을 깨닫고, 건강의 소중함을 배웠으며, 위정자들이 정치에 관심을 보이며 환경도 생각하는 그런 나날을 보내고 있다.

개인적으로 가장 크게 바뀐 것은 5년 동안 아들과 함께한 검도를 4개월 남짓 못하고 있는 것이다. 주 3회 검도나 헬스를 열심히 했던 지난날이 주마등처럼 지나간다. 아들과 함께 배우고 싶어서 시작한 운동이 나에게 활력과 건강을 주고 자신감을 불어 넣어 주었다. 운동을 못 하니 근력은 빠지고 살들이 붙었다. 운동 부족으로 온몸이 찌뿌둥하다. 유튜브에서 집에서 할 수 있는 운동을 찾아 생각날 때마다 해 보고 있다. 하지만 검도같이 뛰면서 소리를 지르면서 타격을 하진 못한다. 그때가 너무 그립다. 운동할 수 있을 때가 행복했음을 다시 한 번 느낀다.

상황에 맞게 대처하자고 다독여 본다. 집에서 틈틈이 운동하고 근린공원이라도 걸어서 갔다 와야겠다. 모든 것이 멈춰 있다. 하지만 조금씩 나아질 거란 희망을 놓고 싶지 않다. 언젠가는 이 멈춤이 약이 되길. 개구리가 움츠렸다가 더 멀리 도약하듯이, 우리나라도 이 시기를 도약의 발판으로 삼아 공생할 수 있는 좋은 정책과 환경이 마련되기를 기대해 본다.

코로나19로 사람과의 만남이 적어진 대신 책을 가까이하는 시간이 많아졌다. 아이들도 마찬가지다. 학원에 가지 않고 친구들 만난 시간도 줄어드니 시간이 많아졌다. 도서관에서 사전 예약한 책들을 워킹 스루로 찾아와서 같이 읽으니 책도 읽고 대화하는 시간도 생겼다.

때론 심심함도 필요하다. 적어도 내게는 말이다. 심심하다 보니 책도 읽고 정신의 근육도 키우고 있다. 그리고 우연히 알게 된 에세이 공모에 생애 처음으로 참가하게 됐다. 코로나19로 많은 것을 보고 듣고 경험하게 됐다. 이번 공모는 코로나19로 생각이 많아진 나에게 좋은 경험이 되었다.

김현경_주부

삶이 영글어 가는 시간

해마다 봄바람을 타고 원동 매화 소식이 전해져 오면 아이들과 기차를 타고 설레는 맘으로 꽃구경을 하러 가곤 했다. 매화원 둘레를 돌면서 꽃구경, 사람 구경을 하다가 잠시 쉬면서 파전을 먹었던 기억이 아직도 생생하다. 언덕 쪽으로 올라가면 산과 낙동강, 기찻길, 매화원이 한눈에 펼쳐졌다. 때마침 기차가 지나가자 기다리고 있던 사람들이 사방에서 카메라 셔터를 눌러 대는 진풍경이 벌어졌다.

하지만 올해는 매화가 피었다는 소식이 들려왔지만, 꽃을 보러 갈 수 없었다. 온 세상이 코로나19로 떠들썩하니 '이 시국에!'라는 핀잔 섞인 말이 따라붙을 게 뻔하기 때문이다. 작년에 찍어 둔 매화 사진이 있어서 그나마 아쉬움을 달랠 수밖에!

코로나19 의심 환자가 발생하면 선별진료소에서 검사가 이루어진다. 확진자는 코로나 선별검사에서 양성 반응을 보인 사람이다. 확진자가 발생하면 곧바로 지역명 ○○번으로 불리며 격리 치료를 받아야 한다. 사생활 정보 노출에 대한 우려가 있었지만, 그들의 이동 경로는 해당 지자체 홈페이지와 문자로 낱낱이 공개되었다.

내가 사는 곳 주변에서 확진자가 발생했다는 소식은 우리를 공포에 떨게 했다. 혹여나 확진자와 동선이 겹치지는 않을까 불안해하며 이동 경로를 살폈다. 확진자와 밀접 접촉한 사람들은 자가격리를 해야 했고, 이를 어기고 거리를 배회했던 사람들은 뭇사람들의 지탄을 받기도 했다.

확진자가 점점 늘어남에 따라 감염병에 대한 사람들의 공포는 점점 더 심해졌다. 마스크 가격이 오르는 것도 모자라 동나 살 수 없게 된 사람들은 발을 동동 굴렸다. 국가에서 부랴부랴 공적 마스크 제도를 만들었지만, 그마저도 수량이 적고 정해진 요일에 사야 해서 사람들은 마스크를 사려고 아침 일찍부터 약국과 우체국 앞에 줄을 서기도 했다.

비행기가 멈추고 도서관이나 복지관, 미술관, 박물관, 영화관 앞에는 휴관 안내문이 붙었다. 학교와 유치원, 어린이집, 학원에는 아이들이 나오지 않았다. '너희들이 와야 봄이야!'라는 문구가 적힌 플래카드만 휘날리고 있었다. 대신 아이들은 노트북이나 태블릿을 이용해 온라인으로 접속하여 친구와 선생님을 만나고 수업을 듣고 과제를 했다. 일부 유치원과 어린이집에서는 놀이 키트kit를 가정에 보내 주었다.

마트에는 마스크를 낀 사람들이 주로 라면과 생수, 즉석식품을 사 갔다. '사회적 거리를 두세요!'라는 캠페인 문구가 도로 전광판에 보이고 TV와 라디오에서도 수시로 흘러나왔다. 주말이면 사람들은 밖에 나가지 못하고 주로 집 안에서 가족들과 조용히 시간을 보냈다. 평소 이곳저곳 다니기를 좋아하는 내가 집에서만 지낸다는 것은 상당히 갑갑하고 곤혹스러운 일이었다. 더군다나 움직임이 적어지자 몸에서는 삐걱대는 소리가 나기도 했다.

코로나19로 일상생활에서 공포를 느끼고 이동에 제한이 있다 보니 태풍을 겪었던 어린 시절이 떠올랐다. 내가 어렸을 때 살았던 집은 마을 입구 삼거리 모퉁이에 있는 집으로 바로 앞에 자갈 해변을 가진 바다가 있었다. 동네 아이들은 우리 집 담벼락에 그림을 그리거나 낙서를 하기도 했고 벽에 기대 말뚝박기를 하며 놀았다. 그리고 삼거리에서는 초번놀이, 깡통 차기, 딱지치기, 술래잡기를 하며 놀았다. 그때는 밖에서 친구들이 내 이름을 부르면 바로 나가서 놀 수 있었다.

무엇보다 집 앞에 바다가 있어서 더운 여름이면 바로 먹을 감을 수 있어서 좋았다. 낮잠이라도 자려고 누우면 바닷바람을 타고 짭조름한 갯내가 날아왔고, 자갈이 파도에 부딪히는 소리가 차르륵 차르륵 났다.

하지만 태풍이 부는 날에는 사정이 달랐다. 태풍이 불어올 것을 제일 먼저 알아챈 것은 갯강구들이었다. 시커먼 갯강구들이 바다에서 길 위로, 다시 담벼락을 타고 필사적으로 기어 올라왔다. 더러는 오르다 떨어졌다가를 반복했다. 태풍은 깜깜하고 모두가 숨죽이는 시간에 무서운 기세로 마을을 덮쳤다. 만조 때 들이닥치는 태풍의 위력은 실로 대단했다. 뒤로 빠진 만큼 깊숙이 밀고 들어왔기 때문이다. 뜬눈으로 밤을 지샌 부모님과 달리 우리 4남매는 코까지 골아 가며 잠이 들었다.

그러다가 이른 새벽녘, 우리 집 코앞에까지 파도가 다가왔을 무렵, 파도 높이는 점점 높아지고 바람은 더 거세지고 빗줄기는 더 굵어졌다. 성난 파도가 혀를 낼름 내밀더니 순식간에 담벼락을 집어삼켜 버리고, 바람은 슬레이트 지붕을 사정없이 날려 버렸다. 천장에서는 비가 새기 시작했고, 부엌에서 가져온 스테인리스 세숫대야에서 물 튀는 소리가 요란하게 났다.

더는 버틸 수 없다는 것을 알게 된 부모님은 우리 4남매의 단잠을 깨

왔다. 우리는 작은 방 창문을 넘어서 텃밭을 지나 뒷집 양옥집으로 피신했다. 평소 남들한테 부탁 한번 잘 못하는 부모님이 어쩔 수 없이 이웃 신세를 진 날이었다. 그 집은 앞집인 우리 집이 바람과 파도를 막아 주는데다 튼튼한 양옥집이라 그런지 고요했다.

태풍이 지나가고 아무 영문을 모르는 해가 떠올랐다. 우리 가족이 태풍을 피할 수 있게 해 준 양옥집 할머니께 인사를 드리고 우리 집 쪽으로 걸어 내려왔다. 밤새 태풍에 시달린 마을은 너덜너덜해져 있었다. 삼거리에는 바람에 부러진 나뭇가지와 나뭇잎들이 군데군데 나뒹굴었고, 바람에 날아온 비닐과 슬레이트 조각들이 도로 위에 널브러져 있었다. 바닷가에는 인근 해안에서 밀려왔을 법한 플라스틱, 페트병, 비닐 쓰레기, 바다풀들이 마구 뒤엉켜 있었다. 아이들 몇몇은 소꿉놀이에 쓸 플라스틱 그릇을 줍고 있었다.

동네 사람들은 아침을 먹고 난 뒤 하나둘 삼거리로 모여 서로의 안부를 주고받았다. 그러다가 우리 집 담벼락을 보고는 지난번에도 무너지더니 또 무너졌다며 혀를 차기도 했다. 어린 나는 남들 눈에 잘 띄는 삼거리 모퉁이에 있는 우리 집이 싫었다. 볼품없이 무너져 버린 우리 집 담벼락을 보고 있자니 창피한 기분이 들었던 것 같기도 하다. 하지만 가장 속상했을 사람은 바로 부모님이었을 것이다.

아버지는 묵묵히 집 앞을 쓸고 슬레이트를 치웠다. 어머니는 깨진 유리창을 치우고 장판을 걷어 빗물을 닦고, 부엌으로 들어온 바닷물을 밖으로 퍼냈다. 며칠 뒤 옷과 이불, 라면이 들어 있는 구호물품을 전해 받았다. 고마운 일이었다. 부모님은 깨진 유리를 새로 갈아 끼우고, 회색 벽돌에 시멘트를 발라서 담을 다시 쌓기 시작했다. 나는 그 모습을 보면서 '태풍이 닥쳐도 부모님처럼 씩씩하게 살면 되는구나!'라고 생각했다.

태풍은 코로나와 마찬가지로 사람의 힘으로 막아 내기 힘들다는 점, 위협적이고 막강한 파괴력을 가졌다는 점, 숨죽이며 무사히 지나가기를 기다려야 한다는 점, 두렵기 때문에 소식이 궁금하여 자꾸 뉴스에 귀 기울인다는 점, 겪고 난 뒤에도 어김없이 다시 삶을 이어 나가야 한다는 점에서 비슷하다는 생각이 들었다. 다른 점이라면 코로나19 감염병의 유행이 태풍의 피해나 위험에 비해 훨씬 더 장기적이어서 전반적인 삶의 방식을 바꿀 필요가 있다는 점일 것이다.

코로나 등 특정한 이유로 인해 이동이 제한되는 상황을 '임모빌리티 immobility'라고 한다. "모빌리티mobility'가 사람과 사물 및 정보의 이동과 이동에 내재한 의미와 실천"*이라고 볼 때, 임모빌리티는 이와 반대되는 개념이다. 지금까지 모빌리티와 직접 대면을 중요시하던 사회였다면, 포스트 코로나 시대에는 물리적 환경에서의 '임모빌리티'와 '비대면 시대'가 도래한다고 볼 수 있다.

예를 들어, 기존에는 인간 대 인간의 거리는 가까울수록 좋다고 했는데, 이제는 팔을 뻗어 서로가 닿지 않을 사회적 안전거리를 유지하는 것이 서로를 위한 배려라고 한다. 예전에는 자유롭게 들숨과 날숨을 쉬었는데, 이제는 숨을 쉬거나 말을 하는 중에 침방울이 바이러스를 옮길 수 있으므로 꼭 마스크를 하는 것이 사회적 약속이 되었다. 그리고 되도록 외출, 모임이나 만남을 자제해야 한다고 당부한다. 이는 곧 오랜 시간 우

---

* 이용균, 〈모빌리티의 구성과 실천에 대한 지리학적 탐색〉, 《한국도시지리학회지》 18권 3호, 2015, 한국도시지리학회.

리가 믿고 따르던 가치와 정보가 아닌 새로운 가치와 정보가 밀려오므로 이를 받아들여야 한다는 의미이기도 했다.

그렇다면 포스트 코로나 시대에도 우리가 놓치지 말고 가져가야 하는 것은 무엇일까? 감염병의 위험이 도사리고 세상이 바뀐다지만 변치 않는 것은 과연 무엇일까? 포스트 코로나 시대에도 우리는 삶을 살아 내야 한다는 점이 아닐까? 그러기 위해서는 나의 건강과 내 가족, 주변을 챙겨야 한다. 가족과 대화 시간을 늘리고 아이들의 표정, 기분, 건강 상태를 챙겨 보는 것이 필요하다. 이를 다른 말로 삶을 이어 가고 지속하기 위한 노력이라고 말할 수 있을 것이다.

나는 방역수칙을 지켜 가며 내가 처한 상황에 맞게 몇 가지를 실천해 보았다. 우선 마을 언니, 동생들과 지속가능한 텃밭공동체를 통해 '반농반삶'을 경험해 보았다. '반농반삶'은 반은 농부의 삶, 반은 도시인의 삶을 경험하며 살아가는 것을 말한다. '반농'의 삶에서는 텃밭을 일구어 작물을 심고 물을 주며 가꾸어 보았다. 그리고 수확한 작물을 서로 나누기로 했다. '반삶'에서는 나에게 주어진 도시에서의 역할과 상황에 맞게끔 지혜를 발휘하기로 마음먹었다.

중학생이 된 아들과는 국민체조, 새천년체조 동영상을 보면서 따라해 보았다. 처음에는 어색했지만 며칠 해 보니 스트레칭이 되어 몸이 덜 뻐근하였다. 큰아이도 몸을 움직이니까 건강해진 것 같다며 좋아했다. 작은아이와는 베란다 화분에 봉숭아를 심고 물을 주었다. 며칠 뒤 싹이 나자 신기해했다. 또 친정엄마가 준 서리태로 직접 콩나물을 키워 봤다. 물을 주고 잘 키워서 콩나물 무침을 해 먹으니 아삭아삭 맛이 좋았다.

그리고 연락이 뜸했던 친구와 마스크를 끼고 동네 한 바퀴를 돌았다. 걸으면서 아이 키우는 이야기, 건강 이야기, 앞으로의 계획, 어렸을 때 이야기를 나눴다. 그동안 혼자 공원을 걸었다고 하여 앞으로도 걷기 친구가 되어 주겠다고 말했다.

앞만 보고 바쁘게 돌아가던 시간이 코로나19로 인해 늦춰진 것에 감사한다. 코로나19 때문에 불편한 점도 많았지만, 내 삶과 주변을 돌아보고 성찰할 타이밍이 된 것은 분명하다. 그리고 용기를 내어 다시 행동하고 움직여야 하겠다. 그래야만 포스트 코로나 시대인 임모빌리티의 시간이 고통과 암흑의 시간이 아닌 치유와 회복의 시간이 되고, 삶이 더욱 영그는 시간이 될 수 있지 않을까?

김현영_주부

달	라	지	는		우	리	의		삶	,
			기	록	하	기				

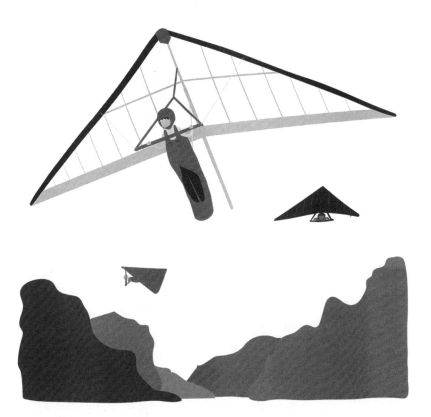

더욱 길어진 개인의 시간에 사색하는 듯한
분위기를 자아내고자 하였다. 고독함을 느끼는
청춘을 한 송이의 꽃에 비유하였다.

막힌 강줄기에 변치 않는 물줄기

세상이 시끄러워졌다. 그야말로 나름 '잘 흘러가던' 세상에 이변이 생겼다. 어느 나라에서는 수만 명의 사람이 바이러스로 인하여 격리를 당하였고, 개중에 수많은 사람이 목숨을 잃었다. 실시간으로 공포심을 담은 혹은 끌어내는 뉴스가 매체를 불문하고 흘러나왔다. 그 빠른 확산에 기반을 둔 공포는 계속 외출과 모임을 자제할 것을 권고하였고 동시에 호소하였다. 그 와중에도 호소와 권고를 무시하고 바이러스에 감염되고 퍼뜨리는 사람들이 생겨났다. 그 과정에서 수많은 영웅이 재조명되고 우리는 새로운 피해자가 발생하는 것을 안타까워하였다. 사람들은 분노하였고, 새로운 전파자를 비난하는 목소리가 들려왔다.

세계적으로는 경제적 위기가 찾아왔다고도 하고, 특정 인종에 대한 무분별한 차별과 폭력을 성토하는 목소리가 드높아졌다. 동시에 특정 국가와 기관 등에 대한 비판과 불신의 목소리가 커지기 시작했다. 서로를 비난하면서 상대를 비웃고, 자신들의 대처가 더 뛰어나다는 믿음은 어느샌가 자만이 담긴 목소리에 녹아들어 여기저기서 흘러나왔다.

코로나 바이러스가 만연하기 직전에 반일 감정을 담아 농담처럼 사용하던 '이 시국에?'라는 발언은, 우리가 누리던 일상을 포기해야 하는 아쉬움을 덮는 뚜껑이 되었다. 코로나 바이러스는 내가 살아가는 세상에 숨어 있던 분노와 불신을 표면으로 끌어내는 기폭제가 되었고, 동시에 모든 이들이 누리고 있던 자유와 권리에 제동을 걸기 시작했다. 그러나 다행히도 이 재앙이 '나'라는 개인의 일상이 흘러가는 데 변화를 일으킨 것은 거의 없었다.

'나'는 그대로 '나'로서 남아 있었다

물론 사소한 부분의 변화는 생겨났다. 질릴 정도로 만나던 사람들과의 만남은 거의 없다시피 되었고, 잠깐씩 감행하는 외출에는 언제나 마스크가 얼굴의 절반을 가리게 되었다. 즐겨 가던 노래방과 PC방에서 갑자기 내 인적사항을 수집하기 시작했다. 그리고 종국에는 아예 집합금지명령에 근거를 두어 문을 닫아 버리는 경우마저 생겼다.

그 외에도 병원, 식당, 학교를 가리지 않고 어디에서든 손 소독제를 바르고 체온 측정에 응할 것을 요청받았다. 불편하고 아쉬운 변화였지만 어쩔 수 없었다. 갈 길이 급한데 정지 신호를 지키기 위해 잠시 정차하는 것 같은 기분이었다. 불편하지만 사고라도 발생하면 내 과실이고, 그 규칙이 불편하더라도 지키겠다고 약속하고 받은 면허이기에 참는 느낌이었다. 그저 이전에는 그냥 누렸던 자유가 하나의 외출 면허가 된 것 같았다.

의무와 권리가 불가분의 관계임을 언제나 인정했고, 그렇기에 나에게 주어진 의무를 피하려 하지 않았다. 하지만 기존에 특별한 의무를 진다고 생각하지 않고 누려 오던 권리에 새로운 의무가 발생하니 약간의 반발심이 생기는 것을 억누르기가 쉽지 않았다. 그래도 잘 참아 가며 지내왔다. 그렇게 스스로를 대견하게 여기다 보니 그 의무를 지키지 않고 타인에게 병을 옮긴 몇몇 전파자들보다 더 도덕적으로 우월한 위치에 있다고 생각하기도 하였다. 그 생각이 지금 내가 짊어진 의무에 대한 반발과 결합하여, 전파자들을 힐난하고 무시하는 행위를 스스로 정당화했다. 그리고 특히 사회적으로 논란이 되었던 대형 전파자들을 공공연하게 비판하고 농담거리로 삼았다.

물론 이러한 변화를 주변 사람들은 크게 달가워하지 않았다. 그들이 폐가 되었다는 점은 동감하면서도, 나라는 인물이 남 앞에서까지 그들을 힐난하면서 떠들어 대는 것은 보기에 좋지 않다는 것이 이유였다. 아마 이것이 이번 사태에서 내가 처음 느낀 개인의 변화였으나, 나로부터건 외부로부터건 변화나 발전이라고 평가할 요소는 찾을 수 없었다. 그렇게 이 사태 속에서도 '나'는 그대로 '나'로서 남아 있었다.

도박사의 오류 or 성급한 일반화의 오류

'도박사의 오류'라는 것이 있다. 독립적인 개별 사건의 성패를 판단하는 과정에서, 이전의 실패를 성공의 근거로 삼는 논리적 오류를 말한다. 물론 애초에 논리성이 조각된 상태, 곧 현재의 사태를 바라보는 개인의 심리에 대하여 이와 같은 논리적 오류의 일부를 적용하는 것은 정확하지도 않고 또 올바르지도 않을 수 있다. 다시 말해, 개념의 오남용이라고 할 수 있을 것이다.

그러나 굳이 적용해 보자면, 이번 사태에 '나'라는 개인이 도박사로서 선택할 만한 길은 무조건 조심하는 것이었다. 사스 · 신종플루 · 메르스 등 국가 단위로 사람들을 떨게 했던 그 모든 질병에서 나는 아무 이상도 관련도 없었다는 경험은, 도박사의 오류에 따르면 이번에는 어쩌다 걸릴 확률을 비약적으로 높이기 때문이다.

한데 내가 선택한 것은 '성급한 일반화의 오류'였다. 특별하게 이유는 없었다. 그냥 지금까지 문제가 없었으니 앞으로도 나에게는 문제가 없을 것이라는 자만심이었다. 그래서 솔직히 초기에는 유난이라고 생각하기도 하였다. 다른 나라 사정과 상관없이, 적어도 미세먼지와 황사로 마스크 착용에 크게 반감이 없는 국민 정서와 메르스 사태 이후 얻은 교훈으로 무난하게 대처할 것으로 예측했다.

하지만 국민 정서와는 별개로 간간이 등장하는 대형 전파자들은 '잘 키운 반골이 백만 대군보다 무섭다'라는 평소의 지론에 확신을 주기만 할 뿐이었다. 반복적으로 발생하는 이러한 상황은 나를 지탱하던 성급한 일반화의 오류가 점점 도박사의 오류로 기울기에 충분한 심리적 압박을 줬을 터이다. 분명 그러한 심리적 불안감을 마주하고도 아이러니하게 '나'의 삶은 변화하지 않았고, 여전히 성급한 일반화의 오류 아래 '지키라는 것만 지키면 나는 괜찮다'라는 생각으로 지내고 있다.

'다음에 밥 한 끼 하자'

외출을 억제하는 문화가 자리 잡으면서 모임과 만남의 장은 휴대전화 속 소리 없는 수다방인 단톡방과 SNS가 대체하였다. 조금 부끄러운 이야기이지만, 나는 기계치이다. 정확히 말하자면, 스마트폰이나 태블릿PC 같은 원격 통신 매체에 관해서는 기계치이다. 게임이나 통화에 활용되는 디스코드Discord라는 프로그램은 고사하고, 가장 흔하게 쓰이는 카카오톡의 보이스톡도 제대로 활용하지 못하는 수준이다.

전동 드릴로 벽을 뚫거나 망가진 TV와 프린터는 곧잘 고치면서 게임

중 브리핑을 위해 음성 채팅을 걸지 못하는 이 아이러니는 코로나 사태로 오프라인 대면이 막혀 버린 '나'라는 사람에게는 생각보다 큰 위기로 다가왔다. 용건이 있어도 직접 보고 말하던 사람인지라, 단순한 근황을 묻기 위해 누군가에게 먼저 연락하는 것도 생각보다 큰 용기가 필요했다. 그래도 아예 사람들과 연락을 끊고 칩거하기엔 겉보기와 달리 여리고 외로움을 잘 타는 약한 사람이었기에 먼저 연락하기도 하고 오는 연락에는 빠릿빠릿하게 답장을 했다.

그 과정에서 불편한 것 외에 한 가지 아쉬운 점이 있다면, '언제 밥 한 끼 하자'라는 대화의 종결 선언에 '코로나 좀 잠잠해지면'이라는 수식어 구가 붙었다는 점이다. 물론 널리 알려져 있다시피 '밥 한 끼 하자'는 말은 이뤄지기 힘든 약속이다. 구체적인 약속으로 발전할 가능성은 비교적 낮으면서, 사람 대 사람으로서의 관계 유지를 위한 최소한의 표현으로 곧장 활용되곤 한다. 사람을 좋아하지만 직접 만날 약속을 잡는 등의 관계 유지를 위한 실질적인 활동을 그다지 선호하지 않는 '나'와 같은 사람에게 최적화된 인사말이라고 감히 평가하고 싶다. 그렇게 기약 없는 약속에 불과하던 말이 어느샌가 사회적 책임과 서로의 안위를 위하는 말이 되었다. 그래서 나는 더 망설임 없이 '다음에 밥 한 끼 하자'라는 말로 대화를 그만둘 수 있게 되었다.

사회는 하나의 거대한 강줄기와 같다

이처럼 '나'의 삶은 변할 듯 변하지 않았고 일상생활도 크게 달라지지 않았다. 물론 취업을 준비해야 하는 20대 중반의 나이에 코로나 바이러스와 같은 예기치 못한 재난은 여러 가지 의미의 골칫거리로 다가왔다.

1년에 한 번 보는 시험이 갑자기 연기되고, 그 외에도 많은 시험이 연기되거나 취소되었다. 나뿐만 아니라 시험 하나만을 바라보고 준비하던 많은 이들이 혼란에 빠졌고, 불가피한 일정 변화에 순응할 것을 요구받았다. 더 나아가 학생의 혼란은 해당 학생들을 대상으로 운영되는 학원가의 일정에도 영향을 주었다. 이러한 혼란은 단순히 시험을 준비하던 학생과 학원가에만 국한된 것이 아니라, 대학 생활을 기대하던 대학생과 수능을 준비하던 고3을 비롯하여 대한민국의 남녀노소를 가리지 않고 찾아왔다. 다행히 휴학하고 시험 준비에 집중하려 했던 '나'는 최소한 대학 생활 중 발생하는 혼란은 피할 수 있었다. 그저 미뤄진 시험에 대한 준비만 아무 일 없다는 듯 계속할 뿐이었다.

분명 불안감은 존재하였다. 그 불안감을 못 이겨 다른 길을 찾아볼까 하는 유혹에도 휩싸였다. 그런 나를 지탱해 준 한 마디가 있다면, 프란츠 카프카Franz Kafka의 소설 《소송Der Prozess》에 등장하는 문지기와 농부의 이야기에 대한 "그저 기다리며 할 일 하면서 살라"는 해석이었다. 나는 마치 혐의에 대해 고지받은 요제프 K와 같은 입장에서, 심판의 날짜가 언제로 결정될지 모르는 하루하루를 보내며 지내야 했다. 요제프 K와 '나'의 차이점이 있다면, 신부가 전해 준 문지기와 농부의 이야기에 대한 해석을 들어 본 적이 있는가 없는가의 차이일 것이다. 심판의 날을 모르면 내가 할 일을 하며 기다리면 된다. 이 가르침은 코로나 바이러스가 가져온 혼란이 '나'를 변화시키고 그로 인해 새롭게 마주할 문제점을 막아 주었다.

사태가 심각하다고 선언된 당시에는 세상이 엄청난 급변의 위기를 맞은 듯했다. 하지만 세상은 다시 살며시 돌아오고 있다. 물론 아예 코로나 바이러스가 발견되기 전의 세계로 돌아갈 수 있는가에 대해서는 회의적이다. 여전히 간혹 등장하는 대형 전파자 및 역학조사에 혼선을 주는 사람들이 존재하는 만큼, 기대하는 것보다 훨씬 길어진 코로나와의 싸움은 쉽게 끝날 기미가 보이지 않는다.

그래도 영화 〈인터스텔라Interstellar〉의 명대사 "우리는 답을 찾을 것이다. 늘 그랬듯이"라는 말에 부끄럽지 않게 살아가고 있으며, 방법을 찾기 위한 싸움을 하는 동시에 일상을 유지하며 살아가고 있다. 많은 사람이 변했다고 말하지만 기실 전과 크게 다를 것 없는 우리의 일상에서 '밀집'이라는 키워드를 제외하면 달라짐을 드러내는 현상은 없다. 그저 별 관심 없다는 듯 살아가는 나를 이상하게 보는 이도 부러워하는 이도 없다. 그냥 당연하게 사회에 녹아 있다.

개인적으로 가장 좋아하는 가르침을 고르자면, 중국 고대 사상가인 노자老子의 "상선약수 수선리만물이부쟁 처중인지소악 고기어도上善若水 水善利萬物而不爭 處衆人之所惡 故幾於道"이다. 간단히 말하자면, 만물에 이로움을 주되 다투지 않고 남들이 꺼리는 곳에 먼저 가 있는 물과 같은 삶이 좋은 삶이라는 뜻이다.

사회는 하나의 거대한 강줄기와 같다. 사람은 그 속에 흐르며 살아가는 존재와 같다. 그렇다면 이 강줄기를 이루고 있는 수많은 요소 중 무엇이 가장 으뜸일까? 위의 가르침에서처럼 물이라고 생각한다. 세상엔 많은 행태와 사상을 지닌 사람들이 있다. 그중에도 분명 물과 같은 사람들이 존재한다. 누구와도 다투지 않으며 남에게 이득을 주는 사람이 있으며, 또 남들이 가장 꺼리는 일을 가장 앞장서서 실천하는 사람도 있다.

이미 사회라는 강줄기는 코로나 바이러스라는 흙더미에 의해서 변했다고 할 수 있다. 코로나가 덮치면서 강줄기의 방향이 바뀌었고, 무너진 흙더미가 강줄기를 막은 곳도 존재한다. 또 쏟아지는 흙더미에 희생된 강의 일부가 있다. 비록 흐르는 방향이 달라졌다 해도 이 강줄기를 살리는 것은 결국은 물이다. 방향이 바뀌었더라도 강이 계속 흐르도록 하고, 흙으로 막힌 부분을 뚫고, 희생된 일부를 기억하며 새로운 일부가 생존도록 하는 것은 물이다.

　물은 변하지 않으면서도 다투지 않는다. 또 힘들고 꺼려진다고 흘러야 한다는 의무를 거부하지도 않는다. 결국은 우리가 물이고 또 물이 되어야 한다. 그저 담담히 주어진 의무에 순응하며 변치 않고 살아가는 것만으로도 우리는 수많은 물을 마주하는 동시에 누군가에게 물과 같은 사람이 될 수 있다. 우리는 변하지 않았으며 강을 막은 흙더미를 밀어내고 있다. 그리고 이 긴 싸움이 끝나는 날, 우리가 되찾을 건강한 강줄기를 따라 다투지 않고 다시 흐르게 될 것이다.

하지원_대학생

이동성 제한으로 인한 직업 가치관의 변화와 사회 양극화

한 달 반 전, 은행을 방문했을 때의 일이다. 은행 영업시간에 맞춰 9시에 방문했지만 이미 은행은 사람들로 붐볐다. 은행 직원에게 물으니 대부분 소액대출을 받으려는 사람들이고, 그들 대부분은 이번 코로나 사태로 실직하거나 가계 수입이 상당 부분 줄어든 사람들이라 했다.

당시에는 정부에서 직접적인 경제적 지원(긴급재난지원금)을 시행하기 전이라 이러한 현상이 두드러졌을 수도 있지만, 현재 상황을 보자면 가계부채는 앞으로도 증가할 것으로 예상된다. 현재 가계부채 수준은 전년 대비 190퍼센트 이상을 돌파하고 있다. 마스크를 쓰고 '사회적 거리두기'에 참여하는 정도가 아니라 직접적인 생계 문제에 직면해 있는 많은 이들에게 코로나19는 인체에 침투하는 바이러스를 넘어 가계경제에 침투해 가계 상황을 망가뜨리는 바이러스이기도 한 것이다. 대학생인 내가 겪는 단순히 원격 수업으로 인한 불편함이 아닌 누군가에게는 직접적인 생계형 문제이다.

현재 취업을 준비하는 대학생의 관점에서 이러한 사태를 보면서 사색에 잠기게 되었다. 취업 준비를 하면서 여러 직군과 직업을 찾아보았는데, 이번 사태로 직업에 대한 가치관과 가치가 변화되었다. 대부분 이번 사태로 어려움을 겪고 실직의 위기에 처해 있지만 그렇지 않은 직업군도 많다. 이번 사태로 인해 직업군의 형태를 세 가지 정도로 분류할 수 있었다. 첫 번째는 원래 업무 형태가 원격이나 비대면으로 실시되는 직업군, 두 번째는 물리적 만남을 비대면으로 전환 가능한 직업군, 마지막으로 물리적 만남을 통해 업무를 실시하는 직업군이다.

첫 번째, 원격이나 비대면으로 업무가 이루지고 있던 대표적인 직업군으로는 IT 관련 종사자, 개발자, 온라인 강사 등이 있다. 물리적인 접촉이 없이도 업무를 진행하는 데 무리가 없는 직업들이다. 두 번째, 직군의 대표적인 예시는 교수나 교사 같은 교육 관련 업계이다. 이들은 평상시에는 물리적인 만남을 통해서 업무를 진행하지만, 유사시에는 원격으로도 업무 진행이 가능하다는 특징을 가지고 있다. 마지막으로 물리적 만남을 통해 업무를 실시하는 직군은 식당이나 미용실 등 사람들의 의식주와 관련된 부분이 많다.

직업에 귀천이 없다는 말은 모두 동의할 것이다. 하지만 직업 간 연봉의 차이는 분명 존재한다. 조금 더 좋은 조건에 더 많은 연봉을 받고 싶은 마음은 모든 대학생이 다 똑같을 것이다. 나 또한 그중 하나였다. 관심 분야에서 더 많은 연봉을 받고자 노력했고 공부했다. 하지만 이번 사태는 많은 이들에게 직업에 대한 새로운 패러다임을 제시했다. 과연 나의 직업이 비대면으로도 가능하냐는 것이다.

직업의 비대면성이라는 특징을 가지고 은행 이야기로 돌아가 보면, 직업의 비대면성이 얼마나 큰 혜택인지 알게 될 것이다. 물론, 비대면 특징을 가진 직업이라고 실직이 없는 것은 아니다. 하지만 이러한 특징을 가진 직업군들의 실직률이 현저히 적은 것은 부정할 수 없는 사실이다. 가계부채가 증가하는 이 시점에서 큰 위기 없이 기존의 상황을 이어 갈 수 있다는 것은 그 직업군만 갖는 혜택이다. 실제로 비대면 업무가 가능한 직업군들은 평균 연봉이 높은 편이다. 예를 들어, 개발자의 경우 평균 연봉이 원화 기준 3,500만 원선이며 구글의 경우는 6,500만 원 선이다. 교수의 평균 연봉은 사립대와 국공립대, 정교수와 부교수별로 차이가 있지만 평균 6,500만 원에서 9,700만 원 사이이다. 물론 이들보다 더 높은 연봉을 가진 직업군이 훨씬 많지만, 물리적인 이동성에서 비교적 자유로운 직업군임을 고려한다면 상당히 큰 이점이 있다.

6070세대에게 좋은 직업은 소위 '사'로 끝나는 직업이었다. 변호사, 검사, 의사와 같이 명예와 권력이 있는 직업이다. 4050세대에게 좋은 직업을 물어 본다면 위 세대와 같이 '사'로 끝나는 직업도 나오겠지만, 이들 중 대부분은 연봉이 높은 직업이 좋은 직업이라고 답할 것이다.

하지만 2030세대들에게는 단순히 연봉이 높고 명예가 있는 직업이 좋은 직업이라고 할 수 없다. 연봉과 명예도 중요하지만 2030세대에게는 본인의 삶이 더 중요하다. '워라벨Work-life balance'이라는 신조어를 보면, 이들이 얼마나 일과 삶의 균형을 중요하게 생각하는지 알 수 있다. 직업을 바라보는 시각은 시대에 따라 변화한다. 과거와 달리 미래의 직업은 고-모빌리티高-mobility 기술과 직접적으로 연관되어 있을수록 상위 직업군에 속하며 선망받는 직업군이 될 것이다.

모빌리티(이동성)의 사전적 정의는 '이동'을 의미한다. 이는 인구의 이동, 데이터의 이동, 이념의 이동, 국경의 이동 등 다양한 이동으로 정의

될 수 있다. 이러한 이동을 다시 크게 두 가지로 분류하면 물리적인 이동과 비물리적 이동으로 나눌 수 있다. 우리가 살아가는 이 시대에서 물리적 이동과 비물리적 이동 모두 필수적인 요소이다. 둘 중 하나가 부재한다면 사회는 기존과 다른 방향으로 흘러가거나 위기에 처할 것이다. 비물리적 이동은 환경의 영향을 현저히 적게 받는다. 비물리적 이동을 고-모빌리티 시대의 토대로 보아야 하는 이유가 여기에 있다.

고-모빌리티 시대가 본격적으로 도래하면 우리의 직업 가치관은 다시 변화하게 될 것이다. 현재 2030세대들이 4050세대가 되는 시대, 아니면 그보다 빠른 가까운 미래에는 비대면성이 직업을 고르는 큰 기준이 될 것이다. 아니면 적어도 비대면성을 제공해 주는 요소를 잘 활용해야만 할 것이다. 회사원이 엑셀을 잘 다루고 학생이 문서 작업을 당연히 할 수 있듯이, 현재 비대면성을 제공해 주는 줌ZOOM, 팀TEAMS 같은 플랫폼을 잘 활용하고 이를 응용할 수 있어야만 하는 것이다.

이번 코로나 사태 이전까지 모든 사람들이 고-모빌리티 시대의 중요성을 알고 있었지만, 현실적으로 받아들이는 데 비용과 시간을 소비하고 있었던 것이 사실이다. 하지만 강제적인 이동성 제한으로 인해 여러 가지 비대면 플랫폼을 접하게 되면서 초기 고-모빌리티 시대의 포문을 열게 되었다. 이는 앞으로 고-모빌리티 시대의 도래를 가속화할 것이며, 이로 인한 또 다른 새로운 패러다임이 제시될 것은 자명한 사실이다.

주식시장은 사람들의 심리와 미래의 가치를 가장 빠르게 반영한다. 실제로 현재 주식시장 상황을 보면, 바이오나 제약 관련 주식을 제외하고 상한가를 기록하거나 주가 상승이 예상되는 종목은 언택트untact 관련주나 서버 구축을 위한 데이터베이스 기반 관련 주가 상당히 많은 부분을 차지하고 있다. 미국 주식시장에서 줌의 주가만 봐도 알 수 있다. 코로나 사태 이후 줌의 주가가 빠른 상승세를 보인 것은, 물론 사용자의 증가도 원인이겠지만 이번 기회에 저평가되어 있던 기업이 발굴되었다는 평가도 있다.

고-모빌리티 시대의 도래로 인해 직업을 바라보는 관점이 달라지고 또한 그에 걸맞게 사회도 변화한다면, 미래에는 사회의 양극화도 심화될 것으로 생각된다. 현재 발생하고 있는 양극화 갈등을 보면 기성세대와 신세대, 빈익빈 부익부 등 이념과 자본의 괴리감으로 발생한 것이 많다. 산업은 끊임없이 고부가가치 산업으로 그 형태를 변화해 왔다. 4차 산업혁명 시대로 일컬어지는 지금, 앞으로는 지금보다 더 고부가가치 산업으로 발전할 것이다. 이러한 상황에서 시간당 임금이 높아지는 직업군은 당연히 고-모빌리티 테크놀로지 관련 직종일 것이다. 이 직종의 일하는 시간은 점점 더 감소하고 이들의 삶의 질은 점점 더 상향될 것이다. 반면, 기존 산업의 직업군이나 새로운 기술을 받아들이는 것을 힘들어하고 꺼리는 계층의 시간당 임금은 줄어들고, 이들은 남들과 같은 월급을 벌기 위해 더 많은 시간을 일해야 할 것이다.

결국, 자신이 속한 직업군의 고-모빌리티 관련 여부에 따라 자본축적에도 많은 차이를 보일 것으로 예상된다. 자본의 차이가 벌어질수록 직업 간 빈익빈 부익부가 당연히 발생할 것이고, 시간이 지남에 따라 양극화가 더욱 심해질 것이다. 과거와는 다른 형식과 방향이지만 미래에도 역시 빈익빈 부익부가 발생할 것이며, 미래에는 단지 자본의 차이뿐만 아니라 삶의 질 또한 더 큰 차이가 발생할 것이기에 지금보다 더욱 양극화가 심화될 것이다.

이동성 제한은 사회 시스템에 치명적이다. 인구의 이동, 무역, 대화 등을 통해 인간은 과거부터 현재까지 이동성에 기대어 살아가고 있다. '모빌리티', 즉 이동성을 통해서 인간은 진화하였고 사회적·문화적 가치관을 정립했으며, 이를 활용하여 경제적인 이득은 물론 감정적인 부분까지 충족시키고 있다.

하지만 필요에 따라 제한해야만 하는 순간이 온다. 지금이 바로 그 순간이다. 바로 이 순간, 우리는 새로운 패러다임에 직면해 있다. 변화의 파도에 올라탔고 그 파도 위에서 균형을 잘 잡지 못한다면 우리는 침몰할 것이다. 이는 단순히 개인의 노력으로 극복할 수 있는 문제가 아니다. 사회 시스템이 기반이 되어야 하고 기술이 이를 뒷받침하며, 법과 제도가 이를 보호하고, 인문학이 이 모든 것의 기반이 되어야만 한다. 사회 전반의 협업이 이루어지지 않고 고-모빌리티 시대를 맞이하게 된다면, 이번엔 단순히 가계부채 비율 증가와 경제성장률 저하와 같은 문제로 끝나지 않을 것이다.

바이러스는 새로운 패러다임을 제시했다. 새로운 패러다임의 중심에는 고-모빌리티 개념이 있고 이를 어떻게 활용하고 적용하는지에 따라 미래의 흥망성쇠가 달려 있다고 해도 과언이 아니다.

권준용_대학생

이야기로 가득 찰 극장을 기다리며

: 팬데믹 시대, 극장의 의미에 대하여

그림자의 주인인 그대는 밝은 날에 더 밝은 빛을 가지고

얼마나 황홀한 모습을 보이리요.

보지 못하는 눈에게 그대의 그림자가 이렇게 찬란하노니!

대낮에 내 그대를 본다면,

내 눈은 또 얼마나 행복하리요.

한밤중 깊은 잠 속에 시력 없는 눈에도

불완전하고도 아름다운 그림자가 보인다면!

그대를 볼 때까지는 낮은 다 밤이요,

꿈에 그대를 본다면 밤은 언제나 밝은 낮이로다.*

16세기 말에서 17세기 초반, 페스트Plague로 인해 영국의 극장들이 폐

---

* "How would thy shadow's form form happy show/ To the clear day with thy much clearer light,/ When to unseeing eyes thy shade shines so!/ How would, I say, mine eyes be blessed made/ By looking on thee in the living day,/ When in dead night thy fair imperfect shade/ Through heavy sleep on sightless eyes doth stay!/ All days are nights to see till I see thee,/ And night bright days when dreams do show thee me." 윌리엄 셰익스피어, 《셰익스피어 소네트》, 피천득 옮김, 2018, 민음사, 102~103쪽.

쇄되었다. 당시 연극인들은 일자리를 잃었고, 셰익스피어 또한 예외일 수 없었다. 셰익스피어는 이 기간에 수많은 서사시와 서정시를 창작한 바 있다고 전해지는데, 그중 대표적인 것이 바로 '소네트sonnet'이다. 많은 사람이 소네트를 감각적인 언어로 풀어낸 사랑 이야기라고만 생각하는데, 이러한 역사적 배경과 셰익스피어의 사연과 함께 다시 보면 극장과 연극을 사랑했던 셰익스피어가 페스트의 시대에 간절히 원했을 극장의 부활에 대한 열망이 느껴진다. 그리고 이러한 셰익스피어의 이야기는 코로나로 인해 다시 위기를 맞이한 2020년 극장에도 많은 생각할 거리를 던진다.

극장의 미학, 위험 요소가 되다

공연은 수많은 사람이 같은 공간에서 함께 호흡함으로써 완성되는 예술이다. 누군가는 무대 위에서, 누군가는 무대 뒤에서, 누군가는 객석에 앉아 자신의 역할을 수행하며 공연을 완성해 간다. 그리고 이러한 공연을 담아내는 극장의 미학은 공연을 매개로 수많은 사람이 같은 공간에서 소통하는 과정에서 발휘된다. 이러한 성질과 관련하여, 극장의 미학은 그 실현 과정에 있어 여러 사람의 시간과 노력, 그리고 에너지를 요하기에 혹자는 극장과 공연이 엄청난 사람들의 시간을 비용으로 하는 '비효율적' 존재라 표현하기도 한다.

실제로, 기술의 발전으로 등장한 라디오나 영화 등의 매체가 이와 같은 공연의 비효율성을 해소하며 공연을 잠식할 것으로 예측한 사람들도 있었지만, 수많은 위기 국면 속에서도 공연은 자신의 위치를 지켰다. '시간이 곧 돈'이 되는 자본주의 사회에서도 공연은 굳건히 자리를 지키며 많은 사람과 함께 이야기를 이어 나갔다. 흥미진진한 이야기로 공연은 사람들을 매혹했고 '같은 시간과 같은 공간에서 함께 호흡하며 서로 소통하는' 공연의 미학은 수많은 사람들의 발걸음을 극장으로 향하게 했다. "인간은 이야기에 탐닉하도록 진화했다"는 어느 학자의 말마따나 인간은 계속 이야기에 매혹됐고, 그러한 이야기가 가득한 극장이라는 공간은 인간에게 비용과 효율성을 넘어선 자신들의 존재 가치를 인정받아 온 것이다.

하지만 이렇게 '시공간을 공유하는' 공연의 미학이 위험 요소가 되어버렸다. '사회적 거리두기'의 필요성이 대두됨에 따라, 사람들이 한 공간에 모일 때 비로소 완성되는 공연은 그 존재 자체가 위협을 받게 되었고, 수많은 극장이 문을 닫고 예술가와 공연 단체들은 공연을 취소하기 시작했다. 다수의 사람을 한 공간에 모으는 것 자체가 팬데믹의 시대에는 엄청나게 위험한 행위이니 만큼 사람들이 모임으로써 완성되는 공연의 미학은 코로나 사태의 위험 요소가 되었고, 사람들이 모일 수 없는 극장과 공연은 그 존재 의미를 상실해 버렸다. 존재의 의미를 상실한 극장은 계속해서 고민하고 또 고민한다. 이 위기를 어떻게 타개해 나갈 것인지를.

관객이 없는 극장은 어떤 의미를 가질까? 관객을 받을 수 없는 극장들이 생겨나면서 문득 이러한 질문이 머릿속에 떠오른다. '과연 관객이 없는 극장은 어떤 의미를 가지는 것일까?' 같은 시공간에서 출연자와 제작진, 관객이 함께 만나 공연을 통해 소통하는 것이 공연의 미학이라면, 소통의 주체 중 하나인 관객이 사라진 공연은 그 미학을 상실하는 것일까?

✦ 조너선 갓셸, 《스토리텔링 애니멀》, 노승영 옮김, 2014, 민음사.

실제로 수많은 극장과 공연 단체들은 이러한 질문에 직면해 있다. 답을 찾지 못한 극장은 일단 '휴관' 혹은 '공연 취소'라는 방법을 통해, 잠시 제자리에 멈춰 숨을 고르며 그 답을 찾아가는 중이다. '관객이 없는 공연'이 과연 의미가 있을 것인가라는 생각이 앞서는 것이 사실이다. 엄청난 시간과 노력, 에너지를 소비하면서도 관객들이 극장을 찾는 것은, 바로 그 시간과 그 공간에 창작자와 수용자가 함께 존재하면서 호흡하고 소통을 한다는 점 때문인데, 이러한 소통이 빠져 버린 연극은 다른 예술 장르와 비교했을 때 어떤 의미를 가질 수 있을지 의문이 든다.

공연에 관객이 없다면 공연을 통해 관객과 창작자들이 소통할 수 있는 장을 마련하는 극장 또한 그 존재 이유가 위협받을 수밖에 없다. 소통의 장에 소통이 없다는 점, 그리고 그 소통이 극장이 담아내는 공연에 있어 매우 중요한 미학적 요소이자 존재 가치라는 점에서, 관객이 없는 극장의 존재 의미에 대해 회의적인 생각을 떨쳐 버릴 수 없다.

하지만 또 다른 관점에서 보면, 이러한 상황은 기존에는 생각하지 못했던 극장의 의미와 존재 이유에 대해 생각해 볼 수 있는 창의적인 계기로 전환될 수도 있다. 난해함과 진입 장벽으로 인해 관객들의 선택을 받지 못한 공연들이 예술적 가치가 없는 것이 아니듯, 관객의 수나 흥행 성공 여부만으로 공연의 예술성과 존재 가치를 평가해서는 안 된다.

마찬가지로 코로나로 인해 관객을 잃어버린 오늘의 극장 또한 그 존재 가치가 없는 것은 아니다. 비록 관객은 없지만 창작자들은 관객이 없더라도 만들고 소통하는 방법에 대해 고민하고 극장 너머의 관객, 그리고 사회와 어떻게 자신을 연결하고 관계를 지속할 수 있을지에 관해 이야기한다. 같은 공간에서 소통하고 연결되지는 못하지만, 계속 소통과 연결의 방법을 고민하고 그것을 위해 노력한다면 그것만으로도 극장과 공연은 충분히 의미가 있다고 할 수 있다. 그리고 지금의 극장들이 가진 이러한 고민은 관객들이 돌아올 앞으로의 극장에서 더 큰 역할을 해낼 것이라 믿는다.

모빌리티 총량의 법칙?: 새로운 국면을 맞는 극장

극장을 향하는 관객들의 발걸음은 멈춰 버렸지만, 극장에 대한 사람들의 애정은 온라인을 통해 여실히 드러난다. 그리고 극장은 코로나로 인해 단절되어 버린 극장의 소통을 다시 한 번 되살릴 방법을 고민하기 시작한다. 코로나의 위험 속에서도 극장의 이야기가 끊이지 않을 방안을 찾던 극장은 오프라인에 국한되었던 자신들의 공간을 온라인에서도 찾기 시작한다. 그리고 마침내, 온라인 공간을 찾아 나선 극장들은 '온라인 공연 생중계'라는 방법을 도출해 낸다.

우리나라를 포함한 전 세계의 극장들은 인터넷을 통해 공연을 선보이는 '온라인 공연 중계'를 진행하기 시작했다. 아무도 없는 극장의 공연을 생중계로 선보이기도 하고, 극장 창고에 가득 찬 공연 영상들을 공개하기도 한다. 이러한 극장의 새로운 이야기 방식에 관객들은 조금씩 관심을 보이기 시작했고, 온라인을 통해 팬데믹의 시대에도 극장을 찾고 있다.

비록 같은 시간과 공간을 공유하지는 않지만, SNS와 실시간 댓글 등의 방식으로 함께 공연 이야기를 나누며 공연을 완성해 가고 있다. 인터넷을 통한 이동과 교류가 자유로워진 정보사회에서도 오프라인의 같은 공간에 있음으로써 그 존재를 지속해 왔던 극장이 온라인 공간을 통해 자신들의 이야기와 소통을 지속한다는 점은 매우 획기적인 시도가 아닐 수 없다.

그리고 이러한 온라인으로의 극장 공간 확장은 어쩌면 '모빌리티 총량의 법칙'이 세상에 존재할지도 모른다는 느낌을 갖게 한다. 기술의 발달로 물리적인 이동 없이도 공간의 전환과 다른 공간과의 연결이 가능해진 시대에 이동의 방식과 영역은 계속 확장되고 있고, 오프라인 공간에서의 결집과 이동을 중심으로 존재해 온 극장 또한 이러한 시대적 배경 속에서 기존의 방식을 넘어선 온라인으로의 이동을 통해 사람들을 모으고 있다. 인간이 통제할 수 없는 요소들로 인해 이동에 엄청난 제약을 받았던 과거와 달리, 오늘날에는 팬데믹과 같은 위기에도 모빌리티는 다른 방식으로나마 유지되고 지속되며 인간들의 연결이 이루어지고 있다. 뿐만 아니라, 극장의 이와 같은 온라인 공간 확장은 새로운 모빌리티를 만들어 내기도 한다.

온라인 중계는 기존에 극장을 방문하지 않았던 이들에게도 극장을 체험할 기회를 제공한다. 극장의 이야기를 알지 못하거나 관심을 가지지 않았던 이들 중에도 온라인 공간에서의 극장 경험을 통해 새롭게 극장의 소통과 연결에 함께하는 사람도 있을 것이다. 그리고 이들의 연결은 코로나 이후, 오프라인 극장으로도 이어져 온라인을 넘어선 오프라인 공간으로의 확장과 모빌리티 증가를 가져올 것이다.

이와 같은 모빌리티의 증가는 오프라인 공간의 축소로 인해 줄어든 모빌리티를 채워 줄 뿐만 아니라, 그것을 넘어서는 극장의 성장 기반이 될 수 있다. 이러한 상황은 앞으로 우리가 코로나와 같은 위기를 또다시 마주했을 때, 그저 인류의 한계에 좌절하는 것을 넘어 발전적이고 지속 가능한 미래의 대책을 고민할 수 있게 하는 원동력이 될 것이다.

다시 한 번 극장의 생동하는 낮을 기다리며

사실, 극장의 위기가 처음 있는 일은 아니다. 새로운 매체와 예술 장르가 등장할 때마다, 극장은 새로운 매체에 의해 쉽게 대체될 것이라는 예측이 빈번하게 등장했고, 실제로 단기적으로는 극장이 그 입지를 위협받는 듯했다. 하지만 극장은 새로운 매체들이 보여 준 혁신과 새로움을 흡수하고, 그들이 해소해 주지 못하는 극장만의 매력을 대중들에게 어필하면서 계속해서 자신의 필요성을 입증해 왔다. 계속되는 변화와 발전의 과정을 통해 지금까지도 극장은 우리와 함께하는 것이다.

그래도 지금의 상황이 예전의 위기보다 희망적인 부분을 찾아보자면, 극장이 겪는 위기가 극장의 '필요성'에 대한 위기나 문제 제기가 아니라는 점이다. 기존의 위기들이 극장의 대체재가 등장함에 따라 극장의 필요성 자체에 의문이 제기되면서 발생했던 국면이었다면, 지금의 문제는 극장이 그 '시공간의 미학'이 가지는 위험성을 어떻게 극복할 것인가에 대한 부분에서 기인한다. 즉, 극장이 대체될지도 모른다는 위기가 아니라, 극장이 더욱 안전하게 지속될 수 있는 방법을 찾기 위한 탐색과 토론, 성찰의 시기라고 볼 수 있다.

이 사회를 덮친 팬데믹의 시간은 극장에 있어, 영상 중계와 같은 공연의 새로운 방식을 모색하는 과정을 통해 아직 극장이 많은 사람에게 사랑받고 있음을 상기시키고, 엄청난 성장에 가려져 생각하지 못했던 극장이 가진 문제점과 한계를 일깨우며, 지속가능한 극장을 위한 고민과 토론의 시간을 만들어 준다는 점에서 마냥 절망적으로 좌절할 시간은 아니라고 생각한다.

페스트가 사라지고 다시 극장에 자신의 이야기가 울려 퍼질 날을 학수고대했을 셰익스피어처럼, 전 세계의 극장과 예술가들도 관객들과 함께 다시 자신의 이야기로 소통하며 새로운 이야기로 극장을 가득 채울 날을 기다리고 있을 것이다. 그리고 우리는 페스트의 시대를 넘어왔듯, 팬데믹의 절망 속에서도 답을 찾아 다시 이야기로 가득한 극장의 찬란한 나날과 마주할 것이다. 코로나라는 '한밤중 깊은 잠'에서 깨어나, 수많은 사람이 이야기와 함께 활기 넘치게 다시 태어날 극장의 생동하는 '밝은 낮'을 맞이할 것이다.

박진서_대학생

언택트 시대, 진정한 소통의 의미

대학 1학년 생활을 마치고 겨울방학을 맞아 아르바이트에 한창이던 올해 초, 뉴스와 직장 동료들을 통해 중국 우한에서 감염병이 퍼지고 있다는 사실을 처음 접했다. 그때까지만 해도 나는 이전에 겪었던 여느 전염병처럼 이번에도 얼마 지나지 않아 사태가 해결될 것으로 낙관했다. 하지만 지금도 코로나19는 종식되지 않았고, 코로나19는 나와 전 세계 시민들의 생활 방식을 완전히 바꿔 놓았다.

코로나19로 인해 가장 많이 변화한 것은 외식과 쇼핑 문화일 것이다. 주말이면 소문난 맛집을 찾아다니며 외식을 즐겼던 우리 가족도 코로나19 이후로는 외식을 전혀 하지 않고 직접 요리해 먹거나 배달 음식을 시켜 식사를 해결한다. 누가 다녀갔는지 모르는 식당에서 누가 사용했는지 모르는 식기로 식사하는 것이 꺼려지기 때문이다. 같은 이유에서 많은 사람이 대형마트나 슈퍼마켓을 방문해서 상품을 구매하기보다 온라인을 통해 주문한다는 것을 아르바이트 경험을 통해 알 수 있었다.

긴 겨울방학 기간에 나는 SSG닷컴에서 아르바이트를 했다. 내가 맡은 업무는 온라인 이마트몰을 통해 고객이 주문한 상품을 포장하는 것이었다. 1월까지는 고객들의 주문량이 그리 많지 않아서 비교적 편하게 일할 수 있었다. 하지만 뉴스에서 코로나19로 폐허처럼 변한 중국 우한의 모습이 연일 보도되고, 국내에서도 코로나19 환자가 발생하자 주문량이 급격한 속도로 늘어났다.

실제로 국내 확진자를 폭발적으로 증가시킨 31번 확진자가 나오면서 오프라인 쇼핑 시장의 규모가 급속히 줄어들기 시작했다. 평상시 주문량의 약 1.5배에 달하는 주문량이 쏟아지면서 업무는 정신없이 바빠졌다. 전에는 주문 차수마다 약간의 쉬는 시간도 있었지만, 코로나19로 인해 잠시 스트레칭하는 여유조차 사라졌다. 아르바이트 막판에는 컵라면이나 생수 등의 주문이 폭주하여 준비해 둔 재고가 바닥나기까지 했다.

이렇게 많은 사람이 비대면 쇼핑 서비스를 이용하게 된 것은 편리함과 안전 때문이라고 생각한다. 코로나19로 사회적 거리두기가 강화되면서 많은 사람이 외출 빈도를 줄였고, 불필요한 외출을 삼가는 분위기이다. 이런 상황에서 인터넷이나 앱app을 활용하면 모르는 사람과 접촉하지 않고 간편하게 장을 볼 수 있으니, 슈퍼마켓이나 대형마트에 직접 방문하는 고객이 줄어든 것이다. 포스트 코로나 시대에는 이러한 형태의 비대면 쇼핑이 더욱 활발해질 것으로 보인다. 기존에 비대면 쇼핑 서비스를 애용하던 고객뿐 아니라, 코로나19 여파로 온라인 서비스를 이용해 본 신규 고객들이 계속 이 서비스를 애용할 가능성이 있기 때문이다.

이와 함께 외식 시장의 패러다임도 변화할 것으로 보인다. 많은 사람이 함께 모여서 식사하는 레스토랑 외식은 줄어들고 배달이나 간편식 시장이 확대될 것이다. 실제로 2020년 1분기 카드 사용액을 기준으로 볼 때 뷔페 식당에 대한 수요가 64퍼센트 감소한 것을 확인할 수 있다. 이러한 시장 변화에 발맞춰 신세계푸드와 CJ푸드빌은 가정 간편식 시장에 적극적으로 뛰어들고 있다. 위험부담을 안고 굳이 직접 식당을 방문하지 않더라도, 식당과 비슷한 맛을 경험할 수 있는 배달 서비스와 다양한 간편식이 더욱 늘어날 것으로 보인다.

눈코 뜰 새 없이 바빴던 겨울방학 아르바이트가 끝나고 원래대로라면 2학년 대학 생활이 시작되어야 했지만, 모든 수업은 비대면 온라인 방식으로 대체되었다. 설레는 마음으로 신청했던 강의들, 새로운 교수님, 새로운 동기들과 직접 만나지 못하고 모니터와 대화창 너머로 소통해야 했다. 재수를 마치고 원하던 대학에 합격하여 첫 대학 생활에 대한 기대감으로 들떠 있던 친구도 실망이 이만저만이 아니었다. 물론 그 친구와도 직접 만나 대화를 나누지 못하고 채팅을 통해 서로의 안부와 근황을 물어 볼 수밖에 없었다.

비대면 수업으로 2학년 대학 생활이 시작된 지 3개월여가 지나면서 이제는 교수님이 강의마다 성실성을 체크하려고 내 주는 과제와 리포트로 대체된 시험도 제법 익숙해졌다. 처음에는 학생이 아니라 카메라를 마주 보고 녹화하는 비대면 강의를 어색해하시던 교수님들도 이메일이나 문자로 질문하는 학생이 점점 많아지면서 조금이나마 학생들과 소통할 수 있어 다행이라고 말씀하신다. 하지만 한편으로는 작년 이맘때 교수님께 손을 들고 질문하던 강의실과 동기들과 토론하고 협동하면서 완성했던 조별 과제가 그립다.

코로나19로 인해 사람과 사람 사이의 소통이 비대면으로 대체되면서 진정한 소통의 의미를 생각해 보게 되었다. 대면 강의를 진행할 때는 강의뿐 아니라 사적인 이야기도 함께 나누면서 유대감이 형성되었지만, 비대면 강의는 주어진 시간 동안 강의 내용에만 충실하게 진행되다 보니 교수와 학생 그리고 학생과 학생 사이의 관계가 사무적인 관계에 한정 되는 느낌이다. 그래서 온라인을 통한 비대면 소통이 과연 온전한 소통 인가라는 질문에 선뜻 그렇다고 답하기 어렵다. 아무리 미래에 실제와 흡사한 증강현실 등의 기술이 발전한다고 하더라도, 직접 눈을 맞추고 상대방의 말에 귀를 기울이고 상호작용하는 대면 소통을 완전히 대체하 기는 어렵다고 생각한다.

코로나19의 국내 전파가 심각해지고 있다는 기사를 접했던 2월 무렵 나는 운전 연습을 시작했다. 작년 여름에 운전면허를 취득했지만 집에 서 학교까지 대중교통으로 충분히 통학할 수 있었기에 이전까지는 운전 연습의 필요성을 크게 느끼지 못했다. 하지만 코로나19가 지역사회까지 전파된 이상, 전처럼 지하철이나 대중교통을 믿고 이용하기 어렵다고 생 각했다. 집에서 출발해서 출퇴근 시간에 1시간가량 만원 지하철을 타야 하고, 콩나물시루 같은 만원 버스로 갈아탄 후 학교까지 이동하는 과정 에서 불가피하게 수많은 사람과 접촉할 수밖에 없기 때문이다.

1학기는 비대면 수업으로 진행되었지만, 코로나19 전파 상황에 따라 2학기에는 등교를 해야 할 수도 있기에 자가용 통학을 준비하기 위해 운 전 연습을 시작했다. 물론 대중교통이 자가용보다 훨씬 더 경제적이고 친환경적이지만, 나의 안전과 건강이 더 우선이라고 판단했기 때문에 2 학기부터는 자가용으로 통학해야겠다고 마음먹었다.

집과 직장의 거리가 가까워서 버스로 출퇴근하던 아버지께서도 코로 나19 전파 이후에는 자가용을 이용하신다. 주위에도 이번 기회에 그동 안 미뤄 왔던 운전면허 취득을 준비하는 친구들이 많다. 실제로 대중교통에 대한 시민들의 불안감이 커지면서 대중교통 이용량이 감소하고 버스 업계도 심각한 타격을 입고 있다. 코로나19가 완전히 해결되더라도 앞으로 새로운 전염병이 더 자주 등장하고 전파될 것이라는 전문가들의 예측이 맞는다면, 앞으로는 사람들이 대중교통보다 자가용이나 자전거 등을 이용해 이동할 것으로 예상할 수 있다. 하지만 비용이나 거리 등의 문제로 불가피하게 대중교통을 이용해야 하는 시민들도 있을 것이다. 따라서 시민들이 안심하고 대중교통을 이용할 수 있도록 더 철저한 방역과 안전장치 등이 마련되어야 할 것이다.

작년 6월 나는 잠실실내체육관에서 케이팝K-POP 아이돌 그룹의 콘서트를 관람했다. 다양한 사람들이 한 공간에 모여 공통의 관심사인 케이팝에 열광하는 문화가 정말 인상적이었다. 하지만 올 한 해는 코로나19로 인해 이와 같은 공연이 어려울 것으로 보인다. 그 때문에 많은 케이팝 팬들의 실망도 크지만, 공연 수익이 매출의 대부분을 차지하는 엔터테인먼트 업계 역시 힘든 상황이다. 일례로 전 세계에서 케이팝 열풍을 선도하고 있는 방탄소년단의 월드 투어도 무기한 연기되었다. 대신 빅히트엔터테인먼트는 '방에서 즐기는 방탄소년단 콘서트'라는 제목으로 여태까지의 무대를 유튜브를 통해 스트리밍하는 서비스를 제공하였다. SM엔터테인먼트도 유료 라이브 콘서트 스트리밍 서비스인 '비욘드 라이브'를 예고하였다.

그중 관심을 끄는 것은 CJ ENM의 '케이콘택트 2020 서머KCON:TACT 2020 SUMMER'이다. '케이콘'은 원래 미국 · 일본 · 태국 등 세계 각지에서 매년 개최되는 공연으로 케이팝과 K푸드, K뷰티 등 다양한 K컬처를 결합한 형태였다. 하지만 코로나19로 케이콘의 해외 개최가 어려워지자 올해는 유튜브를 통한 라이브 스트리밍 형식으로 진행된다. 나도 이번 기회에 기존에 볼 수 없던 새로운 형태의 공연 문화를 경험하기 위해 케이콘택트 티켓인 멤버십에 유료로 가입하였다. 공연장에서 함께 땀을 흘리며 환호하고 소통하는 공연 문화가 스트리밍을 통해 어떻게 구현될지 기대된다.

또한 기존 공연에서 티켓 판매와 굿즈 판매 등을 통해 부가가치를 창출하던 엔터테인먼트 업계가 비대면 콘서트에서 어떤 수익 모델을 준비했을지도 관전 포인트다. 이러한 현상을 통해 예상해 볼 수 있는 포스트 코로나 시대 케이팝의 변화는 공연 스트리밍 시장의 확대이다. 이미 일본에서는 '신체감 라이브新体感ライブ'라는 이름으로 공연장에서 진행되고 있는 콘서트를 집에서 스트리밍을 통해 생생하게 즐길 수 있는 서비스를 제공 중이다. 콘서트 티켓보다 저렴한 가격에 라이브 스트리밍과 다시 보기를 다양한 카메라 각도를 선택하여 즐길 수 있는 서비스이다. 국내 기업인 네이버도 이와 비슷한 서비스를 도입하려는 움직임을 보이고 있다. 코로나19를 겪으며 콘서트 스트리밍 서비스의 가능성을 다시 한 번 확인한 업계가 콘서트를 즐길 수 있는 더욱 다양한 채널을 준비할 것으로 예상된다.

콘서트와 함께 케이팝 문화에서 빼놓을 수 없는 것이 팬 사인회 문화인데, 이 역시 코로나19로 인해 이전과는 다른 형태로 진행되고 있다. 이전에는 대규모 실내 홀을 빌려서 추첨을 통해 당첨된 팬들과 아티스트가 일대일로 대화를 나누고 사인을 받았지만, 사회적 거리두기와 안전 문제 때문에 이 같은 진행은 불가능하다. 코로나19 초기에는 아티스트와 팬이 마스크를 착용하거나 유리 벽을 세워 놓고 팬 사인회를 진행했지만, 국내 확진자가 빠르게 증가하면서 이제는 대면 팬 사인회가 불가능해졌다. 이를 해결하기 위해 업계에서 구상한 대안은 영상통화를 활용하는 것이다. 특정 영상통화 앱을 이용하여 정해진 시간 동안 아티스트와 팬이 일대일로 대화를 나누는 형식이다.

새로운 형식의 팬 사인회에 대한 팬들의 반응은 매우 긍정적이다. 아티스트와 팬의 안전도 지키면서 팬 사인회 영상을 소장할 수도 있기 때문이다. 그리고 국내 팬보다 해외 팬이 영상통화 팬 사인회에 더욱 호의적인 반응을 보인다. 기존 팬 사인회에 참여하려면 해외 팬이 팬 사인회 응모 비용뿐 아니라 항공료와 숙박비까지 지급해야 했지만, 영상통화 팬 사인회는 이 같은 추가 비용이 들지 않기 때문이다.

아마도 코로나19가 완전히 해결되더라도 기존 형식의 팬 사인회와 함께 영상통화 팬 사인회도 진행될 것으로 예상된다. 엔터테인먼트 업계 입장에서는 큰 비용 투자 없이 새로운 부가가치를 창출할 수 있고, 팬의 입장에서도 아티스트를 만날 수 있는 채널이 다양해지면서 모두가 만족할 수 있기 때문이다.

케이팝과 함께 우리 문화산업을 이끄는 양대 산맥인 영화산업도 코로나19로 큰 위기를 맞았다. 영화진흥위원회의 보고서에 따르면, 올해 극장 매출이 작년 대비 73퍼센트 급감하고 영화산업 종사자 2만 명이 고용 불안 위험에 노출된 것으로 나타났다. 극장 방문을 꺼리는 분위기 속에서 업계도 새로운 활로를 모색하고 있다. 극장 상영이 종료된 영화의 다시 보기 서비스를 제공하는 플랫폼으로 여겨지던 OTTOver The Top 서비스에서 극장보다 먼저 개봉하는 영화가 늘어나고 있다.

영화 〈사냥의 시간〉은 코로나19로 극장 개봉이 계속 미뤄지자 OTT 플랫폼인 '넷플릭스'를 통해 먼저 개봉하였다. 영화를 즐기는 관람객들 역시 극장보다 OTT 서비스를 통해 영화를 관람하는 추세이다. 실제로 넷플릭스의 유료 회원과 국내 OTT 업체 '왓챠플레이'의 시청률도 코로나19 국내 확산 이후 70퍼센트 가까이 증가했다.

코로나19 이전에도 OTT 이용자는 증가하는 추세였는데, 코로나19로 이 같은 현상이 더욱 가속화될 것으로 예상된다. 영화 제작사는 전 세계 동시 개봉이 가능한 OTT 서비스의 장점을 통해 더 큰 파급력을 끌어낼 수 있고, 관람객들 역시 더욱 편하고 저렴하게 영화를 즐길 수 있기 때문이다.

얼마 전 오랜만에 영화를 관람하기 위해 극장을 방문했을 때, 이와 같은 현상을 직접 체감하였다. 평상시 같으면 사람들로 붐볐을 티켓박스와 대기실이 텅 비었고, 3명 정도의 직원이 극장을 지키고 있었다. 나와 같은 영화를 본 관객은 15명 남짓이었다. 이전에 어떤 영화건 꽉 찼던 극장의 모습을 생각해 보면 영화산업에 미치고 있는 코로나19의 여파를 실감할 수 있었다.

하지만 다행히도 극장에서는 방역 수칙을 철저하게 지키고 있었다. 영화를 예매할 때부터 좌석 간 거리두기가 설정되어 있었으며, 영화관 입장 전 비접촉 체온계로 체온을 확인하여 정상 체온인 관람객만 입장하도록 했고, 영화 상영 중에도 마스크를 벗을 수 없게 하였다. 관람객들 역시 팝콘 등과 같은 식음료 섭취를 자제하는 모습이었다.

코로나19로 인해 외식, 쇼핑, 학교 생활, 교통수단, 취미 생활에 이르기까지 나의 일상은 이전과 완전히 다른 모습으로 바뀌었다. 세계적으로 코로나19 종식을 선언하는 국가들이 나오고 있지만, 전문가들은 올 가을 2차 유행을 경고하고 있다.

여러 전문가가 다양한 분석을 내놓고 있지만, 한 가지 확실한 것은 코로나 이전의 생활로는 다시 돌아갈 수 없다는 것이다. 일상생활에서 감염병 위험을 차단하고 예방해야 한다. 이에 맞춰 사회적 거리두기가 일상적으로 진행되고, 대면 소통은 비대면 소통으로 대체될 수밖에 없다. 언택트untact 사회에서도 인간이 인간답게 살 수 있는 조건인 진정한 소통의 의미를 되살리기 위한 노력이 필요하다.

이럴 때일수록 각자 사회적으로 고립되지 않고, 몸은 떨어져 있더라도 마음은 가까이 연결될 수 있도록 서로의 목소리에 귀를 기울여야 한다.

김수민_대학생

'왜?'의 너머
: 언젠가 웃으며 추억할 비일상을 위해

"니 왜 그러나?"

위인전을 보면 훌륭한 사람들은 대부분이 '왜?'라는 질문을 항상 던졌다고 한다. 당연한 것을 당연하게 받아들이지 않고 그 당연함의 깊숙이에 있는 원인과 법칙을 찾아내려는 시도, 그 시도의 근본에는 늘 '왜?'라는 질문이 있었다. 〈"에잉! 마을에 병이라도 옮기면 어쩌려고…, 왜 되도 않는 짓을 해!"〉 결과만을 보지 않고 그 연속성을 되짚어 보려는 인간의 버릇이 만들어 낸 '왜?'라는 질문 아래, 인류는 화려한 문명의 세계를 펼치고 수많은 우주의 신비를 밝혀냈다.

〈"외국이든 대구든 타지서 온 아들이랑은 말도 섞지 마라. 가까이도 가지 말어."〉 하지만 이 '왜'라는 질문은 희망과 절망이 동시에 들어 있던 판도라의 상자와도 같아서, 〈"'왜'라는 질문은 우리들에게 생각할 수 있는 힘을 줍니다!"〉 창의적인 생각으로 빛나는 이에게는 숭고하게 다가와 진리를 밝혀낼 힘을 불어넣어 주기도 하지만 〈"하여튼 왜 우리 마을에 들어와서는…"〉 불안한 상황에 놓여 숨 막혀 괴로워하는 이들에게는 잔인한 모습으로 다가와 슬쩍 속삭인다.

"왜 내(우리)가 지금 힘들어야 하는 거야? 왜?"

코로나19가 확산하면서 내 주변의 일상이 조금씩 변하고 있다는 것을 느낄 수 있었다. 당연히 살 수 있었던 마스크가 순식간에 품절된 것도, 당연하게 배움을 청할 수 있었던 학교 교실이 폐쇄된 것도 분명 일상적인 일은 아니었다. 하지만 무엇보다도 내게 지금 서 있는 이 시간이 더는 일상적일 수 없음을 선명하게 알려 준 사람은 버스 터미널에서 마주친 한 아주머니였다.

그날, 나는 서울로 가는 버스를 타기 위해 시내 터미널에 서 있었다. 페인트가 벗겨진 낡은 벽에 걸린 커다란 TV를 통해 연일 늘어나는 코로나19 감염자 소식이 흘러나오고 있었지만, 시내에 하나뿐인 작은 버스 터미널은 여전히 오가는 사람들로 북적였다. 무거운 짐을 잠시라도 내려놓으려고 빈자리를 찾던 나는 한 아주머니 옆의 비어 있는 의자를 발견하고 부리나케 달려갔다.

한데 내가 자리에 앉는 순간, 마치 벼락이라도 맞은 것처럼 왼쪽에 앉아 있던 아주머니가 자리에서 벌떡 일어났다. 나를 위아래로 훑으며 꽤 불쾌한 감정이 담긴, 지금 떠올려 보면 놀라고 당황스러운 표정이 섞인, 참 복잡 미묘한 얼굴 표정이었다. 아주머니의 얼굴에 머쓱해진 나는 내가 아주머니 발이라도 밟았는가 싶어 서둘러 사과했다.

"어머, 죄송해요. 혹시 제가 뭘 밟았나요?"

당황한 나머지 사투리 섞인 억양이 홀쩍 튀어나와 무안해졌지만, 우선 사과를 드리는 것이 먼저라고 생각했던 나는 고개를 푹 숙이고 있었다. 그런데 아주머니는 커다래진 눈으로 가만히 날 보시더니 내 예상과 전혀 다른 말을 했다.

"혹시 여기 분이세요?"

아주머니는 멋쩍게 웃으시더니 다시 노란 의자에 앉으며 마치 비밀이야기를 하는 것처럼 작은 목소리로 속삭이셨다.

"아니 요즘, 대구도 난리가 났잖아요. 그러니까 영~ 불안해서…. 근데 아가씨 말 딱 들어 보니 여기 사람인 거야. 미안해요, 내가 착각해서…."

처음에 느낀 감정은 안도였다. '아, 밉지 않았구나.' 하지만 내가 잘못한 것이 없음을 안 이후에도 무안함이 가신 마음은 줄곧 울적했다. 대구에서 집단 감염이 발생한 지 근 2주. 코로나19는 예상보다 빠르게 점점이 사회에 '미움'과 '불신'이라는 감정을 일으키고 있었다. 아주머니는 미안한 마음이 컸던지 불편한 표정으로 앉아 있는 내게 음료 팩 하나를 건네며 푸념 같은 한 마디를 더 내뱉으셨다.

"그러게, 처음부터 짱깨들을 들어오게 하면 안 됐었어, 정말."

무심코 '그러게요'라고 대답할 뻔했지만, 어쩐지 내키지 않아 나는 그저 웃으며 감사히 음료 팩을 받아 들었다. 그냥 맞장구일 뿐일 대답이 왜 그토록 망설여졌는지, 그때는 알 수 없었다. 하지만 그 말에 돋친 가시가 단순한 미움이나 분노로 느껴지지 않았다. '…어쩔 수 없겠지? 빨리 코로나19가 가라앉는 수밖에. 그럼 다 정상으로 돌아올 거야.' 하지만 머지 않아 나는 이 일이 단순히 예민한 아주머니 한 분의 경계심에서 끝나지 않는 일임을 몸소 체험하여 알 수 있게 되었다.

그 일이 있고 2주 뒤, 나는 시내에서 볼일을 보고 마을로 돌아오는 버스에 올랐다. 장날이었던 만큼 많은 사람이 버스에 탔고, 내가 버스 요금을 지불했을 때는 이미 모든 자리가 꽉꽉 들어차 있었다. 그때, 약간 피부가 어둡고 이국적으로 보이는 여성의 옆자리가 딱 한 자리 비어 있는 것을 본 나는 횡재했다 생각하고 감사히 그 자리에 앉았다. 자리에 앉고 보니 그 여성의 옆모습이 어딘지 모르게 익숙했다. 나는 잠시 머뭇거리다가 기억 속에 떠오른 한 아이의 어머니께 알은체를 했다.

"선우 어머님?"

'선우'라는 이름에, 스마트폰만 보고 있던 아주머니가 얼굴을 들었다. 그 아주머니는 중학교 3학년 때 캄보디아 여행을 간다는 내게 캄보디아어와 바가지요금에서 벗어나는 방법을 열심히 알려 주셨던 캄보디아 출신 아주머니셨다. 내가 사는 마을 근처 소를 키우는 집 아저씨에게 시집온 아주머니는 우리 지역 향토 음식인 곤드레밥과 곰칫국을 무척 잘하시는 분이셨다.

"와! 오랜만이에요! 잘 지내셨어요?"

나는 당연하게 악수를 청했고, 아주머니는 나를 빤히 보시더니 "어머! 그때 캄보디아! 장 사장님 딸!"이라며 환한 미소와 함께 내 악수를 받아 주셨다. 막 이야기를 나누려던 찰나 버스가 정차하고 백발이 무성한 할머니 한 분이 버스에 오르셨다. 나는 황급히 일어나 자리를 양보하려 했지만, 그 할머니는 잠깐 나를 보더니 한사코 자리를 사양했다. 그러자 내 바로 뒷자리에 앉아 있던 아주머니가 대신 자리를 양보해 주었고, 백발의 할머니는 그 자리에 앉으셨다.

모두의 시선이 쏠린 가운데 무안함에 슬쩍 다시 자리에 앉아 선우 어머니와 대화를 이어 가려고 옆을 본 순간, 나는 왠지 모르게 아주머니의 표정에 그늘이 드리워져 있는 것을 느낄 수 있었다. '아, 그거구나.' 머리에 찬물을 들이부은 것처럼 머릿속이 새하얘졌고, 상황의 의미를 깨달은 순간 마음이 착 가라앉았다.

선우 어머니는 핸드폰 사진첩만 계속해서 돌려 보았고, 나는 버스 창밖 너머로 속절없이 지나가는 똑같은 가로수들만 하염없이 바라보았다. 겁쟁이인 나는 백발의 할머니에게 '이게 무슨 경위 없는 행동이시냐'며 화를 낼 수 없었다. 그렇다고 아무렇지 않은 얼굴로 선우 어머님을 위로해 드리며 아까의 대화를 이어 갈 자신도 없었다.

일각삼추一刻三秋를 또렷하게 느끼도록 해 준 무거운 시간이 지나가고, 나는 오랜만에 뵌 아주머니께 가벼운 인사만 남기고 집 앞 정류장에 내렸다. 사람들 사이에서 외면당하는 그 기분이 얼마나 비참한지 잘 알면서도 끝내 아무 말도 하지 못한 내 안의 겁쟁이가 미웠고, 그토록 오랜 시간이 흘렀는데도 남아 있는 차별의 시선이 서글펐다.

그때, 뒤에서 익숙한 할머니의 목소리가 들려왔다. 나를 불러 세운 할머니는 감나무가 커다랗게 자란 양식 기와집에 사는 할머니로, 외할머니와 무척 친하셔서 당신들끼리 언니 동생 하며 지내는 분이었다. 내가 인사를 하기도 전에 할머니는 내게 다가오시더니 냅다 내 등을 후려쳤다.

"악! 할매! 갑자기 뭐예요….'

"니는! 니는 이 시국에 외국인이랑 뭐가 좋다고 그리 실실거리면서 말을 붙이고 있능가! 병 옮으면 어쩌려고!"

갑작스러운 할머니의 공세에 당황한 나는 등을 돌려 할머니의 매서운 손길을 피했다. 내가 무슨 말을 들은 것인지 이해할 수가 없어 귓가가 멍해졌다.

"병이라뇨?"

"코로난지 개로난지 하는 거 말이다!"

이게 무슨 말이지? 코로나? 코로나19를 말하는 것인가?

"할머니! 그분 저기 부남 가는 길에 소 키우는 집 아주머니잖아요. 중국인 아니고 캄보디아 사람이에요. 게다가 그분 선우 키우느라 집에 안 간 지 오래되셨다고…."

"고마 시끄럽다! 지금 외국 사람들 때문에 다 난리 아니냐! 너그 할머니 가뜩이나 아프신데 어쩌려고… 왜 멀쩡한 자리 다 내두고 거기 앉나, 거기를!"

그 순간, 감나무 댁 이모할머니의 감정이 너무나도 뚜렷하고 선명하게 내게 전해졌다. 분노, 혐오, 경계, 원망. 기시감이 드는 말투에 잠시 할 말을 잊고 서 있으니 버스에서 내린 마을 어르신들이 하나둘 지나가며 내게 한 마디씩 탁탁 뱉으셨다.

"마을에 이상한 병 가져오면 어쩌려고… 왜 쓸데없이 위험한 짓을 해!"

"하여튼 그 깜둥이들은 다 내쫓아 버려야 한다니까. 왜 여기에 두나 몰라요 글쎄."

"신천지 놈들은 어떻고? 이 시국에 기도는 뭔 놈의 기도. 왜 모여 가지고, 에잉."

한탄과 원망 뒤에 숨겨진 그 '왜'라는 말 뒤에는 이 힘든 시기를 불러온 감염 발생지인 중국, 국경을 닫지 않는 정부, 집단 감염을 일으킨 신천지, 그리고 외국에 다녀왔을 '것처럼 보이는' 외국인과 함부로 앉아 떠드는 마을 아이가 있었다.

서로서로 잘 아는 고향 마을에서 어르신들께 함부로 굴 수 없었던 나는 어색한 웃음과 사죄로 그 자리를 벗어났다. 비록 버스도 많이 없는 데다 한 집 소문이 다음 날이면 온 동네에 퍼질 정도로 오지랖 넓은 답답한 마을이었어도 내 고향이기에, 나는 꽤 그 마을과 그 마을을 지켜 온 사람들을 좋아했다. 하지만 그들의 민낯은 터미널에서 보았던 그 아주머니와 그리 다르지 않았다. 정情과 마을 공동체라는 이름으로 울타리를 둘러친 그들은 울타리 밖 사람과 대화하는 철없는 아이를 마냥 예쁘게만 볼 수 없었다.

집에 돌아오니 TV에서 한국이 선진국보다 코로나19에 잘 대응하여 확산세가 줄어들고 있으며, 이것이 외국에서 모범 사례로 받아들여지고 있다는 뉴스가 흘러나오고 있었다. 분명 코로나 확진자 수는 초기보다 확실하게 줄었고, 비록 격주이기는 해도 아이들을 학교에 보낼 수 있게 되었다.

코로나 사태가 던지는 질문, '왜?'

어색하던 온라인수업도 점차 자리를 잡아 가고, 방역 당국은 집단 감염이 발생할 때마다 최대한 그것을 통제하고 있으며, 마스크 배부 또한 안정적으로 수급되기 시작했다. 하지만 그렇다고 해서 코로나19라는 미지의 전염병이 두렵지 않은 것은 아니다. 빠른 대처가 가능했다고 해서 그 시간이 사라지는 것은 더더욱 아니다. 뱀이 지나간 자리에 허물이 남듯, 두려움이 지나간 자리에는 '왜?'라는 허망한 질문이 남았고 우리에게 증오의 대상을 찾아 몸을 돌리도록 했다. 우한, 중국, 신천지, 게이바…. 왜 야생동물을 잡아먹어서, 왜 중국에 가서, 왜 그런 종교를 믿어서, 왜 클럽에 가서….

심리학자들은 '미움'이라는 감정을 손잡이 없는 칼날로 표현한다. 잡고 있으면 다른 사람을 다치게 할 수도 있지만 그와 동시에 자신의 손에도 큰 상처를 남기고, 많이 휘두르면 휘두를수록 놓을 수 없게 된다는 점에서 꼭 날카로운 쇠붙이와 같다는 것이다. '왜'라는 단어를 끼워 넣은 문장들을 내뱉으며 우리는 조금 통쾌해졌는가? 코로나19로 인해 갇혀 버린 답답한 마음이 조금은 풀어졌는가? 그렇게 내뱉어 버린 내 마음은 지금 괜찮은가?

포스트 코로나 시대 '왜'라는 질문은 어쩌면 아무 의미가 없는 질문일지도 모른다. 코로나19의 원인은 코로나 바이러스이다. 질병의 원인은 바이러스이지 사람이 아니라는 것을 우리는 너무도 잘 알고 있다. 그러니까 코로나19의 종식을 눈앞에 둔 지금, 더 소중한 것을 위해서 이제 우리는 그 질문을, '왜?'가 가져온 미움이라는 칼을 내려놓아야 한다.

돌아보면 나는 비록 코로나19로 인해 미움의 대상이 되기도 했고 그 시간 사이에 다른 사람을 원망하기도 했지만, 덕분에 학교를 다니기 시작한 이래 처음으로 가족들과 '하루'를 통째로 함께 보낼 수 있었고 처음으로 부모님 생신상을 차려 드릴 수 있었으며 온라인수업이 가지고 올 수 있는 효율성과 부작용에 대해서도 생각할 수 있었다.

내가 그러했듯, 일상에서 보지 못했던 것을 비일상에서 발견한 사람이 많을 것이다. 아이들이 등교하지 못하게 되면서 처음으로 아이들이 낮에 어떻게 생활하는지, 어떤 것을 좋아하고 싫어하는지 관찰할 수 있게 된 사람도 있을 것이고, 재택근무가 생각보다 업무에 효율적일 수도 있다는 점을 새롭게 알게 된 경영인도 있을 것이다.

일상적으로 생각할 수 없는 것은 일상적이지 않은 상황에서 더 잘 볼 수 있는 법이다. 다시는 오지 않을 이 비일상을 단지 누군가를 탓하면서 나와 우리 모두를 상처 입히며 보내기에는 한 번뿐일 이 시간이 너무 아깝고 귀중하다. 정전된 방에서 촛불을 켜고 이야기를 나누었던 일을 추억하며 웃을 수 있는 것처럼, 집 밖으로 나가지 못하는 이 말도 안 되는 상황을 언젠가 가까운 사람들과 웃으며 나눌 수 있기를. 그것이 내가 코로나19가 종식된 미래에 꿈꾸는 하나의 이야기이며 소원이다.

장유리_대학생

달라짐의 연속, 우리 삶은 어떻게 바뀔까?

그 누구도 예상하지 못했던 코로나19로 인해 세계는 큰 고통을 겪고 있다. 기업의 생산 활동이 멈추고 노동자들은 해고되며, 전 세계 보건 인력은 끝없이 이어지는 상황에 어려움을 겪고 있다. 우리 사회에서도 항상 움직이며 흘러야 하는 자본과 노동, 상품 등이 각 분야로 투입되지 못하고 있다. 이에 우리는 코로나19로 인해 형성된 임모빌리티immobility 시대를 극복해야 한다.

지금 우리 생활은 어떻게 변했을까? 먼저 세계 각국의 항공사 운항이 취소되면서 모든 사람의 이동이 멈추게 되었다. 확진자가 기하급수적으로 늘고, 이로 인해 국가 간 교류는 줄어들었다. 처음에는 아시아 부근에서 퍼지다가 점차 미국, 유럽 등 전 세계로 퍼지면서 모든 국가가 이 사태를 예의 주시해야 하는 상황으로 바뀌었다. 특히 우리나라는 초반에 빠르게 확산한 국가 중 하나로 전 세계가 해결 과정을 지켜보았다. 다행히 의료진의 신속한 대처와 진료로 확진자 검사와 치료를 해 나갈 수 있었고, 사회적 거리두기 시행에 국민들의 적극적인 참여를 끌어냈다.

사회적 거리두기가 시작되면서 오랜 시간 줄 서며 힘들게 마스크를 구했다. 마스크를 사려고 몇 시간 동안 기다리다가 결국 받지 못하고 돌아가는 사람이 생겼다. 또한 사람들은 여행 계획을 취소할 수밖에 없었고 약속도 미뤘다. 모든 대학은 온라인 개강을 하겠다고 발표했고, 새내기들은 입학했는데도 학교에 나올 수 없는 상황에 부닥쳤다. 외출을 줄이고 모든 활동에 마스크를 착용하게 되자 나의 생활은 완전히 바뀌었다.

최근의 일상은 달라짐의 연속이다

배달 서비스를 이용하여 물건을 받고 음식을 시켜 먹으며 생활 속 비대면 성향이 강해졌다. 항상 사람 만나는 것을 좋아했는데 코로나19를 겪으며 성향이 바뀐 것이다. 약속을 미루고 집에 혼자 있는 시간이 늘어났다. 교수님이 온라인으로 찍은 강의를 들으며 일주일을 버티고 과제를 해 나간다. 개강과 동시에 동기들과 만나고 싶었지만, 사회적 거리두기 시행으로 이전보다 전화 통화를 많이 하게 되었다.

각자 어떻게 지내는지 궁금해서 연락해 보니 다양한 경우를 볼 수 있었다. 아르바이트에서 잘린 친구, 자격증 시험 일정이 미뤄진 친구, 군대가 연기된 친구 등, 그들의 일상은 코로나19로 인해 갑자기 틀어졌다. 물론 나 또한 졸업을 앞두고 자격증 시험이 미뤄져서 추가로 학교에 다녀야 하는 상황이 되었다. 속상하고 아쉬웠지만 모든 사회가 멈춰 있기에 현실을 깨닫고 이해하게 되었다.

내가 직접 체감한 가장 심각한 문제는 20대 취업이다. 졸업을 앞두고 취업을 준비하는 사람 중 한 명으로서 상황이 더욱 심각해졌다는 걸 느낄 수 있었다. 3월이 되었는데도 채용 공고는 뜨지 않았다. 대부분 기업이 자금난과 운영난을 겪으면서 사채를 발행하고, 직원들에게 무급휴가를 권장하거나 직원을 해고하게 되었다. 소상공인들은 대출을 받으며 겨우 삶을 유지해 나가고 있다. 몇 년 전부터 취업난이 지속되었는데, 이번 코로나19로 인해 더욱 심해진 것이다. 이번에는 아예 공고가 뜨지 않고 준비하던 자격증 시험마저 줄줄이 취소되면서 계획이 완전히 틀어지게 되었다. 주변의 이미 졸업한 선배나 친구들은 자신감을 잃은 채 취업 전선에서 온갖 노력을 다하고 있다. 코로나는 취업준비생에게 더욱 가혹한 한 해를 만든 것 같다.

최근 코로나가 잠잠해졌다고 생각했지만, 확진자는 다시 증가 추세를 보이고 있다. 확진자가 감소하다가 어느 시점에서 갑자기 증가했을 때, 사람들은 온갖 미디어에서 자신의 의견을 표출한다. 물론 지금까지 늘 그랬지만, 코로나19 사태에 대한 사람들의 반응은 더욱 민감하다. 코로나가 갑자기 확산하던 때, 31번 확진자에 대한 정보가 끊임없이 퍼지고 개인정보에 대한 것들마저 모두 돌아다녔다. 비난의 목소리가 거세지고 그에 대한 비판도 함께 일어났다. 또한 최근 이태원에서 확진자가 생겨 코로나가 다시 급속도로 퍼져 나가자 사람들은 당사자들의 부주의에 대하여 경고와 분노를 표출했다.

이와 같은 반응은 당연한 일이다. 하지만 상황들을 돌이켜 보면, 현재 코로나19로 인해 사람들과 접촉을 꺼리게 되면서 비대면 속 감정이 더욱 예민해진 것 같다. 코로나19가 확산하던 초창기에 SNS 댓글을 살펴본 적이 있다. 이 상황에 대한 사람들의 생각을 알아보고자 코로나 관련 기사를 하나 붙잡고 처음부터 끝까지 댓글을 읽었다. 그 과정에서 든 생각은 '우리가 언제부터 이렇게 서로를 싫어하고 피하게 되었을까'라는 것이었다. 물론 전파자들의 잘못은 당연히 책임을 물어야 할 일이다. 하지만 여기서 중요한 것은 우리가 사람 자체를 싫어하진 말아야 한다는 점이다.

가끔 볼일이 있어 밖에 나가면 사람들의 마스크 쓴 모습을 보게 된다. 지하철역 근처의 수많은 사람이 얼굴을 가린 채 무심히 걷는 모습을 보면, 마음 한구석이 굉장히 속상하다. 누구나 그랬듯이 2020년 한 해를 맞이하며 기대감에 부풀어 즐거웠고, 새로운 목표를 가졌던 모든 순간이 어느새 서로를 피하는 무료한 일상으로 변해 가고 있다. 이 삶을 멈추고 싶다. 이제는 마스크를 벗고 활기 넘치는 표정을 당당히 드러내며 평범한 삶을 누리고 싶다.

앞으로 우리의 삶은 어떻게 바뀔까?

여름이 찾아오면 의료진은 코로나와 힘겨운 싸움을 해야 할 것이다. 의료진은 감염에 가장 취약한 곳에서 일하므로 의료복과 마스크, 보호 장비를 종일 착용하고 있어야 한다. 그들은 하루 만에 땀띠가 날 정도로 무더운 환경 속에서 사람들을 치료하고, 가족과 보낼 시간도 없이 오로지 나라를 위해 일한다. 하루빨리 치료제가 완성되어 의료진의 노동 부담이 줄어들길 바란다.

한편, 사람들의 관계는 어떻게 변할까? 온라인 강의, 온라인 콘서트, 온라인 박람회 등 생각지도 못했던 것들이 비대면으로 이루어진다. 이에 따라 앞으로는 온라인의 일상화로 점차 비대면 세상이 도래할 것 같다. 우리는 비대면을 강조하면서 다양한 방식으로 이를 실현해 왔다.

가장 놀란 것은 온라인으로 취업 박람회를 비롯한 각종 박람회가 개최된 점이다. 기존에는 박람회 현장에 직접 가서 체험하는 것이 당연했는데, 이를 온라인으로 실시한다고 해서 놀랐다. 현직자의 의견을 화상 채팅으로 듣는 이러한 방식은 전혀 생각하지 못했던 삶이다. 또한 AI 면접이 막 도입되기 시작하는 상황에서 코로나19가 터지면서 모든 회사가 대면 면접을 시행하지 못하게 되어 AI 면접이 본격적으로 시작되는 계기가 되었다. 이제는 취업준비생으로서 화상 면접보다는 AI 면접을 준비하기 위한 새로운 방법을 찾아보게 되었다. 이 분야에서 생각지도 못한 비대면 시대가 시작되었다는 느낌이 들었다.

비대면으로 인한 문제도 있다. 회사에서는 매출이 떨어지고, 기존 인력을 줄이기 위해 인원을 감축했다. 앞에서도 언급했듯, 고용은 대폭 줄었고 비정규직이 늘어나거나 재택근무를 늘리며 회사원들의 이동 자체가 감소하고 출퇴근 시간도 줄어들었다. 심지어는 새 직장에 합격했는데도 1년간 유보되어 직장에 다니지 못하는 친구, 혹은 인턴을 하기로 했는데 해당 업무가 필요 없어져서 결국 다니지 못하게 된 친구도 있다. 어쩌면 비대면이 강화되면서 우리는 지금까지의 회사 생활을 경험할 기회를 잃고 새로운 비대면 직장 환경에 적응해야 할지도 모른다.

우리나라의 경제 상황도 당분간 악순환이 계속될 것 같다. 소상공인과 중소기업은 경영난에 힘들어하며 대출을 지원받고 있다. 한 은행원에 의하면, 소상공인 대출을 시작한 이후 매일 줄 서서 상담을 받고 있다고 한다. 하루에 정해진 양이 있어서 모든 사람이 대출을 받지는 못한다고 했다. 이처럼 가계가 어려워지고 기업이 살아남기 어려워진 상황에서 그들을 위한 소비자의 소비 활동이 필요할 것 같다.

다행히 긴급재난지원금을 전 국민에게 지급하면서 소비 시장이 늘었다고 한다. 그리고 중소벤처기업부에서 '선결제' 시스템을 권장하는 등 소상공인을 위한 다양한 정책을 펼치고 있다. 소상공인이 살아야 기업들이 안정감을 되찾고 시장도 균형을 찾을 것으로 생각한다. 코로나19를 계기로 소상공인에 대한 사회적 관심이 높아진 듯하여 다행스럽고, 얼른 어려운 상황에서 벗어났으면 좋겠다.

마지막으로 국가에서 정부의 힘이 더욱 커질 것으로 보인다. 정부는 코로나19에 대응하기 위해 추가예산을 편성하고 여러 정책을 펼치는 등 다양한 방법을 모색해 왔다. 세계에서 각 나라가 겪는 위기는 엄청난 차이가 났다. 코로나19 확산 초기에 몇몇 나라들은 중국인의 입국을 아예 막았고, 어떤 나라는 코로나가 엄청나게 빠른 속도로 퍼졌다. 우리나라는 초반에 확산되다가 사회와 의료진의 빠른 대처로 확산을 줄일 수 있었다. 이처럼 나라별로 대응 방식이 다르다 보니 각국의 국민들은 정부에 대한 믿음 혹은 불신을 갖게 되었다. 앞으로도 힘든 상황 속에서 정부에 대한 의존이 커져, 코로나19에 대응하는 일자리 방안이나 경제 활성화를 위한 정부의 정책에 관심이 쏟아질 것이다.

대한민국은 우리만의 방식으로 코로나19를 극복해 가고 있는 것 같다. 국내 의료진에게 감사를 표하며 '덕분에 챌린지', 기부 등을 통해 마음을 나눈다. 또한 온라인상에서 한창 인기를 끈 '달고나 커피' 만들기를 하거나 집에서 하는 '홈트레이닝' 등 언택트untact 활동을 통해 더 이상의 확산을 방지하며 나름대로 안전한 생활을 즐기고 있다. 덕분에 지금처럼 힘든 상황에서도 모두 이렇게 잘 버티며 긍정적으로 지낼 수 있는 것 같다. 포스트 코로나 시대에는 사람들의 대면과 이동이 줄어들지라도 온라인으로 소통이 더욱 다양해지고 쉬워지는 사회가 다가올 것이다.

한유진_대학생

화목한 우리 가족이 왜?

2019년, 난 중국에 있었고 중국 그 큰 땅덩어리 안 반대쪽에선 사람들이 죽어 가고 있었다. 우한에서 COVID-19 바이러스가 퍼진 것이다. 아직도 이 바이러스가 어디서 시작되었는지 모른다. 중국 사람이 박쥐를 먹어서인지, 아니면 중국 실험실에서 퍼진 바이러스 때문인지. 중국 언론은 이른바 '입막음'으로 통제되어 그저 간단한 전염병으로만 소개했을 뿐이다. 단순한 여론몰이로는 도저히 막을 수 없을 시기가 왔을 때, 이미 이 바이러스는 서서히 두각을 드러내고 있었다.

지금은 쉽게 밖을 나갈 수 없고 마스크도 필수로 착용해야 한다. 처음에는 답답하고 불편하고 적응이 되지 않았지만, 대부분의 시간을 집에서 보내며 드라마를 보다가 문득 '어, 왜 사람들이 마스크를 쓰지 않았지?'라고 생각하는 나를 보며, 어느새 코로나가 잠식해 버린 시대에 익숙해진 나를 발견한다. 한 달 안에 잠잠해지겠거니 여긴 전염병 사태는 7개월이 넘도록 지속되고 있다.

코로나19 사태가 터지면서 나의 삶은 많은 것이 바뀌었다. 하지만 가장 큰 문제는 경제적인 부분이었다. 집에서 키우는 강아지도 집안 사람들이 싸우면 그 분위기를 읽고 눈치를 본다. 하물며 인간은 어떤가. 코로나 사태가 터지며 집안 분위기가 점점 안 좋게 흘러가는 것은 부모님의 입을 통해 듣지 않아도 피부로 느낄 수 있었다.

나의 부모님께선 중국에서 작은 감자탕 가게를 10년 넘게 운영하셨다. 3층짜리 100평 넘는 큰 크기의, TV에 나온 소문난 맛집은 아니더라도 단골층이 탄탄한 가게였다. 부모님께선 2020년 새해를 한국에서 보내시기 위해 가게 문을 잠시 닫고 2020년 1월 1일 한국에 오셨다. 코로나 바이러스 사태가 심각해지기 전이었다. 1월 27일 중국으로 돌아갈 예정이었던 부모님은 한국에 발이 묶였다. 이 상황에 바이러스가 발생한 중국으로 간다는 것은 자살 행위였기 때문이다. 내가 살던 곳은 우한과는 멀리 떨어진 시골 두메였지만 우한 사람들이 봉쇄 직전 중국의 사방팔방으로 뛰쳐나갔기에 어떤 위험이 도사리고 있을지 몰랐다.

그렇게 '곧 괜찮아지겠지' 하며 2월, 3월이 지나고 개강조차 미뤄지기 시작했다. 대구 신천지 사태로 인해 기하급수적으로 감염자가 늘어나면서 사태는 점점 심각해지기만 했다. 한국에서 코로나 사태를 피하려고 했던 부모님께선 오히려 중국이 낫겠다고 판단하셨고, 급히 동종 업계 사람들에게 연락을 돌려 봤지만 그쪽 상황 역시 좋지 않았다. 한국에서 대구 사태가 터지면서 중국 사람들이 오히려 한국에 대해 나쁜 인식을 갖기 시작한 것이다. 외식할 때도 한국 식당은 되도록 피하고, 중국 언론에 한국인에 대한 나쁜 말과 기사가 도배되어 있다는 이야기를 들은 부모님께선 절망하셨다. 한국에 대한 안 좋은 인식이 아니더라도 어차피 사람들이 밖에 나오질 않아 날마다 밑지는 장사여서 대부분의 식당은 문을 닫았다고 했다.

식당을 운영하기 전, 찢어지게 가난했던 시기가 있었다. 아버지 회사는 부도가 나고 어머니는 기간제 학원 교사를 하며 겨우겨우 풀칠하던 시절. 어렸을 땐 왜 그렇게 '포테이토칩'이 먹고 싶었는지. 아마도 포테이토칩을 사 달라고 조르면 한참을 망설이는 어머니 때문이었을지도 모르겠다. 그런데도 가난을 잘 체감하지 못하였다. 너무 어렸고, 가난했지만 가난을 전혀 체감하지 못하게 해 주신 부모님 덕분이었다.

고등학교에 올라가고 나서야 그저 추억을 회상하듯 웃으며 말하는 엄마의 이야기를 들으며 '아, 그렇게 가난했구나' 깨달았다. 하지만 이젠 나도 성인인지라 집안 상황을 눈치 못 챌 순 없었다. 먹는 거 입는 거 하나 아무런 변함 없이 잘 챙겨 주시고 뭐 갖고 싶은 거 없느냐 매일 물어보셨지만, 부모님께선 석 달 내내 소득이 없었다. 그동안 모아 놓은 돈으로 조금씩 버티셨겠지만, 그렇게 오랜 기간 수입이 없으면 타격이 클 것이다.

서울의 등록금 TOP 3 대학을 다니던 언니는 자연스럽게 휴학을 결심했다. 3월 온라인 개강을 한 후 함께 저녁을 먹던 중 언니는 휴학 얘기를 꺼냈다. 부모님께선 처음에는 말리듯이 얘기했지만, 사정이 사정인 만큼 쉽사리 휴학하지 말라고는 말씀하지 못하셨다. 갑작스러운 휴학 선언에 조심스럽게 자기 전 언니에게 집안 사정 때문인지 물었지만, 언니는 문과인 자기가 스펙 없이 졸업하면 얻다 쓰겠냐며 빨리 취준생이 되는 것보단 학생으로 남는 게 좋다고 웃었다. 언니는 인턴 면접을 하루에도 몇 건씩 본 결과 작은 회사의 인턴으로 들어가게 되었다.

계획에도 없던 언니의 휴학 이유를 알고 있었지만, 나는 그저 호탕하게 웃었다. 언니에게 미안할 뿐이었다.

부모님께 용돈을 받지 않겠다고 선언한 후 하루에 20건도 넘게 아르바이트 이력서를 넣었다. 면접을 보러 오라는 곳은 꽤 있었다. 하지만 경쟁률이 정말 만만찮았다. 작은 라면 가게에 아르바이트 면접을 보러 온 사람이 무려 80명. 나는 대기 번호 몇 번이었는지 기억조차 나지 않는다. 25분 넘게 땡볕 아래에서 기다렸다가 겨우 면접을 봤다. 나와 함께 면접을 본 사람은 하루에 겨우 4시간을 일하러 부평에서 홍대를 왔다 갔다 할 수 있다고 했다.

'아, 정말 코로나가 대단하구나' 하고 느꼈다. 그렇게 100곳 가까운 식당과 카페에 지원했지만 아무 소식이 없었고, 나는 내 전공을 살려 다른 집 강아지를 돌봐 주는 일을 하게 되었다. 다들 새내기한테 온라인 강의가 웬 말이냐, 나도 새내기 생활 즐겨 보고 싶다며 신세를 한탄했지만 난 오히려 온라인 강의가 고마웠다. 내가 아르바이트할 수 있는 시간이 훨씬 많아지니까 말이다.

강아지를 돌봐 주는 건 의뢰 형식이라 하루에도 몇 탕씩 뛰었다. 이 시국에 내가 일을 할 수 있다는 사실에 너무 감사했다. 개에게 물리거나 대형견에 크게 얻어맞아 온몸이 멍드는 것은 정말 별일 아니었다. 오히려 집에 오면 부모님이 항상 미안한 표정으로 앉아 계신 것이 더 마음이 아팠다. 그저 내가 일을 할 수 있음에 감사했는데, 어머니께서 "집에 앉아 있기도 심심한데 아르바이트나 할까?"라며 슬쩍 물어보실 때 괜히 화가 났다. 코로나가 원망스러웠고, 중국에 못 돌아가 집에 있는 부모님께서 내 눈치를 보는 상황이 너무 싫었다.

어머니는 마스크 공장 일을 알아보고 계셨다. 그저 죄송할 뿐이었다. 매일 저녁 나는 강아지를 돌보는 일을 마치고, 언니는 퇴근하고 와서 함께 TV를 보며 즐겁게 저녁 식사를 했지만, 우리 집은 몇 달 내내 알 수 없는 분위기에 사로잡혀 있었다. 일하고 싶어도 하지 못하는 부모님의 답답함, 우리를 향한 미안함이 그대로 느껴졌다.

시간이 흘러 5월이 되었고, 부모님은 중국으로 가는 항공편을 겨우 잡을 수 있었다. 아마 가정 형편이 많이 어려워지니 중국에 가서 밑지는 장사라도 재개해야겠다고 결론을 내리셨을 것이다. 부모님께선 중국에 돌아가서도 자비로 열흘 내내 작은 호텔 방에 있어야 했다. 밖으로 한 발자국도 나갈 수 없었고, 호텔 방 앞에선 24시간 내내 공안公安(중국의 경찰)이 교대로 지켰다. 삼시 세끼를 배달 음식만 먹어야 했다. 부모님께선 열흘 동안 계시며 힘들어하셨고, 11일째로 넘어가는 새벽 3시 즈음 겨우 집으로 돌아갈 수 있었다.

그렇게 어렵게 식당 문을 열었지만, 너무나 당연하게 날마다 밑지는 장사였다. 마치 드라마 〈이태원 클라쓰〉처럼 '사람이 전부다'라는 소신을 갖고 있는 어머니는 7년 동안 함께 일한 설거지 아줌마를 직접 자르셨다. 인정이 많은 어머니께 얼마나 힘든 결정이었을까. 설거지 아주머니도 어쩔 수 없는 상황인 걸 아시니 오히려 어머니를 위로하며 가셨다고 한다.

이렇게 집안 사정이 안 좋아지고, 나와 언니는 용돈을 일절 받지 못하는 상황에 놓이게 되면서 갈등이 심해졌다. 집 가스비, 전기세, 수도세 등을 모두 언니가 떠맡게 된 것이다. 심지어 식비마저도 자연스레 직장을 다니는 언니 몫이 되었다. 직장을 다닌다고 해 봤자 언니가 버는 돈은 겨우 170만 원 내외. 언니는 주말에 카페 아르바이트까지 하지만 일하는 시간이 적고 기본 시급인지라 한 달에 겨우 28만 원 정도 번다. 한 달 동안 단 하루도 쉬지 않고 일해도 2백만 원이 채 안 되는 것이다.

게다가 언니는 이제 겨우 스물셋인 휴학한 대학생이다. 언니가 집안의 가장이 되어 나를 맡는다고 생각하니 얼마나 막막했을까. 자신이 열심히 번 돈, 자신의 미래를 위해 투자하고 싶을 것이고 당연히 저축도 하고 싶을 것이다. 스물세 살일 뿐인데. 언니는 두어 달 내 용돈을 챙겨 주며 모든 걸 감당했지만 결국은 폭발해서 서럽게 울어 버렸다. 일주일 내내 죽도록 일해도 월말에 수중에 남는 돈은 겨우 20만 원이라며 서러워했다.

가족이라도 엄마, 아빠가 짊어지는 무게와 언니가 짊어지는 무게의 부담감은 다르다. 내 생활비까지 부담하기엔 언니가 감당해야 하는 무게가 너무 무거웠다. 처음에 언니가 그렇게 울 땐 난 그저 언니가 원망스러워서 고래고래 소리를 질렀다. 언니는 가족한테 쓰는 돈이 아까우냐, 눈에 정말 돈밖에 보이지 않냐며 언니를 속물 취급했다.

하지만 며칠을 생각해 보니 언니는 그저 나보다 두 살 더 많은 대학생일 뿐이었다. 집안 사정 때문에 어쩔 수 없이 휴학하고, 일주일 동안 하루의 휴일도 없이 일을 나가며, 심지어 이렇게 일하고도 자신을 위해 쓸 돈은 남아 있지 않은 언니였다. 휴학할 때도 기분 나쁜 내색 하나 하지 않던 언니가 얼마나 서러웠으면 그렇게 울었을까 생각하니 서글퍼졌다. 우리가 싸운 이야기를 들은 부모님은 당신들이 못나서라고, 다음 달부턴 용돈 그대로 주겠다며 서글퍼하셨다. 그냥 우리 가족 모두가 불쌍했다.

어째서 코로나 사태가 터져서 우리 가족이 이렇게 힘들어해야 하지? 왜 화목한 우리 가족이 돈 때문에 이렇게 되어야만 했을까 생각했다. 지금도 여전히 중국에 있는 우리 가게는 하루는 밑지고, 하루는 겨우 밑지는 선을 넘기며 장사를 이어 가고 있고, 언니는 직장에 다니고 있다. 나 또한 하루에도 몇 건씩 반려동물을 돌보는 일을 하며 살아가고 있다.

코로나 바이러스가 원망스럽고, 사전에 이 바이러스를 막지 못한 중국이 원망스럽고, 그저 이 상황이 원망스러울 뿐이다. 하루라도 빨리 코로나 바이러스가 사라져 우리 가족이 더 이상 경제적인 문제로 힘들어하지 않는 날이 오길 바랄 뿐이다.

김효진_대학생

역사의 수레바퀴를 멈출 수 없다

누가 예상이나 했을까? 침대 위 베드 테이블bed table에 놓인 내 노트북이 학교가 될 줄을. 소설에서나 보던 아포칼립스Apocalypse가 우리 예상보다 빨리 다가올 줄 말이다. 담담하게 읊조리기엔 인간 문명은 너무나도 극심하게 고통받으며 신음하고 있다.

처음 중국에서 새로운 형태의 바이러스가 발견되었다고 했을 때만 해도 우린 별 관심을 두지 않았다. 아니, 되려 그러려니 했다. 13억의 사람들과 그 수배의 동물들이 같이 살아가는 대륙에서 전염병 한두 개쯤 생기는 건 그렇게 의아해할 일이 아니었으니까. 그렇게 별 생각 없이 나는 휴가 일정을 잡았고 두 번에 걸쳐 대전에 다녀왔다.

하지만 전라도 여행을 앞두고 조금씩 상황이 변하기 시작했다. 전국 주요 도시에서 산발적으로 확진자가 생겼고 결정적으로 광주에서 확진자가 나오면서 난 휴가 계획을 바꿔야 했다. 대전으로 오가는 버스에는 승객이 채 1할도 앉아 있지 않았고 항상 북적이던 버스 터미널은 한산하다 못해 서늘하기까지 했다. 서늘하다는 건 문학적 수사가 아니었다. 내가 한 시간만 더 늦었으면 대전 지역의 확진자와 동선이 완벽하게 겹쳤을 것임을 신문에서 확인한 순간, 내 등에선 식은땀이 흘렀다.

사태가 심각해지고 등교 연기에 이어 온라인수업 공고문이 올라오자 이 시국이 실감이 나기 시작했다. 댐에 난 작은 금이 깨지는 게 한순간이 듯, 피부로 다가온 현실은 공포로 바뀌어 걷잡을 수 없이 쏟아져 내리기 시작했다. 어느 순간 간신히 정신을 차린 사람들은 변화하는 사회의 모습을 무기력하게 바라보았다. 그렇게 우리는 프랑스대혁명과 세계대전이 그러했듯, 코로나 사태 이후의 세계는 이전과 다를 것임을 직감하기 시작했다.

코로나는 모든 것을 흩트려 놓았다

나는 90년대 후반 출생자다. 친구들과 문명의 발달에 관한 이야기를 할 때면, 기나긴 역사의 흐름 속에서 우리 세대의 위치는 항상 가장 중요한 주제였다. 우리는 평화와 민주화를 누렸고 경제적 풍요 속에서 자라났다. 디지털의 편리함과 아날로그의 투박한 감성 속에서 살아왔다. 이는 비단 우리 세대만의 이야기가 아니다. 21세기, 우리는 디지털과 아날로그의 오묘한 중첩과 공존 위에서 살아왔다.

인터넷은 우리를 하나로 묶었고 모든 것이 가능한 공간이었지만 역설적으로 모든 것이 불가능한 공간이었다. 그 속에서 우리는 영원히 남을 것 같은 과거의 유산과 미래를 볼 수 있었지만, 공간적 제약은 극복하지 못했다. 여전히 우리는 현실에서 수십 시간이 걸려서야 다른 나라로 날아갈 수 있었고, 인터넷쇼핑이 가능한 와중에도 동네 마트에서 장을 봤으며, 인터넷에 넘쳐흐르는 의료 지식을 뒤로하고 병원을 갔다. 그리고 여전히 가방을 메고 학교로 가는 지하철에 몸을 실었다. 하지만 코로나바이러스는 이 모든 전제를 흩트려 놓았다.

물리적 접촉이 금지되자 사람들은 서로를 이어 주던 인터넷에 더욱 의존하기 시작했다. 회사에서는 재택근무와 화상회의를 시작했고 학교 역시 자체 서버와 시스템을 통해 어떻게든 대처하려고 노력했다. 그리고 처음에 조금씩 삐걱거리던 이 일련의 과정들은 점차 자연스럽게 자리를 잡아 가기 시작했다.

나는 학교 앱app을 통해 출석과 과제 상황을 확인했고, 매주 수요일 아침이 되면 노트북 앞에서 앉아 헤드셋을 썼다. 신기할 정도로 이 모든 변화는 우리의 새로운 일상이 되었고, 오히려 학교에 간다는 개념이 생소하게 느껴지기까지 했다. 그렇다. 코로나 바이러스는 인터넷에 기반한 삶이 전혀 불가능한 것이 아님을 보여 주었다. 학교는 살아남기 위해 인터넷에 뛰어들었지만, 역설적으로 전통적인 개념의 학교가 해체되기 시작하는 듯했다. 불가능이 아니라는 게 증명된 이상 아무도 앞으로 변하지 않을 거라고 보장할 수 없다.

경제 역시 마찬가지다. 사람들이 집 안에만 머무르자 전국적으로 택배 물량이 폭주했다. 우리는 자연스레 그들에게 다른 사람과 접촉하는 위험을 전가하기 시작했다. 바이러스 앞에서는 우리 모두 '위험의 외주화'를 실천하는 갑甲이었다. 문제는 이 모든 과정이 공정하지 않았다는 점이다.

모래시계 구조로 벌어진 사회적 양극화 속에서 코로나 바이러스로 인한 충격은 계층별로도 달랐다. 한국의 고소득층이 서구의 그들처럼 안전한 별장으로 피신하여 바이러스의 정점으로부터 유유자적하게 삶을 즐겼는지는 모를 일이다. 하지만 대부분 비정규직인 저소득층은 가장 먼저 일자리를 잃었다. 가계 지출이 줄어들고 사람들이 거리에서 사라지자 자영업자들이 붕괴하기 시작했고, 저소득층과 서민 계층이 무너진 상황에서 그래도 중산층은 안전할 거라고 말하는 사람은 하나도 없었다. 오히려 비행기가 뜨지 않는 공항과 사람을 볼 수 없는 관광 업계는, 경제의 허리 역시 타격을 받고 있다는 것을 알려 주고 있었다.

이 광풍 속에서 거대 기업들은 막강한 자금력을 동원해 위기를 이겨 내는 것을 넘어 이를 기회로 삼기도 했다. 아마존은 전국적으로 넓게 펼쳐진 자신들의 네트워크를 활용했고, 한국의 거대 체인들은 갈 곳을 잃은 소비를 모두 흡수했다. 코로나로 웃은 건 제약·바이오 회사만이 아니었다.

정치학에서는 신흥 안보라는 개념을 제안한다. 다양한 사회 환경 속에서 다양한 안보 위협이 창발創發한다는 것이다. 언제 어떻게 터질지 모르는 환경 속에서 개인은 자신의 기초 체력, 곧 부富에 의존하게 되며 대응도 극복도 이에 달려 있게 된다. 이러한 일련의 현상은 어쩌면 '삶의 질'과 '부' 사이의 상관성이 그 이전에 비해 더욱 크고 강력해지는 것은 아닐까 하는 의심을 하게끔 한다.

주중에는 택시를 몰고 주말엔 돌잔치 사진을 찍어야만 하는 사진작가와 물류 센터에서 야간 아르바이트를 하고 해 뜨면 본업으로 출근하는 청년이 나와 다른 사람이라고 말할 수 있는 이들은 얼마나 될까.

K-방역을 완성하는 건 이를 준수하는 사람들이다

앞서 길게 서술한 경제와 일상은 어쩌면 미시적인 현상일지도 모른다. 그 맨틀 속에 꿈틀대는 용암은 분명 또 다른 문제를 제시하고 있다. '자유냐 공동체냐'라는 오래된 논쟁이 그것이다. 코로나 사태가 우리의 민낯을 여러모로 드러낸 와중에 인터넷에서는 절제되지 않은 감정들이 폭발하며 분출되고 있었다.

사람은 안 좋은 일을 맞닥뜨렸을 때 이에 조응하여 자신의 감정을 쏟아 낼 대상을 찾는다. 얄궂게도 이는 원인을 찾는 것이기도, 분노를 돌릴 대상을 찾는 것이기도 하다. 정부는 특정 지역명을 집어넣어 'ㅇㅇ폐렴'이라는 표현이 나오지 않도록 특별히 보도지침을 내렸다. 중국이 바이러스의 진원이라는 사실을 무시하는 것이냐며 '우한 폐렴'이라는 표현을 고수하던 사람들은 어느 순간 '대구 폐렴'이라는 표현까지 사용하기 시작했다.

그뿐일까. 한국에서 원래 안 좋은 인식이 있던 '신천지예수교 증거장막성전'은 전 국민에게 질타를 받았고, 자신의 확진 사실을 숨긴 채 일상을 영위했던 소위 N번 확진자들은 뉴스에서, 인터넷상에서, 사람들의 입에 오르내렸다. 우리는 당연하다는 듯 그들을 비난했다. 그래서였을까? 안정 단계 이후 발생한 중소 규모 감염 사태에서 정부는 법적 처벌과 신원 유출이 없을 거라고 안심시키며 검사를 부탁하기에 이르렀다.

강한 개인주의의 역사를 지닌 서유럽은 한국의 추적, 관리를 일컬어 개인의 자유를 대가로 얻은 평화라고 논평했다. 물론 앞서 언급한 사람들은 개인, 자신의 집단을 우선시하는 행보를 보였고 공동체의 안녕을 해쳤음이 명백하다. 하지만 이들은 역설적으로 거대한 공동체에 대비되는 개인의 자유와 권리의 중요성을 설명했다.

통신사의 전파 기록을 통해 특정 시각, 특정 장소에 존재했던 사람들을 식별해 내는 정부 당국을 보면서, 많은 사람들이 저 기술과 노하우가 다른 방향으로 '활용'될 것을 걱정했다. 물론 강력한 대응으로 전반적인 확산을 막으려 한 당국을 비판하려는 건 아니다. 하지만 공동체에 큰 힘이 과도하게 주어질 경우 어떤 부작용이 생길지 우리 모두 너무나 잘 알고 있지 않은가.

이 모든 것에도 불구하고, 지난 4월의 총선은 역대 최고의 참여율을 보였다. 자가격리가 지겨웠던 사람들이 '합법적으로 외출할 명분을 얻었다'는 농담을 뒤로하고 봐도 정말 놀라운 성과였다. 모 신문 만평에서는 이를 묘사하며 "의료진은 대한민국을, 우리는 민주주의를 지킨다"라는 표현을 썼다. 'K-방역'이라는 별칭을 얻은 한국의 뛰어난 방역 성과는, 물론 질병관리본부라는 뛰어난 방역 제도와 효과적인 정책의 측면도 있지만, 이를 잘 따라 준 국민들의 성숙한 시민의식 역시 기여한 바가 크다고 생각한다. 아무리 좋은 제도가 있다고 해도 결국 이를 완성하는 건 제도를 집행하는, 그리고 이를 준수하는 사람들이다.

하지만 코로나 바이러스는 우리를 갈기갈기 찢어 놓았고 외롭게 만들었다. 그렇다면 코로나로 시작된 이 임모빌리티immobility 시대를 어떻게 대해야 할까? 결국, 우리는 서로 간의 연대를 강화해야 한다. 코로나로 인해 잘게 쪼개진, 원자화된 우리가 서로를 이해하고 함께하려 할 때 비로소 새로운 진보를 이룰 수 있을 것이다.

우리는 기술의 발전으로 인해 점점 서로를 마주하지도, 서로를 딱히 의존하지도 않는 사회로 진입하고 있다. 과학기술의 발달로 인한 미지의 세상에 대해 우리는 당연히 두려워한다. 그리고 어떻게든 이 감정을 배설하려 한다. 그럴수록 사람을 그리워하고 사람을 필요로 하는 감정만이 함께 이 위기를 헤쳐 나가는 원동력이 될 수 있음을 기억해야 할 것이다.

프랑스혁명의 물결은 반동 세력의 여러 차례 왕정복고 후 자유·평등·박애의 현대로 진입했다. 프랑스의 사례에서 나타나듯, 그 어떤 반작용으로도 역사의 수레바퀴를 멈출 수는 없다. 억지로라도 이를 거스르려 한다면 오히려 더 큰 에너지를 분출시킬 뿐이다. 코로나도 마찬가지라고 생각한다. 앞에서 설명했던 사회 변화는 표면에서는 우연으로 보일지언정, 그 실상은 임계점에 다다른 변화가 터져 나오는 과정이 그저 코로나의 탈을 썼을 뿐임을 이해해야 한다.

역사의 진보는 단 한 번도 멈춰 선 적이 없다. 미래는 다가오고 있으며, 코로나 극복을 위한 수레바퀴는 멈출 수 없다.

이현수_대학생

4부

임모빌리티와 대면하기

자유롭게 청춘을 만끽해야 하는 시기임에도
불구하고 제한된 환경 속에서 다소 답답하게
생활하는 모습을 비유하였다.

나의 사적인 이야기

코로나19, 이제는 조심스러우면서도 익숙한 단어가 됐다. 이 바이러스가 퍼지기 전까지 어떠한 삶을 살아왔는지 잊어 가기도 하지만, 한편으론 이런 상황에 익숙해지는 삶이 좋게 생각되지는 않는다.

2월쯤이었다. 바이러스가 우리나라 전체에 퍼지기 시작할 때 운 좋게 아르바이트를 구했다. 지금껏 해 본 아르바이트 중에서 가장 좋은 곳이었다. 누구의 눈치도 보지 않고 혼자 일할 수 있었으며 사장님과 매니저님이 잘 챙겨 주셨고, 무엇보다 나의 관심사와 잘 맞는 일이었기에 손님을 상대하는 일도, 손님이 안 계실 때 물건을 정리하거나 혼자만의 시간을 보내는 일도 괜찮았다.

하지만 시간이 지날수록 코로나 확산 상황이 점점 심각해지면서 손님이 줄기 시작했다. 내가 일하는 곳은 아웃렛outlet 1층에 있는 화장품 판매점이었기에 주말 오후가 가장 손님이 많을 시간이었다. 나는 그 시간대에 일했는데도 오전 10시부터 오후 4시까지 고작 4개만 판매한 적도 있었다. 결국 나는 가게에서 해고되었다. 정확히 말하면 사장님께서 가게를 다른 분께 팔게 된 것이다. 당시에는 아르바이트를 더 할 수 없다는 아쉬운 감정만 있었는데, 그 후 아르바이트를 구하는 게 얼마나 어려운

지를 곧 깨닫게 되었다.

그렇게 아르바이트 자리에서 해고당하고 며칠 안 되어 학교에서 온라인 개강이 시작되었다. 캠과 마이크를 준비하고 수업을 들어야 한다는 것이 어색하기도 했지만, 등교하여 수업을 듣지 않아도 된다는 것이 굉장한 이점으로 다가왔다. 한 과목 있던 1교시 과목마저도 9시에서 10시로 미뤄졌고, 집에서 컴퓨터만 켜면 바로 수업을 들을 수 있으니 아침에 일어나는 것이 그렇게 힘들지도 않았다. 온라인 개강 자체가 처음 시도되는 일이었기에 학생도 교수님도 많은 불편함을 겪었고 많은 것이 불안정했다. 교수님의 목소리와 화면 자료의 싱크sync가 맞지 않는 일이 빈번했으며 오류가 나서 튕기기도 하고 어떤 학생은 접속 자체를 못 하기도 했다.

시각디자인과에 재학 중인 나는 한 과목을 제외한 나머지 과목들이 실기 과목이라 수업을 진행하는 데 차질을 많이 빚었다. 실기 과목은 학생들이 실습하고 있으면 교수님께서 돌아다니며 일대일 피드백을 진행하면서 수업을 하는 형태가 일반적이다. 하지만 온라인수업에서는 본래대로라면 수업 시간에 진행할 '실습'을 과제로 해 오고 수업 시간에 한 명씩 피드백을 진행하기 때문에 과제의 양이 많을 수밖에 없다. 나는 한 과제에 집중할 수 없어 퀄리티가 떨어지는 과제를 작성하며, 강의와 과제가 반복되는 매일을 보내고 있다. 뿐만 아니라 많은 학생이 자신의 순서가 아니면 딴짓을 하거나 집중을 안 하는 등 대면 수업보다 수업의 질이 많이 떨어진 모습을 볼 수 있었다. 특히 야외를 돌아다녀야 하는 '사진' 과목 같은 경우는 강의가 폐지되기도 하였다.

이렇게 사람들과의 접촉을 피하고 집에서 거의 모든 생활을 하며 보낸 지 어느덧 다섯 달, 처음에는 집 밖에 나갈 때 마스크를 쓴다는 것, 학교에 가지 않는다는 것 등 단순한 시각에서 바라보고 생각했으나, 시간이 지날수록 상황이 얼마나 심각한지를 몸으로 느끼게 되었다. 집 앞에서 방진복을 입은 사람들이 구급차에 사람을 싣고 가고, 한 친구는 병원에 내원하였을 때 비접촉 진단 방문 내용으로 약을 처방받았으며, 학교에서 확진자가 나오는 등, 어느덧 내 주변으로까지 바이러스에 대한 경험과 공포가 퍼지고 있었다. 긴 시간 동안 대부분 시간을 집에서 혼자 보낸 나는 집 밖에 잘 나가지 않아 육체적으로는 피해를 보지 않았지만, 정신적으로 피폐해졌다. 지금 이 글을 쓰는 것도 극복 방법의 하나로 여기며 나아지기 위해 노력하고 있지만 아직은 쉽지 않다는 생각이 든다.

　나는 원래 사람이 많은 곳을 좋아하지 않고, 밖에 나가면 집에 가고 싶다고 생각하는 그런 사람이다. 하지만 이는 외부 상황에 억압받지 않고 온전히 나의 선택일 때 그런 것이다. 사람이 많은 곳은 싫어하지만 사람을 만나는 것은 좋아했다. 집에 있는 것을 좋아하지만, 전시회를 가거나 노래방을 가는 등 내가 하고 싶은 것을 원할 때 하지 못하는 것은 생각보다 나를 힘들게 하였다.

　며칠, 몇 주도 아닌 몇 달 동안 집에서 과제와 수업을 듣는 하루하루의 반복이 점차 나의 정신을 갉아먹기 시작했다. 집에 대화 상대가 있었다면, 함께 감정을 나누고 생각을 나눌 상대가 있었다면 조금은 괜찮았을지도 모른다. 하지만 내 가족들은 밤늦게 들어왔다. 밖에서 사회생활을 마치고 돌아온 그들은 이미 사람에게 지쳐 있었기에 자신만의 시간이 필요했다. 나는 그들의 휴식을 방해하는 귀찮은 사람이었다. 가족과 충분한 대화를 하지 못하고 새로운 사람과도 만나지 못하니 나는 나의 좁디좁은 인간관계에 점점 얽매여 갔다.

코로나 바이러스로 인해 사회가 멈춰 버리지 않았더라면, 사람과의 만남이 제한되지 않았더라면 지금보다는 상황이 더 나았을 것이다. 하지만 현실은 그렇지 못했고, 좁고 깊은 인간관계를 선호하는 데다가 자존감도 낮은 나는 이러한 상황에서 심적으로 더 큰 타격을 입을 수밖에 없었다.

내가 인간관계에서 항상, 그리고 가장 크게 문제를 겪는 지점은 나 혼자 상대방의 감정과 기분을 추측하여 나 자신을 불안하게 하는 것이었다. 또한 나는 애정을 주고받는 것은 '기브 앤 테이크Give and Take'가 전반에 깔려서는 안 된다고 생각해 왔다. 하지만 이것은 생각에 그쳤고 나는 행동으로 옮기지 못하였다. 특히 코로나로 인하여 사람을 자주 만날 수 없어 SNS를 통해 서로의 안부를 확인해야 하는 환경은, 나의 이러한 성향을 강화시키기에 적합했다.

상대가 평소보다 답이 늦거나, 상대방의 감정과 표정을 정확히 알 수 없는 SNS 대화에서 상대의 말투가 조금이라도 변하면 '내가 말을 잘못했을까?'라는 고민과 후회가 나를 옭아매기 시작했다. 상대는 별 생각이 없었을 수도 있고, 바쁜 상황에서 최선의 대답을 했을 수도 있다. 하지만 나는 이런 사소한 것들을 끊임없이 신경 쓰며 계속 추측하고 스스로 인간관계에 지치도록 만들고 있었다. 심리적인 압박 속에서 과제나 자기계발을 잘해 나갈 수 있었을까? 당연히 그렇지 못하였다.

심리적인 압박에서 벗어나기 위해 나는 문제를 직면하기보다 회피하는 것을 선택했다. 화요일부터 목요일까지만 강의가 있었기에 목요일 저녁이 되면 나는 해야 할 일도 미룬 채 아무것도 생각하지 않을 수 있는 영화 감상이나 게임 등에 빠졌다. 그렇게 점점 늘어지다 보니 과제에 투자할 시간이 부족한 것은 당연했다. 다른 사람들의 과제물과 나의 퀄리티 낮은 과제를 비교하며 자책했다. 그 결과 자존감은 점점 더 떨어졌다. 나는 이러한 상황을 극복하기 위해 노력하는 것이 아닌, 그 상황을 회피하며 늘어지고 게을리하는 악순환을 반복했다.

이런 성향은 나의 가장 큰 문제 중 하나였기에 어떻게 극복하면 좋을지 항상 많이 고민했지만 쉽지 않았다. 그래도 내 성격의 문제점을 파악하고 있었기에 고치려는 노력을 할 수 있다는 게 불행 중 다행이라고 생각한다. 코로나 전에는 나의 이런 성향이 극심해지면 심리 상담을 받거나 취미 활동 등을 하며 심리적 압박에서 벗어나기 위해 노력했다. 하지만 그것은 결론적으로 나의 문제를 극복하고 잠재우는 것이 아닌, 말 그대로 그 상황에서 벗어나기 위한 행동일 뿐이었다.

난 그런 노력이 내가 원하는 결과로 이어지지 않는다는 것을 알기에 다른 방법을 찾았다. 방법은 간단하면서도 실행 가능한 것이었다. 바로 그 상황을 직면하는 것이다. 사실, 그동안 문제에 직접 부딪치기보다 무시하고 회피하기 일쑤였던 나는 그것이 현 상황에서 벗어나는 데 전혀 도움이 되지 않는다는 것을 알게 되었고, 게으름과 두려움으로 하지 않았던 일들을 시도하면서 조금씩 나를 성장시켜 갔다.

나의 이런 성향은 일에도 인간관계에도 영향을 미쳤기 때문에 생각보다 많은 노력이 필요했다. 우선 인간관계에서는 나부터 상대에게 더 집중하여 나의 감정을 표현하기로 하였다. 여기서 말하는 감정 표현이란 힘든 일이 있을 때 친구에게 찡찡거리며 부정적인 감정을 전파하는 것이 아닌, 고마울 땐 고맙다는 말을 더 적극적으로 표현하고 상대의 말이 나에게 불편했다면 불편했다고 정확히 알려 주는 것이다. 요즘같이 직접 만나지 못하고 SNS를 통해 소통해야 하는 시기에 이것이 얼마나 중요한지 최근에야 친구를 통해 깨달았다.

며칠 전 거의 반년 만에 만난 친구와 정말 많은 얘기를 나누고 헤어졌다. 그날의 주요 대화 주제는 친구의 남자 친구였다. 나는 이야기를 들어주며 친구와 많은 대화를 나누었다. 친구와 헤어지고 집에 들어왔는데, 친구가 나에게 '얘기를 들어줘서 고맙다'고 했다. 친구들에게 '고맙다'는 말을 들은 게 정말 오랜만이었기에 그 말 한마디는 나에게 많은 감정을 느끼게 해 주었다. 당시에는 갑자기 닥쳐 온 많은 감정들에 당황하여 "아니야⋯" 하고 넘어갔지만, 나중에 내가 느낀 감정을 전하고 싶어 '늦었지만 네가 그런 말을 해 줘서 오히려 내가 고마웠다'고 전했다. 몇 달간 연락이 끊겼던 친구와 계속 연락이 이어지게 된 경험을 계기로 '고맙다'는 말 한마디가 얼마나 강한 힘을 가졌는지, 나의 감정을 정확하게 전달하는 것이 어떤 효과를 가져오는지 느끼게 되었다.

또한 일에서도 나의 성향이 미치는 안 좋은 영향을 고치기 위해 사소하지만 작은 습관들을 기르기 시작하였다. 누구에게는 정말 일상적일 수도 있는, 할 일을 정리하는 것과 나의 감정을 담은 일기를 쓰는 것이다. 요즘처럼 수업마다 과제가 있는 상황에서는 매우 필수적인 일이다. 이 습관을 들이기 시작하면서 시간을 조금 더 효율적으로 사용하며 작고 사소한 일이라도 잊지 않고 할 수 있게 되었다. 그날의 할 일을 다 끝마치지 못하면 다음 날 해야 할 일이 더 많아진다는 것을 알고 있기에, 조금이라도 더 일을 끝내려고 노력하고 혹여 일을 미루게 되더라도 미리 일정을 짤 수 있기 때문에 조금 더 보람차고 알뜰한 하루를 보내게 되었다.

일기는 글을 잘 쓰려고 하거나 꾸미지 않고 온전히 나의 감정을 담아써 내려갔다. 이 방법은 심리적으로 아주 힘들었을 때 받은 상담에서 배운 방법 중 하나인데, 이번에 시작하게 되었다. 우울한 일이 있을 때 쓰기 때문에 나중에 보면 눈물 자국도 있고 글씨도 삐뚤삐뚤하여 조금 부끄럽지만, 그때의 감정을 객관적인 시선으로 다시 읽게 되면서 오히려 나 자신을 다독일 수 있고, 내가 어떤 일에 안 좋은 감정들을 느끼는지 알게 되어 그런 상황에 미리 대비할 수 있게 되었다.

코로나 바이러스 때문에 많이 힘든 때도 있었지만 나에게는 성장의 기회가 되었다고 생각된다. 그 성장이 이렇게 안 좋은 상황을 통해서 이루어졌다는 점은 아쉽다. 물론 완전히 극복한 것은 아니지만, 아직 어리기 때문에 더욱 성장할 기회는 충분하다고 생각한다. 그렇기 때문에 앞으로 더 많이 경험하면서 배워 가려고 한다.

이 에세이를 쓰면서 나의 생각과 지금까지 있었던 일들을 정리해 보고, 앞으로 어떤 생각과 방향으로 살면 좋을지 생각해 볼 수 있었다. 앞으로도 종종 이런 글을 쓸 기회를 스스로 만들어 볼 생각이다. 나에게 공모전을 알려준 친구에게 감사를 전하고 싶다.

정한나_대학생

스무 살, 다시 꽃피는 봄을 기다리며

코로나 사태가 도래하기 전, 열아홉이었던 나는 대부분의 사람들이 그렇 듯 '스무 살'에 이루고 싶은 간절한 꿈들을 갖고 있었다. 고등학교 3학년 으로서 치러야 하는 시험과 수많은 평가들 속에서 나를 잠시 벗어나게 해 준 것은, '스무 살에 하고 싶은 것들'을 노트에 적는 일이었다. 수면 시간 10시간 채우기, 벚꽃 보면서 대학교 캠퍼스를 거닐기 등 사소한 꿈들을 써 내려가며, 사회적 지위를 가진 일반적인 사람들이 말하는 명사 형태의 꿈이 아닌 '내가 진심으로 하고 싶은 진정한' 꿈을 꾸기 시작했다. 대학수 학능력시험이 끝난 뒤, 이룬 꿈들을 하나씩 지워 나갔다. 대학에 합격하고 나서 또 다른 사회로 나아갈 준비를 하는데 코로나 사태가 시작되었다.

처음 '코로나'에 대해 정확하게 알기 전에는 얼마나 심각한지 몰랐다. 그저 다른 나라에서 시작된, 금세 끝날 사태라고 안일하게 생각했다. 그 러나 얼마 지나지 않아 대한민국에 확진자가 나오기 시작했다. 그때 코 로나의 심각성을 뼈저리게 느꼈다. 코로나는 면역력이 약한 사람들에게 더 위험하지만, 면역력이 강한 사람들 또한 증상이 드러나지 않을 뿐, 똑 같이 위험에 처할 수 있다는 것을 알게 되었다. 한 번도 듣지 못했던, 이 전에는 상상해 보지 않았던 사태였다.

중학생 시절의 메르스 사태처럼 시간이 지나고 기온이 올라가면 금세 진정될 것이고, 꽃피는 봄이 오면 마스크 없이 새로운 대학 동기들과 함께 봄놀이를 갈 수 있다고 자신을 설득했다. 그러나 예상은 빗나갔다. 생각보다 코로나는 쉽게 진정되지 않았고 집 밖으로 나가는 것 또한 쉽게 결정할 수 없는 부분이 되었다. 잠시 음식이나 생활용품을 사러 갈 때도 마스크 없이 나가는 것은 상상할 수 없는 일이 되었다. 현재는 마스크 품절 대란이 진정됐지만, 코로나 사태 초기에는 약국에서 줄을 서야 할 정도로 마스크가 귀했다. 미세먼지가 심한 날에도 마스크에 관심이 없던 나였으나, 어떤 마스크가 효과가 좋은지 어떻게 하면 코로나를 예방할 수 있는지 알아보게 되었다.

외출할 때 마스크를 착용하는 것 외에도 장을 보고 나서 소독제로 물건들을 모두 닦는 것, 다수의 사람이 이용하는 시설에 가지 않는 것, 가능한 한 음식점을 이용하지 않는 것, 이 모든 것이 일상이 되었다. 본래 집에 있는 것을 좋아하는 나지만 코로나로 인해 동네를 벗어나지 못하니 좋아하던 집도 굉장히 답답하게 느껴졌고 쉽게 우울함을 느꼈다. 이를 '코로나 블루corona blue'라고 하는데 강제적으로 집에 있는 것도 기분에 굉장히 큰 영향을 준다는 것을 알게 되었다.

코로나가 선물한 나의 '스무 살'

열아홉 살의 내가 꿈꾸던 것과는 전혀 다른 삶을 살고 있는 지금, 코로나는 내 인생뿐만 아니라 생각에도 변화를 가져왔다.

첫 번째, 직접 두 발로 걷는 것을 즐기게 되었다. 코로나 사태가 도래하기 전에도 물론 걷기는 했지만 고등학생 때는 의자와 책상에 붙어 생활하다 보니 산책할 시간이 없었는데, 코로나 여파로 시간이 생겨 산책을 즐기게 됐다. 마스크를 착용하고 느끼는 공기는 마스크 없이 맡는 공기와는 사뭇 다르지만, 머리 위에 있는 헤와 피부로 느낄 수 있는 바람과 지금까지 두 번의 계절 변화를 확연히 보여 주는 나뭇잎의 색으로 몸을 물들였다. 우리 동네의 소중한 햇살과 내 온몸으로 느끼는 밤공기는 친숙하고 포근했다. 그렇기에 산책을 자주 하게 되었고, 두 발로 걷는 자유로움에서 오는 행복을 발견할 수 있었다.

코로나 사태와 함께 온몸으로 느끼는 봄과 여름은 따사롭고 말갛다. 항상 산책할 때면 어머니와 함께하는데, 지금까지 하지 못했던 이야기들 그리고 소소한 웃음을 주는 이야기들을 나누며 가족이 얼마나 따뜻한 존재인지, 고등학생 땐 느끼지 못했던 '소소한 행복'의 감정을 피부로 느꼈다. 이따금 마스크가 답답하게 느껴졌지만 바람이 조금씩 부는, 달이 머리 위에 동그랗게 올라가 있는 밤공기는 아마 평생 기억할 향수일 것이다.

두 번째로 코로나로 인해 24시간 긴장을 늦추지 않고 있을 의료진들의 마음을 이해하게 되었다. 아주 어릴 적 어른들은 의사가 되고 싶다고 하면 굉장히 좋아했다. 그만큼 의사는 많은 사람이 우러러보고, 또한 사람이 사람을 낫게 해 준다는 점에서 큰 의미가 있는 일을 하는 사람이다. 하지만 그에 따르는 책임과 위험을 감수해야 한다는 사실은 가려지는 것 같다.

책에서 "사람은 본래 이기적이기 때문에 타인을 완벽하게 이해하지는 못한다"라는 글귀를 본 적이 있다. 나 또한 의료진들이 어떤 감정으로 어떤 하루를 보내고 있는지 완전히 알 수는 없다. 의료진들은 코로나 바이러스 환자들을 치료하기 위해 방역을 더욱 철저히 해야 한다. 한두 시간만 마스크를 써도 답답한데, 더운 여름 24시간 내내 방역복을 착용하고 환자를 돌봐야 하는 수고를 어찌 다 감당할 수 있을까. 더군다나 환자들과 한 공간에 있다 보니 자칫 코로나에 감염될 수도 있다. 의료진의 감염은 그들의 가족, 주변 사람들이 위험해지는 것에 그치지 않고 사회에 큰 파장을 일으킬 것이다. 그러한 위험성을 인지하고도 사회를 위해 코로나와 맞서 싸우는 의료진들의 용기를 눈으로, 또 마음으로 보았다.

한창 대구에서 코로나 사태가 심각했을때 서울, 경기를 비롯한 여러 지역에서 90명 이상의 의료진이 파견되었다는 기사를 보았다. 그들은 어떠한 강제성 때문이 아니라 자발적으로 코로나 확진을 조금이나마 더 막기 위해 대구로 갔다. 의료진들이 얼마나 큰 용기를 낸 것인지, 그리고 의료진의 뒤에 자연스럽게 따라오는 책임감이 우리 생각보다 훨씬 더 크다는 것을 마음으로 그리고 심장으로 느끼게 되었다.

세 번째, 사회적 거리두기를 위해 집에 있다 보니 혼자 있는 시간이 많아졌다. 고등학생 때는 이 자리에 서기까지 내가 무엇을 위해 존재하는지, 어떤 것을 좋아하고 어떤 일을 하고 싶은지 깊게 고민할 시간도 없이 앞만 보고 달려오기 급급했는데, 약 6개월간 이어지는 코로나 사태로 집에 있으면서 하루도 빠짐없이 일기를 쓰고 책을 읽거나 영화를 보며 나에 대해 생각할 시간이 매우 많아졌다.

가족들과 이야기하는 시간이 주는 행복감은 광대했다. 또한 잃어버린 '평범한' 일상에 대한 박탈감과 동시에 사소한 것에서 느끼는 행복감이 복합되었다. 가끔은 코로나 사태가 도래하기 전 어떤 일상을 살았는지, 어떻게 밖에서 마스크를 착용하지 않고 살았는지, 아무런 의심과 불안감 없이 버스와 지하철을 탔는지, 사람들을 아무렇지 않게 만나고 즐겁게 이야기했는지 기억이 나지 않아 혼란스럽지만, 이러한 일상 또한 일상이 되어 버렸다. 별것 아닌 것들이 그리워지는 요즘이다.

진솔하게 말하자면, 코로나 사태가 끝나고 나면 어떤 일상이 펼쳐질지 생각해 보지 못했다. 언젠가 SNS에서 어린아이를 둔 엄마가 '이태원 클럽 코로나 확진 사태' 때문에 그 좋아하던 놀이터를 가지 못하는, 간다고 해도 고작 미끄럼틀 몇 번 타고 마는 어린 자식이 안쓰러워 분통을 터뜨리는 글을 본 적이 있다. 매일 소독하고 코로나 예방에 힘쓰는 사람들과 의료진들, 어린 학생들, 중학생, 고등학생, 수험생들은 무슨 죄가 있기에 이렇게 학교도 가지 못하고 있는지, 우리가 당연하게 누렸던 평범한 것들을 하지 못하고 있는지 코로나가 원망스러웠다.

봄이면 끝나겠지, 여름이 오면 끝나겠지 하면서 계속 늘어나는 확진자 수에 허무함과 속상함을 느낀다. 나뿐 아니라 수많은 사람이 코로나 사태가 종결될 것이라는 기대감과 함께 따라오는 실망감에 지쳐 가고 있는 듯하다. 그렇기에 쉽게 기대하기 어렵고, 코로나 사태가 종결되면 어떤 미래가 펼쳐질지 꿈꾸기도 막막하지만 딱 하나 간절히 바라는 게 있다면, 모두가 그렇듯 우리의 평범한 일상을 돌려받는 것이다.

마스크 없이 길거리를 걷고 싶고, 마스크 없이 자연이 주는 향기를 몸 속 깊숙이 느끼고 싶다. 멀리 사는 가족·친구와도 거리낌 없이 만나고 싶고, 못다 한 이야기도 나누고 싶다. 지금까지 고생한 의료진의 얼굴에도, 코로나 확산을 방지하기 위해 피나는 노력을 했던 사람들의 얼굴에도 꽃피는 봄이 왔으면 한다.

언젠가 코로나 사태가 완전히 종결되면 더 조심스러운 대한민국이 될 듯하다. 어딘가에 코로나 확진자가 남아 있을지 모른다는 불안감을 느끼는 동시에, 드디어 종결되었다는 해방감 속에서 살 것이다. 평범한 일상을 평범하게 누릴 것이고, 또한 그러한 일상 속에서 소중함과 행복을 찾게 될 것이다. 메르스 사태로 대한민국이 떠들썩하고 나서 코로나 사태가 도래하자 다른 나라에 비해 빠르게 대처하여 확산을 최대한 방지하고 있듯이, 코로나 이후에도 변형된 바이러스에 대해 더욱 빠르게 대처할 수 있을 것이다. 그 먼 미래에는 이성적으로 더 성장한 국민이 있을 것이고, 그러한 국민이 사는 대한민국은 선진국으로 성장하여 바이러스 검사 키트kit와 치료제를 쉽고 빨리 개발할 그런 미래가 아직 남아 있다.

코로나 사태가 아직 진행 중이지만, 우리에게 미래가 있다는 희망은 여전하다. 우리는 미래를 꿈꿀 것이고 조금은 떨어져 있지만 '함께'이기에 언젠가는 꼭 이겨 낼 것을 당연히 알고 있다. 코로나로 불편한 것들이 수없이 많지만 내년 봄 다시 똑같은 벚꽃이 만개할 것임을 당연히 아는 것과 같이, 소중한 것이 무엇인지 알게 되는 그런 해가 2020년이라고 생각한다. 우리가 앞으로 성장할 것이라는 가능성은 코로나 사태로 충분히 보았기에 우리나라는 도전하고 도약하는 나라가 될 것이다.

"얼음장 밑에서도 고기는 헤엄을 치고 눈보라 속에서도 매화는 꽃망울을 튼다. 절망 속에서도 삶의 끈기는 희망을 찾고 사막의 고통 속에서도 인간은 오아시스의 그늘을 찾는다." 문병란 시인의 〈희망가〉에 나오는 구절이다. 지금은 기대와 절망이 공존하는 상태지만 같이 있기에 가치 있는 것이고, 혼자가 아닌 '우리'이기 때문에 우리는 결국 이겨 낼 것을 굳게 믿는다.

이예진_대학생

거시아에서 새롭게 바뀐 '행복'의 해석

운이 좋은 건지 나쁜 건지, 외국에서 체류하던 중에 코로나19 사태를 맞게 되었다. 한국의 상황을 아직 경험해 보지 않아 비교할 수는 없지만, 외국에서 겪은 것을 바탕으로 세 가지 정도를 이야기하려고 한다.

첫째, 나태에서 오는 후회와 그것에서 오는 열정. 외국에서의 두 번째 학기에 코로나를 겪었는데 당시 하지 않음으로써 잃은 기회와 거기서 오는 후회, 그 때문에 현재 내가 가지게 된 생각에 관한 이야기이다.

둘째, 바뀐 평소의 의미, 바뀐 행복의 해석. 하고 싶었지만 평소 하기 힘들었던 일을 하는 것을 행복으로 이해하고 살았던 내가 코로나를 겪으면서 행복의 의미를 재해석한 것에 관한 이야기이다.

셋째, 정책 변화에 의한 시민들의 안이함. 점차 경계 조치가 완화되면서 시민들이 바이러스에 대한 경계를 소홀히 하게 된 것에 대한 이야기이다.

이 세 가지를 중심으로 내가 경험한 코로나 이후의 생활을 짚어 보고, 학생의 끄트머리이자 사회로 나가는 관문 앞에 서 있는 사람으로서 기대하는 미래에 관해 서술하고자 한다.

나태에서 오는 후회와 그것에서 오는 열정

교환학생으로 오기 전에는 방대한 계획이 있었다. 러시아 국내 여행, 유럽 여행, 공연 관람, 박물관 관람 등 여러 가지를 경험하고 돌아오고 싶었다. 1년 계획으로 왔기 때문에 '한 학기는 학업을 중심으로 생활하고 나머지 학기는 문화를 중점적으로 느끼고 오자'고 마음먹었다. 그러나 막상 교환학생 생활을 시작하고 나니 적응하는 데도 시간이 걸리고 학업에 대한 피로감도 쌓였다.

첫 번째 학기에도 문화를 즐길 여러 기회가 있었지만 '피곤하다', '이미 어두워졌다', '돈이 없다' 등 갖은 핑계를 대면서 다음 학기로 미루는 나태한 모습을 보였다. 물론 당시에 못 갈 정도로 피곤하지도 않았고 돈이 없지도 않았다. 단지 귀찮았고 미뤄도 될 정도로 뒤에 남은 시간이 많아 보였다. 이런 나의 핑계가 그저 '시간이 많이 남았고 첫 학기에는 학업을 우선하기로 계획을 세웠기 때문'이 아니냐고 반문할 수도 있지만, 사실 다음 학기 초에도 문화를 경험할 여러 기회가 있었지만 힘들다는 이유로 그 기회를 잡지 않았다. 이로써 내가 나태했다는 것을 알 수 있다.

두 번째 학기가 시작되고 얼마 있지 않아 한국에서 코로나19 사태가 심각해지기 시작했고, 내가 공부하던 모스크바 근처에서는 유럽의 이탈리아가 한국에 뒤이어 심각해졌다. 이때까지만 해도 러시아는 빠르게 국경을 차단했으니까 안전하다고 생각했다. 한국에 돌아가는 것보다 러시아에 남아 있는 것이 더 안전할 것이라고 믿었고, 실제 수치도 그러한 모습을 보였다. 그래서 이때도 러시아는 나중에도 공연을 할 수 있을 것이란 생각에 문화 체험 기회를 그냥 흘려보냈다.

하지만 러시아의 코로나 환자가 급증하고 사태가 점점 심각해지자, 모스크바 시장은 유급 휴가와 이동을 제한하는 시장령을 발령했다. 처음에는 2주간 시행되었기 때문에 2주 동안 이전에 걸린 사람들을 찾아내면 다시 일상으로 돌아갈 수 있을 줄 알았다. '평소'의 생활이 돌아오면 문화를 즐기러 다녀야겠다고 생각했다. 이동 제한이 2주에서 한 달로 연장되었을 때는 환자 수가 급증하니까 우리를 위한 일이라고 수긍했다.

그러나 2주에서 한 달, 한 달에서 두 달로 연장된 이동 제한을 겪다 보니 '이동 제한은 대체 언제 끝나고 나는 언제 '평소'의 일상을 돌려받을 수 있을까?'라는 생각이 들기 시작했다. 이런 생각이 들기 시작하니 전에 '왜 내가 생각만 하고 즐기지 않았을까?', '왜 미루기만 했을까?' 나태했던 나의 행동이 후회스러웠다. 후회를 계속하면서 스트레스가 쌓여 가기만 했다.

물론 그렇다고 스트레스만 쌓인 것은 아니다. 전에 지나간 기회들을 소중히 여기지 않은 것을 후회함과 동시에, 전에 잡았던 기회들이 더욱더 소중해졌다. 원래였다면 다른 새로운 기억들로 인해 희석되고 사라졌을 기억을 곱씹어 보면서 '그때 이거라도 해서 다행이다'라며 감사함을 느끼게 되었다. 예컨대, '저번에 미루지 않고 발레 공연을 보기를 잘했다.' '사실 그렇게 가고 싶지는 않았지만, 방학 때 친구의 설득에 넘어가 유럽에 갔다 오기를 잘했다' 같은 감사한 마음을 갖게 되었다. 또 가까운 식료품점에 가는 길에 만나는 소소한 주변 풍경을 감상하면서 계절의 변화를 느끼고, 주의 깊게 보지 않았던 집 근처 골목길을 잠시 산책하면서 평소에 보지 못했던 것을 발견하는 데 기쁨을 느끼게 되었다. 때문에 가까운 상점을 가는 틈을 타서 최대한 새로운 것들을 발견하기 위해 열정적으로 주변을 둘러보기 시작했다. 후에 통행증 제도가 시행되어 일주일에 두 번 산책하러 나갈 수 있게 되면서 그 두 번의 기회를 알차게 쓰려고 계획까지 세우면서 다녔다. 즉, 전에 내가 행했던 나태를 메우고자 지금을 열정적으로 살게 되었다.

바뀐 평소의 의미, 바뀐 행복의 해석

이전에 내가 생각한 행복은 '평소에 하지 못하는 것을 하는 것'이었다. 즉, 많은 돈이 있어야 하는 것, 많은 시간을 요구하는 것 또는 특정 조건이 만족되어야 하는 것으로 생각했다. 따라서 '평소'에는 행복을 느끼기 힘들고, 우리는 행복을 느끼기 위해 '평소'에 그 조건을 만족시키려고 노력한다고 생각했다. 그리고 나에게 있어 '평소'는 관심 밖의 존재였다. 항상 우리 곁에 존재했고 존재할 것이라는 믿음으로 행복에만 집중하고 '평소'는 그저 일상이었다. 이 '평소'가 코로나19로 바뀌게 될 거라고는 생각하지 않았다.

코로나19가 확산하였다고 행복의 정의가 바뀌지는 않았다. 하지만 모스크바에서 이동 제한이 2주에서 한 달, 그리고 두 달로 연장되면서 '평소'의 의미가 변화했고 그에 따라 행복의 해석이 달라졌다. 이전에 우리가 평소에는 쳐다보지도 않던 부분들이 행복의 한 부분이 되고, 진짜 평범하던 이전의 '평소'는 우리에게 행복의 한 부분이 아니라 선망의 대상이 되었다. 밖에 나가는 것을 최소화하고 마스크를 쓰고 사회적 거리를 두는 것이 '평소'가 되어 버린 일상에서, 우리는 잠시 밖을 나가서 산책할 수 있는 것에 행복을 느낀다. 또한 예전에는 웅장한 것을 보고 아름다움을 느꼈다면 지금은 평소 가지 않던 집 주변 골목을 다니면서 작은 것에서 아름다움과 감사함을 느낀다.

이동 제한 조치가 완화되고 통행증 제도가 시행되면서 조금 더 멀리 나갈 수 있게 된 것에 감사하며, 그곳에서 산책하면서 느끼는 새로운 아름다움과 행복 그리고 그런 행복을 조금이라도 더 느끼기 위해 노력하는 열정. 이처럼 이전과는 다른 새로운 방식으로 행복을 보게 되었다. 아무래도 이전에는 사회적 생활 반경이 넓어서 한정된 시간 안에 넓은 범위에서 행복을 찾기 위해 나무보다는 숲을 보며 행복을 느꼈다면, 사회적 생활 반경이 좁아진 지금은 같은 시간에 이전보다 좁은 곳을 보게 되니 좀 더 세세한 것들이 보이기 시작하고 그런 것들이 주는 신선함에 행복을 느끼게 된 것 같다.

코로나 이후의 현실에서 내가 찾은 행복이 이전의 행복과 질이 다른 것은 아니다. 그저 그 행복을 얻는 원천이 바뀌었을 뿐이다. 다만 계속 숲만 보고 살 수 없고 계속 나무만 보고 살 수 없듯이, 나무를 보는 시간이 길어져 가끔은 숲을 보고 싶을 따름이다.

정책 변화에 의한 시민들의 안이함

횟수가 한정되어 있기는 하지만 통행증을 이용해 돌아다닐 수 있고, 점차 공원과 상점에 대한 제한도 완화되어 조금씩 생활 반경이 넓어지면서 그로 말미암아 행복감을 누릴 수 있게 되었다. 하지만 정부에서 발표하는 이러한 완화 정책은 아직은 부정적으로 보인다. 코로나 백신이 나온 것도 아니고 코로나가 종식된 것도 아닌데, 아직도 많은 수의 확진자가 나오는 상황에서 시행한 완화 정책은 시민들의 안일함을 불러일으킬 수도 있다.

원래 러시아의 젊은이들은 마스크를 쓰지 않고 돌아다니는 비율이 높았다. 자신은 괜찮다고 생각하는 것인지 모르겠지만, 한창 상황이 심각할 때도 마스크를 하지 않고 다니는 사람들이 있었다. 마스크가 익숙하지 않은 문화라고 하더라도 이해가 안 되고 위험해 보인다. 이런 문화에서 여름이 되면서 날씨가 맑아지고 제한 완화로 공원들이 다시 문을 열기 시작하고 더워지면서 시민들의 경계가 풀어진 듯한 느낌을 받았다. 마스크를 쓰지 않고 다니는 사람이 부지기수고, 마스크를 쓰더라도 코를 가리지 않거나 턱에 걸쳐 쓰고 다니는 사람들이 많다. 아이들의 안전에 특히 신경 써야 할 부모들마저도 아이에게 마스크를 씌우지 않고 다녔다.

물론 이러한 행동에는 개인의 책임도 있지만 정부의 책임도 있다고 본다. 아무리 현대인들이 정부의 발표만을 맹신하지 않으며 자신들만의 가치 판단 체계가 성립되어 있다고 해도, 이러한 특수 상황에서는 정부의 발표가 가치 판단에 큰 영향을 줄 수 있다. 정부가 '단계 하락', '완화' 같은 단어를 사용하는 것은, 시민들이 자신의 편의를 위해 방역과 반대되는 행동을 하는 것을 막아 줄 방화벽 하나를 허무는 역할을 한다고 볼 수 있다. 물론 정부에서도 단어 하나 하나 신경을 써서 발표하겠지만 요즘 같은 특수한 상황에서는 더 신중해야 한다고 생각된다. 단계 하락이나 완화만 할 것이 아니라, 최소한 지켜야 할 생활 수칙들을 정하는 등 부수적인 제한 사항이 있어야 할 것이다.

코로나19 이후로 많은 것들이 변화했다. 또, 많은 사람이 이야기하듯 예전의 '평소'는 돌아오지 않으리라 생각된다. 코로나가 바꾸어 놓은 '평소'는 우리들의 행복을 바꾸어 놓았고, 세계 여러 나라의 선례를 보았을 때 비정상적인 상황이 왔을 때 정부의 역할이 얼마나 중요한지를 일깨워 주었다. 코로나 사태가 시작되고 5개월 정도 흐른 지금, 우리는 사회 여러 방면에서 수많은 변화를 경험했고 점차 그 변화에 적응해 가고 있다.

살아남기 위해서는 빠르게 적응해야 했다. '적응해야 한다'라는 말은 정말 쉽게 할 수 있지만, 학생과 사회인의 경계에 서 있는 지금 나에게는 굉장히 어려운 말이다. 과연 내가 지금까지 준비한 것이 바뀐 세상에도 통하는 무기가 될지 아니면 쓸모없는 것으로 변화할지 알 수 없기에 더 무섭다. 코로나19로 인해 경제가 안 좋아지고, 회사들이 뽑는 사람의 절대적인 수가 감소하고 있기에 미래에 대한 기대가 암울해지는 것은 당연하다. 이는 코로나19가 가져온 여러 불행 중 하나이다.

코로나로 인한 팬데믹이 확대되고, 그 때문에 사회 전반적으로 모든 상황이 악화되는 것을 보면서 '이제 사는 게 힘들어지겠구나' 생각했다. 하지만 지금까지 생활을 곱씹어 보면 어떻게든 그 생활에 맞추어 적응하며 살아왔다. 그 생활 속에서 행복을 찾기 위해 노력하는 것을 보면서, 변화된 삶에 잘 적응해 나갈 수 있겠다는 가능성을 확인했다.

코로나19 때문에 오히려 속에 있던 숨겨진 민낯을 더 자세히 볼 수 있는 기회도 되었다. 극한의 상황에서 사람들이 어떤 식의 행동을 하는지, 우리나라의 상황과 외국에서 직접 생활하며 느낀 것들을 비교하여 어떠한 문화적 차이가 있는지 더 절실히 느끼게 되었다. 또한 그 사람들이 속으로 어떤 생각을 하고 있는지도 느낄 수 있었다. 코로나19가 나에게 교환학생 신분으로 즐길 수 있는 것을 빼앗으면서 다른 사람들은 갖기 힘든 경험을 준 것이다.

앞서 말했듯, 코로나19로 인해 미래에 대한 불확실성이 커진 것은 누구나 아는 사실이다. 이러한 불확실성은 공포로 다가오기에 미래에 대한 두려움이 커지는 것도 당연하다고 생각된다. 하지만 우리는 이러한 공포에 쓰러지는 것이 아니라 공포 속에서도 얻을 것을 가지고 새로운 세상으로 나아갈 것이라고 믿는다. 그리고 잘 적응할 것이라고도 믿는다. 우리가 언제나 그래왔던 것처럼.

정종성_대학생

포스트 코로나 시대 글로벌 공급망의 변화·전망

2019년 12월 말부터 2020년 1월 중순까지 에티오피아에 체류하면서 인터넷으로 처음 '우한 폐렴'을 접했다. 에티오피아는 한국은 물론 중국과도 물리적인 거리가 상당하기 때문에, 이러한 방역 위기를 그저 중국 한 국가의 내부적 문제일 뿐이라고 인식했다. 2월 중에 가려고 계획하던 중국이나 타이완으로의 여행을 보류하는 조치만으로도 충분하다고 보았다. 개인적인 인식을 떠나서도, 중국을 이웃 국가로 두고 있는 한국 내에서도 당시에는 이를 주요한 문제라고까지 생각하지 않았다.

'우한 폐렴'을 대체하여 '신종 코로나 바이러스'라는 용어가 통용되는 시점에 한국에서도 환자가 발생했다. 그 즈음 에티오피아에서 한국으로 돌아왔는데, 인천공항의 분위기가 출국할 때와 사뭇 달라졌음을 체감할 수 있었다. 이후 세계보건기구WHO의 권고대로 '코로나19'라는 명칭이 정착되었고, 2월 중 중국이나 타이완 여행의 대안으로 검토하던 이탈리아 여행 또한 백지화했다. 중국 내 문제로 치부했던 것이 어느새 유럽 지역으로까지 빠르게 확산 중이었기 때문이다.

한국에서 코로나19가 대대적으로 유행하면서, 한국보다 차라리 에티오피아가 안전하다고 말하곤 했다. 얼마 지나지 않아 이 말은 또 다른 허구가 되고 말았다. 역사상 세 번째 팬데믹이 선포되고, 지구상의 어떠한 대륙도 코로나19의 안전 지대로서 기능할 수 없게 되었기 때문이다. 한국에서는 예정된 선거를 그대로 실시한 반면, 에티오피아는 선거를 연기하는 결정을 내렸다. 이제는 중국과의 물리적 거리보다 개별 주권국가의 역량이 중요하게 여겨지게 되었다.

세계가 불확실성으로 초토화되면서 우리 모두는 팬데믹 이전과는 결이 달라진 양상의 2020년 1분기를 보내야 했다. 앞으로 얼마나 더 많은 시간이 소요될지 장담할 수조차 없는 와중에 확언할 수 있는 것은, 포스트 코로나 시대에는 변화된 글로벌 가치 사슬value chain의 생태계에 직면할 것이라는 점이다. 전란 이후에 정치·경제·사회·문화 등 갖가지 측면에서 변동이 나타나는데, 코로나19는 전란과 같다고 할 수 있다. 국지적인 지역 분쟁도 글로벌 규모로 영향을 준다는 점을 상기해 보면, 코로나19는 어쩌면 세계대전 이상의 영향력을 행사할 수도 있다. 이 글은 포스트 코로나 시대에 나타나게 될 전반적인 변화 중에서 특히 비즈니스 측면에 집중하여 살펴보려 한다.

공급망은 시장 가까운 곳으로

포스트 코로나에서 유망한 비즈니스를 정리해 보면 ①공급망은 시장 가까운 곳으로, ②디지털 헬스 케어: 원격 진료와 바이오 공학의 성장 ③핀테크: '캐시리스cashless' 사회의 도래, ④오락과 소통은 디지털 미디어로 수렴, ⑤가상의 경험 경제: 경험형 콘텐츠의 대두, ⑥이커머스electronic commerce: 쇼핑+라이브 스트리밍=숍스트리밍, ⑦원격 교육의 시대: 재미와 학습을 모두 잡는 온라인 플랫폼 등이 거론된다.

목록을 살펴보면, ②~⑦은 코로나19 이전에도 유망한 비즈니스로 언급되던 것들이다. 이것들은 코로나19가 없었더라도 지속해서 발전해 나갔을 것이라고 본다. 팬데믹 상황에서 이들의 가능성이나 유용성 등이 빠르게 인정받아, 그 발전에 가속이 붙게 되었을 뿐이다. 반면 ①은 코로나19가 없었다면 단발적인 현상 정도로만 이해되었을 것이다.

코로나19로 인해서 ①은 미래에 나타날 일정한 경향성으로 인정받게 되었다. 물리학적 개념을 차용해서 설명하자면, ②~⑦은 단위시간 동안 이동한 거리를 의미하는 '속력', ①은 단위시간당 출발점과의 거리와 방향을 의미하는 '속도'에 비유할 수 있다. 방향에서도 차이를 보이는 ①을 선택해 보는 것이 더욱더 흥미로울 것이다.

중국과 코로나19가 밀접하다는 측면에서도 ②~⑦보다 ①을 선택하는 것이 합당하다고 본다. 전자의 비즈니스 중에서 핀테크의 '알리페이 Alipay' 등 중국이 선도하는 분야도 있고 상위권을 차지하는 분야도 분명 있다. 그렇지만 중국 이외의 국가에서도 이미 이러한 비즈니스에 주목하고 있어서 중국만의 특색이 떨어지는 측면이 있다. 반면, ①은 중국 지역의 일부인 후베이성 우한시의 문제가 세계화 속에서 지역 경제를 넘어 세계 경제로까지 파급시킨 나비 효과로 볼 수 있어 더욱 부합한다.

단발적인 현상에서 일정한 경향성으로

제3의 인접국들에 공급망을 재구축하기 위해 한국의 문재인 정부는 2017년부터 신남방정책을, 타이완의 차이잉원蔡英文 정부는 2016년부터 신남향정책을 펼쳐 왔다. 신남방정책은 아세안ASEAN 10개국에 인도를 더한 지역을, 신남향정책은 아세안 10개국에 남아시아 6개국, 오세아니아 2개국을 더한 지역을 대상으로 삼고 있다. 양자는 대상 지역 외에도 정책 목표와 주요 정책의 기조가 중복된다. 정치적 목적 이상으로 경제적 목적이 뚜렷하다는 점도 특징적이다.

코로나19 이전에는 중국의 공급망에 대한 한국과 타이완의 대응이 특수한 사례로 읽혀질 수 있었지만, 포스트 코로나에서는 여타 국가들도 두 국가처럼 대응하는 것이 일반적인 추세가 될 것이라고 본다. 이는 맥킨지McKinsey & Company가 '넥스트 노멀next normal'로 꼽은 '세계화에서 지역화로의 변화'로도 표현할 수 있다.

'일대일로一帶一路'에 입힌 타격

'세계의 공장'이라는 별칭이 있을 만큼 중국은 글로벌 공급망에서 빼놓을 수 없는 주축이다. 중국은 이러한 기존의 위상에 그치지 않고, 육상 및 해상 실크로드를 통한 '일대일로' 정책을 공격적으로 펼쳐 왔다. 이를 통해 중국은 그 정치·경제적 중요성을 부각시키며 글로벌 공급망에서 지분을 넓혀 왔다.

이렇게 중국의 지분이 넓어진 상황에서 중국이 코로나19로 가장 먼저 타격을 입게 되었다. 공급망 중 단 한 단계의 문제로도 전체 공급망이 흔들릴 수 있다는 점에서, 중국이 코로나19로 인해 입은 거대한 손실은 세계경제 전체에 포괄적으로 부정적인 영향을 끼쳤다. 각국의 기업들이 이에 대한 대응으로써 '중국 집중'에서 탈피하여 지리적으로 인접한 곳에 공급망을 재설계하려는 것이다. 이는 '달걀을 한 바구니에 담지 말라'는 포트폴리오 전략의 일종으로, 이러한 전략을 통해 위험을 분산시키겠다는 의도를 담고 있다.

지리적 인접국과의 공급망 구축은 경제통합 초기 단계에 성행했던 흐름이다. 경제통합이 차차 진행되던 중, 교통 및 통신의 발달은 경쟁력 없는 인접국과의 공급망 구축의 필요성을 상실시켰다. 때문에 경제통합의 심화는 곧 중국이라는 경쟁력 있는 공급망과의 연계와 일맥상통하였다. 어떤 면에서 보면 포스트 코로나에서 공급망 변화 양상은 경제통합의 역행과 글로벌 공급망의 퇴행으로 보일 수도 있다. 그렇지만 세계가 중국이라는 한 국가에 지나치게 의존해 왔다는 점에서 이번 피해가 심화하였다고 보고, 세계 전체로는 공급망 다각화가 바람직할 수 있다.

일대일로에 대한 염증으로서 반작용이 다발할 수도 있을 것이다. 이에 대한 사례로 서두에서 언급한 에티오피아의 경우를 살펴보려 한다. 에티오피아는 일대일로의 직접적인 연선 국가는 아니지만, 중국이 아프리카 대륙에 천문학적 자금을 투자해 왔다는 점에서 간접적인 당사국임을 고려했다. 중국과의 유착 의혹을 받는 WHO 현 사무총장 테워드로스 아드하놈 거브러이여수스Tedros Adhanom Ghebreyesus가 에티오피아 출신이라는 점도 고려했다.

에티오피아의 수도 아디스아바바에서 건설 중인 빌딩 주위에는 간체자가 적혀 있고 시내에서는 중국인을 자주 마주했다. 자본뿐만 아니라 인력도 중국에서 많이 유입되어 한국인을 보더라도 당연히 중국인으로 여긴다. 긍정적으로 보자면 중국이 대표적인 개발도상국인 에티오피아의 경제 발전에 도움을 준다고 할 수 있지만, 반대로 보자면 에티오피아의 중국에 대한 경제 종속화라고까지 표현할 수도 있다. 그 때문에 WHO 사무총장은 출신국인 에티오피아와 중국의 관계를 무시할 수 없었을 것이다.

에티오피아처럼 일대일로 당사국 내부에서는 경제 종속화에 대한 반감이 코로나19를 기점으로 적극적으로 표면화되기 쉽다. 일대일로의 당사국이 아닌 외부에서도 코로나19로 인해 중국의 국가 이미지가 하락하는 동시에, WHO와 중국이 모종의 관계를 맺고 있다는 의심을 쉽사리 지우지 않을 것이다. 세계 각국이 중국에 보이는 반발심은 중국의 단기적인 계획뿐만 아니라 장기적인 목표에도 차질을 가져오게 된다.

교역 인프라 확장, 신흥국 시장 확충, 해외 인프라 건설 참여 확대, 금융 경쟁력 강화 기여 등은 중국의 일대일로가 한국에게 주는 기회로 제시되었다. 중국의 대국굴기大国崛起를 지연시킨 코로나19는 크나큰 위협 요인으로서, 한국 등 여타 국가에서도 별반 다르지 않다. 위협 요인에 의해 일대일로가 타격을 받는 시점에서는 앞서 제시된 것들과는 반대되는 효과가 예상될 것이다. 그러나 오히려 일대일로가 타격을 받자, 제시된 내용들이 한국이 중국의 빈틈을 메우는 기회 요인으로 나타나게 되었다. 다만, 한국 외의 타국들에게도 유사한 기회가 될 것임을 주지해야 한다.

'우한 폐렴'으로 시작해 '신종 코로나바이러스'를 거쳐 '코로나19'로 명명되기까지의 세계적인 확산 과정을 개인적인 체험과 연결해 보는 것으로 이 글의 서두를 열어 보았다. 세계화 시대에 맞이한 팬데믹은 개개인의 일상을 흔들어 놓는 동시에, 사회적 변동성을 가중시킨다. 코로나19 이후의 세상은 이전의 세상과 양적으로도, 질적으로도 다를 것이다. 그중에서도 비즈니스 영역에 천착하여 중국 지역 경제론 측면에서 시의성이 높은 '공급망은 시장 가까운 곳으로'라는 주제에 집중하였다. 본 글에서는 심도 있게 다루지 않았지만, 그 외 6개 영역의 비즈니스도 미래 사회상을 구체적으로 가시화시킨다는 점에서 관심 있게 보아 두어야 한다.

한국과 타이완 등 일부 국가에서는 코로나19 이전부터 경제의 중국 의존도를 줄이려고 시도해 왔는데, 이는 단발적인 현상에 그칠 수도 있었다. 그러나 코로나19 사태를 겪으면서 세계 각국이 중국 공급망에 대한 의존도를 줄이고자 함으로써, 오히려 일정한 경향성으로 대두될 것으로 판단했다. 글로벌 공급망이 세계화에서 지역화로 지향점을 전환하게 되면서, 중국이 추구하던 일대일로는 중대한 위기에 봉착하게 될 것이다. 이 지점에서 위협 요인에 그칠 뻔했던 코로나19는 한국 등 여타 국가들에게 기회 요인으로도 작용할 것이고, 중국의 영향력이 약화되는 틈새를 노리는 전략을 효과적으로 구사하는 국가 또는 기업이 승기를 잡게 될 것이다.

이나가키 히데히로稻垣 榮洋는《이토록 아름다운 약자들》에서 "변화는 약자의 편이다"라고 말한다. 약자가 기회를 잡기 위해서는 변동 없는 안정성보다는 변화가 많은 교란 환경이 더 유리하다는 것이다. 생태계에서 자기 자리를 찾지 못해 방황하던 생물들이 환경에 큰 변화가 일어나면 그 틈을 놓치지 않고 자신의 생태적 지위를 마련한다고 한다.

코로나19가 상수가 아닌 변수라는 점이 만들어 낸 불확실성은 확실한 교란 환경이라고 할 수 있다. 역설적이게도, 중국만이 아니라 미국과 같은 다른 전통적인 강호들도 역경을 겪고 있기 때문에 모든 경쟁자가 비교적 평등한 위치에 놓이게 되었다. 시장의 기회를 포착하고 변동을 끈기 있게 추적한다면 누구든 승산이 있는 상황이다.

코로나19는 정해진 값이 아니라서 기존의 공식에 대입해도 적절한 결과 값을 구할 수 없다. 코로나19를 예견할 수 있었다면, 그것은 과학이 아니라 마법의 영역에서였을 것이다. 이러한 예측 불능의 '블랙 스완black swan'에 마주해서는 그 이전보다는 그 이후를 살펴야 한다고 본다. 경제가 침체하였다고 해서 포스트 코로나에서도 주저하고 있는 것은 모처럼 온 최적의 기회를 날리는 꼴이 된다.

홍진환_대학생

홈라이프homelife 시대의 도래

코로나 바이러스19(코로나19)는 2019년 12월 중국 우한에서 처음 발생한 이후, 중국을 넘어 전 세계로 번진 호흡기 감염 질환이다. 2020년 5월 27일 기준 한국에서만 1만여 명, 미국에서는 160만 명 이상이 감염되며 전 세계적으로 35만 명의 사망자를 냈다. 코로나19가 중국과 주변국을 넘어 유럽과 미 대륙 등 전 세계로 확산하자 세계보건기구WHO는 2020년 3월 11일에 2009년 신종플루 이후 세 번째 팬데믹을 선언했다.

전문가들은 코로나19 백신이 개발되지 않는 한 계절성 독감처럼 주기적으로 대유행할 수 있다고 전망한다. 따라서 세계 각국은 백신 개발에 주력하는 한편, 바이러스의 치료제나 백신 개발에 대한 희소식이 없는 가운데 코로나19 확산 방지에 주력하고 있다. 그중 한국을 비롯하여 상당수 국가에서 시행하고 있는 사회적 거리두기social distancing는 언택트 untact 문화의 확산으로 이어지고 있다.

언택트란 콘택트contact의 반대어로 비접촉, 비대면을 뜻한다. 예를 들어, 기존에 대면으로 진행하던 학교 수업, 기업체 및 정부 회의 등을 비대면 화상회의(강의)로 전환하고 재택근무를 장려하고 있는데, 필자는 이를 언택트 문화로 볼 것이다. 이 글에서는 포스트 코로나 시대에 커질 언택트 시장의 종류와 현황, 그리고 이런 시장의 발달이 우리 사회에 미칠 영향을 예측하여 포스트 코로나 시대에 대한 보다 나은 통찰력을 얻고자 한다.

먼저 포스트 코로나 시대에 어떤 변화가 예측되는지를 간략히 짚어보고, 그 변화가 우리 사회와 경제에 어떤 영향을 미칠지 살펴보겠다.

서울사이버대학을 다니고…: 교육과 출근의 변화

대학생인 필자에게 가장 크게 느껴지는 언택트 문화는 바로 비대면 수업이다. 화상강의 프로그램을 이용한 비대면 강의는 매일 2시간씩 지하철을 타고 학교까지 가지 않고도 교수님의 양질의 수업을 들을 수 있는 좋은 대안으로 느껴졌다. 대학은 물론 초·중·고등학교도 비대면 수업을 진행하고 있고, 비대면 수업의 편리함과 유용함을 느낀 사람들은 코로나 사태가 종식된 이후에도 비대면 수업을 선호할 가능성이 있다. 비대면 수업이 확대될 수 있는 발판이 마련된 것이다.

학교뿐만 아니라 직장에서도 비대면 시스템을 구축 중이다. 기업 회의나 미팅 등은 화상회의로 대체되고 있으며, 이에 따라 화상회의 프로그램에 대한 수요 역시 급증하고 있다. 물리적으로 직장이나 학교에 있지 않아도 수업과 업무를 진행할 수 있게 된 것이다.

배고픈데 시켜 먹을까?: 배달 및 간편 결제시장

코로나로 인한 사회적 거리두기 시행으로 외식은 줄어든 반면, 음식에 대한 수요 자체는 줄어들지 않았다. 그 수요는 그대로 배달 시장에 이전되어 '요기요'나 '배달의 민족' 등 배달 앱app들이 사상 최고의 매출을 기록하는 중이다. 또한, 직접 마트에 가서 장을 볼 수 없게 되자, 음식뿐만 아니라 야채나 육류 등 신선식품이나 생필품 배달도 증가했다.

이로 인해 크게 두 가지 분야가 두각을 드러내게 되었다. 먼저 배달 서비스의 증가로 배달 서비스에서 가장 흔히 이용되는 결제 방식인 간편 결제 시장이 본격적으로 두각을 나타냈다. 또한, 그동안 엄청난 적자를 내며 우려의 목소리를 듣던 쿠팡 등의 인터넷쇼핑 기업들 역시 코로나 여파로 인한 배달의 증가로 사상 최대 실적을 내는 중이다. 기존의 마트나 식당도 코로나 여파로 배달 시장이 얼마나 중요한지를 알게 되었을 것이며, 앞으로 배달 수요는 더 증가할 것으로 예상된다.

집에서 뭐 하지?: 인터넷 콘텐츠 시장과 초고속 인터넷

사회적 거리두기로 가장 큰 수혜를 입은 분야를 꼽을 때 인터넷 콘텐츠 시장이 빠질 수 없다. 밖에 나가 여가를 즐기지 못하게 되자 사람들은 넷플릭스나 유튜브 등 집에서 즐길 수 있는 것을 찾았다. 넷플릭스는 사상 최대 접속량을 기록하여 서버를 확장하고 있다고 발표했으며, 유튜브는 역대 최고 실적을 발표했다. 안 그래도 커져만 가던 인터넷 콘텐츠 시장이 코로나를 계기로 폭발적으로 성장할 전망이다. 인터넷 콘텐츠의 증가는 이를 감당할 수 있는 서버의 문제와도 직결된다. 각 사업체는 더 빠른 인터넷, 더 많은 저장 공간을 확보하기 위해 노력 중이며, 이는 반도체 시장이나 5G 시장과도 관련이 있다고 볼 수 있다.

헬스 케어health care 시장의 성장

코로나 사태에 따른 기타 변화로는 제약과 위생, 헬스 케어 시장의 성장을 들 수 있다. 먼저 제약 또는 바이오 시장은 코로나 사태로 인해 진단 키트kit 생산, 치료제 및 백신 연구, 기타 의학 제품 생산 등의 업무를 부여받으며 양적으로 크게 성장하는 중이다. 또한, 위생에 대한 사람들의 경각심이 강해지며 마스크·비누·손 세정제 등에 대한 수요가 급증했고, 이는 코로나 사태가 종식되지 않는 한 유지될 가능성이 크다. 마지막으로 코로나 사태가 종료되더라도 건강에 대한 관심이 매우 증가한 이상 사람들은 전보다 많은 시간을 건강을 위해 투자할 것이다. 운동은 물론 건강을 관리할 수 있는 영양제나 보충제, 건강 관리 시스템에 대한 수요가 증가할 것으로 예상한다.

먼저 비대면 강의나 업무의 도입은 교육과 업무가 이루어지는 형태를 변화시킬 것이다. 재택근무 도입은 비단 화상회의 소프트웨어에 대한 수요만이 아니라 통근 및 통학 개념을 뒤바꿀 수 있다. 만약 통근이 필수사항이 되지 않는다면 자가용에 대한 수요가 감소할 가능성이 있다. 매일 출퇴근을 위해 굳이 자가용을 구매할 필요가 없다면, 이를 대체할 공유 자동차나 대중교통 수요가 증가할 것으로 예측할 수 있다.

또한, 학생들이 학교에 가지 않고도 양질의 수업을 받을 수 있는 환경이 조성된다면, 학교의 운영 방식도 크게 달라질 것이다. 온라인 강의 도입에 미온적이었던 대학들은 사이버 강의 역량을 확충할 것이며, 인터넷 강의 시장이 확대되는 등의 효과를 기대할 수 있다. 부수적으로 비대면 시스템의 확대는 단지 화상회의의 증가뿐만 아니라 원격 의료 등의 분야에도 영향을 줄 거라는 예측도 나오고 있다.

배달의 증가는 간편결제 서비스의 양적인 증가와 식당, 마트의 운영 형태를 바꿀 것이다. 간편결제의 경우 현금 결제에서 카드 결제, 그리고 간편결제로 이어지는 변화가 현재 진행되고 있으며, 삼성페이 · 카카오페이 · 토스 등 간편결제 서비스 수요도 어느 때보다 커졌다. 또한 배달의 편리함을 느낀 대중은 앞으로도 계속 배달 서비스를 이용할 가능성이 크다. 따라서 포스트 코로나 시대에는 대부분의 식당이 배달을 겸하거나 배달을 주력으로 하는 형태로 변하고, 대형 마트나 백화점도 신선식품 · 일상용품 외에도 가전제품까지 배달 서비스를 확대할 것으로 예상된다.

마지막으로 인터넷 콘텐츠 수요의 급증은 유튜브나 넷플릭스 같은 서비스 유형에 대한 수요 증가는 물론, 인터넷과 방송 시장 전반에 영향을 미칠 것이다. 먼저, 인터넷 콘텐츠의 수요 증가는 이를 감당할 수 있는 서버의 증설과도 연결되어, 인터넷 서버 증설과 초고속 인터넷 도입에 영향을 줄 것이다. 또한 사람들이 더는 TV를 보지 않고 유튜브를 보게 된다면, 기존 대중매체도 영향을 받게 된다. 방송과 TV 광고로 얻는 수익이 줄어들게 된다면, 기존 방송국들도 유튜브 열풍에 합류할 가능성이 크다.

정리해 보자면, 코로나 사태로 인한 언택트 시대는 비대면, 배달, 인터넷 콘텐츠의 증가로 이어졌다고 생각한다. 이를 한 단어로 정리하자면 홈라이프homelife 시대가 도래한 것이다. 학업과 업무를 집에서 소화하고, 여가를 즐기고 제품을 얻으러 문 밖으로 나갈 필요가 없는 사회가 코로나로 인해 다가온 것이다.

코로나 사태로 제약과 위생 관련 업종뿐만 아니라, 비대면 프로그램, 배달 업종과 유튜브나 넷플릭스 같은 인터넷 콘텐츠 시장까지 모두 지각변동을 겪고 있다. 그리고 다시 이런 시장들은 헬스 케어, 공유 자동차, 간편결제, 초고속 인터넷과 대중매체의 성격 변화까지 야기할 수 있다. 전반적으로 코로나로 인해 제조업 분야가 약화되고 언택트와 언택트 관련 업종이 강세를 보이는 현황에서, 코로나19 사태는 영구적으로 대한민국 경제를 변화시킬 가능성이 크다. 코로나19는 단순한 전염병이 아닌, 그 이전과 이후가 명확하게 구분되는 하나의 역사 지표가 될 가능성이 큰 것이다.

이런 상황에서 우리는 코로나19의 영향과 포스트 코로나 시대의 변화를 예측하고, 그 변화를 준비해야 할 것이다. 현재 한국은 드론, 바이오기술, 자율주행차나 블록체인 등 4차 산업혁명 분야에서 두각을 드러내지 못하고 있다. 정보화 시대에 대응하지 못한 소니 등의 일본 기업을 보고 추측하건대, 한 번 가치 사슬value chain의 변화에 편승하지 못하면 그 경제적 손실은 어마어마하다. 우리 사회와 기업들은 코로나19로 비롯된 변화에 편승하여, 그로부터 창출되는 가치를 잘 활용해야 할 것이다.

원태훈_대학생

현실로부터 도망치기 프로젝트

코로나 바이러스로 전 세계가 얼어붙었다. 국내외를 막론하고 어떤 이동과 만남도 조심스러운 시국이다. 이런 세상에서 나는 어떻게 살아가고 있을까? 먼저 나에 대한 소개가 조금 필요할 것 같다.

첫째, 나는 여행을 참 좋아한다. 학기가 끝날 때마다 해외여행을 떠났다. 스무 살이 되자마자 시작한 해외여행은 벌써 10개국이 넘어간다. 종강마저 기다리기 힘들어 학기 중에 여행을 다녀온 적도 많았다. 한번은 교수님께서 "저번 수업은 왜 빠졌는가?" 물으셨다. 조용한 강의실에서 내 한마디가 정적을 깼다. "대만… 다녀왔습니다." 그렇다. 나는 여행에 미쳐 있었다. 여행은 또 다른 나를 마주하게 한다. 한국에서는 남의 눈치를 본다면, 해외에선 마냥 즐기게 된다. 그런 여행의 매력에 빠지면 그 누구도 도망칠 수 없다.

둘째, 나는 옷을 굉장히 좋아한다. 나를 표현할 수 있는 가장 첫 번째 수단은 바로 옷이라고 생각한다. 누군가와 처음 마주할 때, 내 옷차림이 상대방에게 강력한 첫인상을 남기는 한 수가 되기 때문이다. 그래서 시간이 날 때마다 옷 가게를 참 많이 돌아다녔다. 또 구제를 좋아해서, 서울에서 가장 큰 구제 시장인 동묘도 자주 갔다. 사람들과 몸을 부대끼며 옷 무덤에 올라가 발굴하는 그 재미, 아마 구제를 사랑하는 이들이라면 알 것이다.

셋째, 활동적인 것을 좋아한다. 단순해 보이는 말이지만, 굉장한 의미를 담고 있다. 나는 집에 앉아서 가만히 있지를 못한다. 여행을 다니는 것도, 옷 가게를 꾸준히 돌아다니는 것도, 모두 내 에너지를 표출하는 과정이자 방식이다. 그래서 나는 영화나 드라마 보는 것을 별로 안 좋아한다. 남들이 좋아하는 그 흔한 넷플릭스, 왓챠 같은 플랫폼도 지루해 죽겠다. 그나마 유튜브가 나한테 제격이다. 짧고, 섬네일이 자극적이며, 비교적 요약되어 있다. 집에서 뭔가를 만들고 가위질하는 것도 정말 지루하기 짝이 없다. 십자수를 하거나 그림을 그리는 건 상상도 못 할 일이다. 카페에 앉아서 수다를 떠는 것도 귀찮다. 무언가를 구경하며 걸어 다니거나 자전거를 타는 일만이 나의 동력원이 돼 주었다.

'나'라는 존재에 집중하는 시간

간단하게 내 소개를 마쳤다. 한마디로 요약하자면, 코로나19 사태가 불러온 삶의 양식은 내게 재앙 그 이상이었다.

코로나가 국내에 유입되어 점점 그 몸집을 불려 가던 시점이 1월 말부터 2월 중순까지였다. 그때까지만 해도 심각성을 인지하지 못하다가, 2월 중순 이후 대구에서 엄청난 집단 감염이 발생하면서, 한국은 사상 초유의 사태에 진입하였다. 내가 다니는 학교는 결국 1학기 전면 사이버 강의를 선택하게 된다. 진퇴양난이었다. 한시라도 몸을 움직이지 않으면 근질근질한 내게 끔찍한 선고가 내려진 것이다.

3월 한 달은 침대 위에서 시름시름 앓았다. 매일 반복되는 지루한 일상이 삶의 이유를 죽여 가고 있었기 때문이다. 더군다나 1월 중순까지 해외에서 3주를 보내고 2월 초중순에는 미리 계획했던 경주, 부산, 밀양 여행까지 다녀왔으니 급변한 일상의 괴리감 때문에 더욱더 힘들었다. 일어나면 밥 먹고, 수업 듣다가 누워서 휴대전화 보고, 그러다 잠들어서 일어나면 아침이었다. 진짜 동물이 된 기분이었다. 살기 위해 최소한의 행동만 하는 그런 동물 말이다. 활동성의 위축은 점점 우울함으로 이어졌다. 한심한 사람이 된 것 같아 자존감도 떨어졌다. 하지만 극복해야 했다. 움직여서 다시 나를 되찾아야 했다. 그런데 어떻게 되찾지?

우선 아르바이트를 찾기 시작했다. 하지만 이 시국에 일자리 찾기란 하늘의 별 따기다. 겨우 찾은 일자리는 연락해 봤자 허공의 메아리였다. 하지만 정말 운 좋게 재택 일자리를 구하게 되었다. 모바일 채팅 앱app의 불량 사용자들을 단속하는 일이었다. 코로나의 여파로 앱 이용자가 급격하게 늘었다고 한다. 덕분에 나는 돈벌이가 생긴 것이다.

두 번째로 나는 블로그를 시작했다. 소셜 네트워크를 이용해서 그간의 여행기를 올려 사람들과 소통하기로 했다. 사람들도 온종일 할 거리가 없는지 내 블로그를 많이 찾아와 줬다. 그렇게 내 삶을 공유하고 소통하면서 '아 그래, 나만 코로나 세상에 갇힌 게 아니잖아?' 우리 모두에게 이런 세상이었음을 다시 한 번 깨달았다.

세 번째로 안 하던 행동을 하기 시작했다. 넷플릭스에 있는 영화나 드라마를 정주행했다. 집에서 주변 사람들에게 추천받은 작품을 하나씩 보았다. '어라, 이거 내가 알던 고리타분한 넷플릭스랑 완전 정반대잖아?' 새로운 세상이었다. 액정 속의 따분한 그림일 뿐이라고 여겼던 내가 우스웠다. 집에서 화면 너머로 인간의 무한 창작 세계를 엿보다니!

그리고 십자수나 바느질 같은 것과는 일면식도 없을 사이라고 생각했던 내가 액세서리를 만들기 시작했다. 뭐라도 움직여야 지루함이 달아나지 않을까 싶었다. 남아도는 것이 시간이니 직접 만들어 보자는 생각에 동대문 부자재 시장으로 한걸음에 달려갔다. 결과는 성공. 온종일 기계처럼 만들어 냈다. 내가 착용할 거니까 시간 가는 줄 모르고 만들었다. 마치 예술가가 된 느낌이 들었다.

이외에도 요리나 방 정리를 자주 하고, 일정을 정리하거나 언어 및 자격증 공부를 하는 등 꽤 많은 일을 하게 되었다. 코로나19 사태로 나만의 시간이 길어지면서 '나'라는 존재에 굉장히 집중할 수 있게 됐다. 자기계발에 끊임없이 힘을 썼고, 나의 존재감을 잊지 않기 위한 노력을 집안에서 하려고 했다.

유료 게임하고, 배달해서 먹고, 쇼핑하고…

그런데 나와 더 가까워지는 시간을 갖는 만큼, 소비도 코로나 사태 이전보다 배로 하게 됐다. 첫 번째로 혼자 있는 시간 동안 유료 게임에 돈을 꽤 썼다. 그중 육성게임을 많이 했는데, 나를 게임 캐릭터에 투영시켜 조작하는 것이 참 재밌었다. 나만 그런 것이 아니었다. 어느 순간부터 〈동물의 숲〉이 엄청나게 화제가 되었다. 이 게임을 직접 해 보니 마치 내가 그 숲의 구성원이 되어 생활하는 느낌이 들었다. 게임을 통한 일종의 대리만족이랄까? 사람들 모두 게임으로 자신의 처지를 위로하는 듯싶었다.

두 번째로 먹는 것에 돈을 쓰기 시작했다. 먹는 것으로 스트레스를 풀기 시작한 것이다. 평소 같았으면 직접 식당에 갔을 텐데, 배달 앱을 정말 많이 이용했다. 참 세상 좋아졌다고 느꼈다. 집에서 한 발자국도 안 나가고 마카롱을 먹을 수 있다니, 부리토를 먹을 수 있다니! 비행기를 타지 않아도 식탁 위에 펼쳐지는 월드 퍼레이드랄까? 그런 신기함에 돈을 꽤 쓴 것 같다. 나름 신문물 체험이라는 명목으로 팟타이·나시고렝·빙수·도넛·양념 게장 등, '아니 이런 것까지 배달해 준다고?' 할 만한 것들을 사먹었다. 맛있고 신기하고, 일거양득의 행복감을 즐겼다. 그러다 보니 나는 정말 확'찐'자가 돼 있었다. 그런데 먹는 것은 즐겨 봤자 고작 1~2시간뿐이다. 그 뒤에는 또 따분함이 찾아온다. 나는 필사적으로 몸부림친다.

세 번째, 쇼핑하는 데 돈을 쓰기 시작했다. 나가질 못하니 어쩌다 약속이 잡히면 옷 쇼핑을 대대적으로 했다. 일상과 같던 외출이 특별한 날로 전락해 버린 것이다. 시간을 보낼수록 쇼핑몰 장바구니도 무거워져 간다. 언젠가 이렇게 차려입고 나가지 않을까? 혼자 상상의 나래를 펼치며 열심히 고르다 보면 시간이 훌쩍 지나가 있다. 어째 코로나 전보다 돈을 더 쓰는 것 같다. 옷을 '사는 행위' 자체가 내겐 스트레스 해소 방법의 하나가 된 것이다.

집에서 맛있는 것도 먹고, 옷도 사 입고, 게임을 하다 보면 문득 부질없다는 생각이 든다. 일시적인 지루함을 떨쳐 내려고 돈을 생각 없이 쓰는 것 같았다. 물론 우리가 돈을 버는 이유도 다 잘 먹고 잘살기 위함이 아니겠는가? 그런데 나는 이런 소모적인 행위를 통해 과연 무엇을 얻었고 남겼는지 알기 어려웠다. 도래한 임모빌리티immobility 시대에 이러고만 있을 수 없었다. 여행을 떠날 수 없다면, 여행에 버금가는 힐링을 무엇으로 할 수 있을까? 나는 고민했다.

그래서 생각해 낸 것이 바로 '호캉스'였다. 호캉스란 호텔과 바캉스의 합성어로, 호텔에서 휴식과 함께 액티비티activity, 술, 음식 등을 즐기는 것이다. 친구, 연인, 가족 그 누구와도 함께할 수 있지만 당연히 홀로 즐길 수도 있는 최고의 도심 속 힐링이라고 할 수 있다. 사람들과 접촉을 최소화하면서 마음 편하게 색다른 하루를 보내는 것이다.

나는 호캉스를 하기로 결심했다. 여행을 가지 못하니 호캉스로 하루라도 여행 기분을 내고 싶었다. 나처럼 생각하는 이들 역시 한두 명이 아니었으리라. 이미 호텔 업계는 발 빠르게 움직이고 있었다.

여기저기 코로나 안심 구역이라는 팻말을 내붙였고, 다양한 프로모션을 내세웠다. 요즘 호텔 업계 추세가 1.5박 스테이stay다. 보통 호텔은 오후 3시 체크인, 다음 날 오전 11시 체크아웃이 흔하지만 1.5박 스테이는 오후 12시 체크인, 다음 날 오후 6시에 체크아웃이다. 낮잠도 늦잠도 실컷 잘 수 있는 상품이다. 욕조가 있는 방엔 입욕제 어메니티amenity를 두기도 하며, 치맥(치킨과 맥주), 와인과 케이크 등 다양한 상품으로 손님을 모은다. 조식이 중단된 곳이 많지만, 아메리칸 조식을 내세워 방으로 직접 가져다주는 서비스를 운영하거나 최대한 뷔페식 운영을 자제하는 방향으로 조식을 제공했다. 코로나로 가장 타격을 받은 산업 중 하나가 바로 관광 업계인데, 이에 대응하여 최선의 노력을 하고 있었다.

결론적으로 움직임은 최소화하면서 흥미를 극대화하려고 보니 돈이 배로 들었던 것 같다. 특히 호캉스는 5성급 이상의 호텔을 이용하려면 1박에 평균 20만 원 이상의 방이 대다수였다. 옷은 직접 보고 사지 못하니 상품의 질을 정확히 파악할 수 없었다. 그래서 원치 않은 질의 옷을 받기도 했다. 또한, 손쉽게 결제가 가능한 세상이니, 생각 없이 쓰게 되는 경향이 짙었다. 소비 습관에 대하여 자아성찰을 하게 되는 시간이었다.

'나'와 '너' 그리고 '우리'의 노력으로 극복해야 한다

코로나 사태 속에서, 나는 이렇게 나대로 해답을 찾아가고 있었다. 하지만 불변의 사실은 모빌리티mobility의 중요성은 어마어마하다는 것이다. 집단에 속하거나, 대면 접촉을 통해 얻는 것이 어떤 의미가 있는지 이미 시장에서 많이 증명되었다. 아주 간단한 예로, 현대 독서실은 과거와 다르게 개방형으로 진화하고 있다. 왜 개방형인가? 왜 내가 공부하는 걸 남과 공유해야 하는가? 이유는 간단하다. 경쟁심이 일어나니까. 나만 있는 게 아니니까. 혼자 있으면 감시망이 사라지고, 경쟁에서 얻는 성취감이 무엇인지 점점 모호해지는 경향이 있는 것 같다.

코로나 바이러스가 종식되지 않는다고 한들, 혹은 더 강력한 바이러스가 나온다고 한들 대면의 중요성은 그 누구도 무시할 수 없을 것이다. 그러나 백신이 없는 현 시점에서 우리가 중점을 두어야 할 것은 비대면을 어떻게 현명하게 수행할 것인가이다. 앞으로 비대면 사업은 백신, 집단 면역과 같은 새로운 게임 체인저game changer가 등장하지 않는 이상, 모든 분야에서 투자 가치가 엄청날 것이다. 설령 게임 체인저가 등장한다 해도, 이제는 포스트 코로나 시대로서 새로운 대체 시스템을 준비해야 한다.

이런 관점에서 나는 가상현실VR 산업을 굉장히 흥미롭게 보고 있다. 아직은 '정말 현실감 넘친다!'고 말할 수 있는 VR 기기가 많이 없을 뿐더러, 가격도 굉장히 비싸서 1대 1가정 보급은 어려운 상태다. 게다가 코로나 사태 이전에는 사람들이 비대면의 중요성을 크게 못 느꼈기 때문에 VR은 그저 오락 요소에 가까웠을 것이다. VR 체험방, VR 방 탈출 같은 시설이 번화가에 많이 들어 와 있지만 그마저도 가격이 만만치 않다.

과거에는 가상현실이 그저 미래 어딘가의 이야기인 줄만 알았다. '내가 죽기 전까지 가상현실이 생활의 주가 되는 세상이 올까?'라는 생각이 만연했다. 하지만 이제는 생각을 바꿨다. 비대면과 대면의 경계를 허물기 위한 노력이 앞으로는 정말 큰 숙제가 될 것이다.

넷플릭스 시리즈 중에 정말 많은 찬사를 받은 〈블랙 미러Black Mirror〉라는 작품이 있다. 이 시리즈는 가상현실과 같은 첨단 기술을 이용하는 인간의 어두운 면과 그에 따른 교훈을 잘 담아냈다. 드라마를 보면 머리에 기기를 부착해 가상현실로 들어간다. 가상현실에선 나의 모든 신경과 감각이 현실과 똑같이 구현되며 사랑을 하든, 못 이룬 꿈을 펼치든 그 누구도 신경 쓰지 않는다. 이 기기의 포인트는 바로 현실과 구분하지 못할 정도의 완벽한 현실 구현으로 비대면과 대면의 경계를 지워 버리는 것이다. 영화 〈인셉션Inception〉 또한 비슷한 맥락으로, 설계된 꿈 즉 가상현실로 들어가 원하는 정보를 얻거나 본인만의 세계에서 원하는 대로 살 수 있게 된다. 이 영화의 포인트 역시 현실과 꿈을 구분하지 못하는 것이다.

이렇게 세상은 영화나 드라마처럼 가상현실 기술을 이용해 산업혁명 이후 또 다른 혁명을 맞이할 것이다. 코로나 사태로 취소된 스포츠 경기, 콘서트 등은 모두 관중이 절실히 필요한 이벤트다. 전시회, 회의, 학교 등에서 현장에 있는 듯한 가상현실이나 증강현실AR이 구현된다면, 대면으로 인한 전염은 거의 일어나지 않을 것이다. 여기에 전폭적인 투자로 실감경제XR, 혼합현실MR 분야까지 실생활에 접목된다면, 내가 겪었던 따분하고 지루한 코로나 일상들이 360도로 변화할 것이다. 사람들은 자신만의 시간을 좀 더 확보할 수 있을 것이며, 한층 더 자유로운 삶을 살 수도 있다. 또한, 발전된 가상현실 게임은 오감을 뛰어넘는 스릴과 재미를 줄 것이며 수많은 산업의 확장과 기회를 가져다줄 것이다.

하지만 가상현실을 통해 우리는 바이러스에게 승리한 삶을 살 수 있다고 말할 수 있을까? 이것이 바로 우리가 앞으로 해결해야 할 문제다. 나의 진짜가 무엇인지, 어디에 있는지 구분이 어려울지 모른다. 경계가 흐려지면 사람들은 굳이 진짜 나를 찾을 의지를 잃을지도 모르겠다. 그리고 개개인이 지켜야 할 법과 규칙 따위는 없는 세상에서 벌어지는 비윤리적인 행위를 간섭하기 어려울 것이다. 이 모든 것을 해결하기까진 오랜 시간이 걸릴 것이며, 어쩌면 해결하지 못할 수도 있다. 그렇지만 반드시 우리가 해결해야만 하는 문제다.

코로나 사태로 인간다운 삶을 제대로 살지 못하는 것은 사실이다. 현대문명에서 사람들과 부대끼며 일을 하고, 밥을 사 먹고, 옷을 사 입고, 여가를 즐기며 스트레스를 덜어 내는 것은 당연한 행위인데, 코로나 때문에 통제받게 됐으니 말이다. 돌이켜 보면, 결국 바이러스의 발생도 문명과 인간의 만든 나비효과의 결과라고 생각한다. 나의 생활양식이 앞으로 발생할 모든 환경문제, 바이러스 문제에 책임이 없다고 말하기 어렵기 때문이다. 이 사태를 앞으로 계속 비관적으로 바라보기보다는, 일말의 책임감과 함께 어떻게 우리 세상이 긍정적인 방향으로 나아갈 수 있을지 노력하는 개인이 되고 싶다. 출발은 '나' 하나, 그리고 짜증과 지루함, 도망침의 연속이었지만 결국 이는 나와 너, 우리의 노력 없이는 극복되지 않는 것임을 깨닫는다.

이수민_대학생

방구석 인문학자들

"질병관리본부 중앙방역대책본부는 오늘 0시 기준 추가된 확진자가 49명이라고 밝혔습니다. 이 중 서울이 29명, 경기가 14명, 인천이 1명으로, 수도권 확진자만 44명에 달했습니다."

이제는 별 무게감도 느껴지지 않는 앵커의 일상적인 멘트가 아침을 알린다. 지금이 몇 시인지도 모른 채 밤 동안 메말라 갈라진 목구멍에 냉수 한 컵을 흘려보낸다. 넓은 식탁에는 원래 그랬던 것 마냥 노트북과 전선들이 깔려 있고, 그 자리에는 화상회의에 참여 중인 누나의 모습도 보인다. 회의를 하는 것으로 보아 시간은 대충 10시 정도인 듯하다.

아직도 잘 떠지지 않는 눈을 비비적거리며 시계를 보니 얼추 맞는 것 같다. 비몽사몽 화장실에 들어가 간단히 씻고 나온다. 준비를 하고 학교 온라인 캠퍼스로 들어가 바로 수업 준비를 한다. 아침마다 전쟁통처럼 바빴던 나의 일상은 시작부터 확실하게 변하고 있었다.

비대면 수업으로 이번 학기를 시작한 지도 벌써 석 달을 지나 학기의 끝을 향하고 있다. 실시간 강의가 하나뿐인 이번 학기 시간표 덕분에 휴대전화의 알람 기능은 맞지 않는 옷처럼 전혀 쓸모가 없게 되었다. 그저 눈뜨는 대로 일어나면 되고 감기는 대로 다음 날을 기다리면 된다. 그동안 느끼지 못했던 여유와 느긋함을 인지하고, 가장 인간적이며 자연적인 삶을 누리고 있다.

흘러가는 대로 살 것인가, 생각하며 살 것인가

바쁜 현대사회에서 누가 이런 모습을 상상이나 할 수 있었을까. 분명 누구나, 물론 모두가 그런 것은 아니겠지만, 상상했던 여유로운 삶의 모습과 인간이 그토록 열망해 오던 기술적 편의 사회의 진면목을 볼 수 있는 시대가 되었다. 모든 것이 잘 진행되는, 문제가 없는 것처럼 느껴지는 삶이다. 문제가 없는 것'처럼'. 그러나 우리는, 아니 적어도 나는 문제가 있다고 생각했다.

바뀐 삶에서 느껴지는 문제는 단편적이지 않다. 만물의 영장이라는 말처럼, 인간은 굉장히 복잡한 존재다. 항상 이성적이지도 않고 항상 감정적이지도 않다. 좋아하는 것을 계속 좋아하지도 않으며 절망에 빠져 있더라도 어느새 땅을 뚫고 올라온 새싹처럼 희망찬 표정으로 하늘을 올려다보기도 한다. 이렇게 복잡한 인간의 삶이 점차 단순화되어 가고 있다. 행동 반경과 사람들의 연결이 제한되어 나의 일상적 동선은 집 안에 머무르고, 거리는 비어 있어 스산한 느낌이 든다. 기계 같은 하루가 반복되어 얼굴에는 웃음이 사라져 가고 있다.

물론 성향에 따라 현재의 비대면 삶을 선호하는 사람도 있을 것이다. 사실, 집 안에서 스마트폰 하나면 모든 것을 해결할 수 있는 이 편리한 시대에 이러한 흐름을 따르지 않는 것은 진보된 미래에 뒤처진 것처럼 보일 수도 있다. 그러나 정말 '모든 것을 해결할 수 있을까'라는 질문에 선뜻 그렇다고 답하기가 어렵다.

인류의 탄생부터 성장, 그리고 현재에 도달하면서, 사람은 서로를 필요로 하는 존재였다. 수렵 채집의 사회에서부터 분업이 이루어졌고, 농업사회로 들어서면서 이러한 현상은 훨씬 심화하였다. 사람들은 점차 도시에 모이게 되었고 그 안에서 서로 간의 교류를 통해 새로운 아이디어와 의견을 공유하며 지냈다. 그들은 서로 Giver-Receiver 관계가 되어 더 생산적인 삶을 살 수 있었다. 결국, 사람은 사람을 필요로 한다.

다른 전염병과 문제들이 그동안 존재했음에도 불구하고 이렇게 비대면 사회가 도래한 것은 실로 역사적인 일이다. 백 년 뒤에 현재의 역사를 돌아본다면, 인류 사회는 코로나19의 발생 전후로 나뉠 수도 있을 것이다. 사람이 사람을 필요로 하는 본능과 전통성이 전환되는 계기가 되는 것이다.

그러나 코로나19로 인한 연결의 제한은 오히려 '진짜 인간관계'로 거듭나게 만들었다. 연결과 교류의 기대비용이 늘어난 만큼 한 번의 만남과 연결이 굉장히 소중해졌다. 인스턴트식 인간관계에 지쳤던 사람들은 본인에게 필요한 사람과 그렇지 않은 사람을 구분 지을 것이다. 아시아권 문화의 특성상 눈치가 매우 중요시되는데, 긍정적 효과만큼 스트레스가 수반될 수 있는 인간관계에서 이 눈치라는 요소는 스트레스를 증폭시키는 경우가 더러 있다. 만나자마자 눈치부터 봐야 하는 회사 사람들 같은 경우 말이다.

사실 이런 인간관계는 보통 강제적인 이유나 압력에 의해 형성된다. 비대면 사회에서는 이런 사람들과의 연결과 교류를 위해 애쓰거나 노력하지 않는다. 그리고 이런 관계보다 더욱 친밀한 친구 관계에서도, 자신의 필요를 기준으로 주변인들에 대한 우선순위를 매기게 될 것이다.

그런데 아이러니하게도, 이러한 모습은 앞서 언급했던 과거 수렵 채집의 시대와 농업 시대의 모습과 비슷하다. 그 당시에는 서로가 서로에게 진정으로 필요한 존재였다. 한 사람이 없으면 그것이 나비효과가 되어 전체 집단에 대한 큰일로, 보통 부정적으로 발현될 수 있었다. 논농사에서 한 사람의 공백이 얼마나 큰지를 생각해 보면 이해가 쉬울 듯하다. 그리고 가족 중심의 친밀한 관계라는 특징이 있다. 보통 소규모 집단이었기 때문에 가족을 중심으로 하는 동족촌 형태의 모습이 일반적이었다.

이러한 모습은 현재의 비대면 사회와 아주 밀접한 부분이 있다. 집 밖을 나가기 어려우니 당연히 가족 중심의 생활로 변할 수밖에 없고, 부득이하게 외출하더라도 가까운 지역에 있는 사람들과 만나는 것이 최선이다. 서로의 위험을 줄이기 위해 상대적으로 더욱 신뢰하는 관계만 유지하게 된다. 관계 속에서 지쳤던 현대인들이 코로나를 통해 비로소 관계의 필요성과 관계 안에서의 따뜻한 감정, 활력을 얻게 될 것이고, 이는 곧 과거로의 회귀로 이어질 수 있다.

회귀는 도태나 정체와 다르다. 우리가 열심히 노력하고 달려가지만 그 방향이 인류를 부정적인 결과로 이끄는 것이라면, 그 방향에 대해 고민해 볼 필요가 있다. 인간이 인간으로 남을 방법은, 최대한 인간답게 생활하는 법을 잘 아는 것이다.

코로나19로 인한 사회의 변화는 우리에게 많은 이야기를 하고 있다. 무엇이 옳은지, 어떻게 사는 것이 맞는 것인지 등, 그 어느 때보다 사유와 생각이 깊어진 현재를 보며 우리 인류를 다시 돌아보게 되는 것 같다. 그저 흘러가는 대로 살 것인지, 생각을 하며 살 것인지, 무엇이 인간인지, 모두가 인문학자가 되어 본인만의 인간성과 관계를 재정립하는 시간을 보내면 좋을 것 같다.

"코로나19 신규 확진자 수가 16일째 10명 안팎을 유지하고 있는 가운데 정부가 사회적 거리두기 대신 생활 속 거리두기로 전환하겠다고 발표했습니다."

그 어느 때보다 사람들은 이 뉴스에 눈과 귀를 기울이고 환호했다. 누구보다 관계에 치여 살던 사람들이지만, 사실은 그들 안에 내재한 본성이 끊임없이 소리치던 것은 아니었을까.

장동원_대학생

러시아에서 살아남기

2020년 3월 21일, 모스크바로 유학을 온 지 206일째, 아름답고 웅장했던 나의 황금빛 모스크바가 멈춰 버렸다. 하늘길이 막혔고 생필품을 파는 마트를 제외하고 내가 다니던 학교를 비롯해 식당, 박물관 등 모든 건물과 공원이 문을 닫았다. 대부분의 회사도 재택근무 체제를 도입했다. 중국 우한에서 발생한 코로나 바이러스 때문이다. 모든 것이 단 하루 만에 바뀌어 버렸다.

길거리엔 그 많던 사람들 대신 비둘기만 가득했고 마트엔 쌀과 고기를 비롯한 생필품이 한 번에 동이 났다. 마스크는 팔지 않았다. 황당함, 두려움, 슬픔, 아쉬움, 여러 감정이 한 번에 파도처럼 밀려왔다. 러시아가 전 세계 감염자 수 2위의 나라가 될지는 꿈에도 모른 채, 매일 아침 피곤한 몸을 이끌고 가던 학교를 갑자기 안 가게 되니 기쁜 감정마저 들었다. 주거지에서 가장 가까운 마트에 가는 것을 제외한 통행금지령이 발령되었고, 나에겐 적지 않은 문제들이 닥쳐왔으며 나의 삶은 변해 갔다.

내가 가장 먼저 해결해야 했던 문제는 바로 인간 생활의 세 가지 기본 요소 중 하나인 식食, 먹을 것이었다. 나는 번거롭게 집에서 요리를 해 먹기보단 주로 모스크바의 다양한 레스토랑이나 카페, 한식당, 기숙사 바로 앞에 있는 맥도날드에서 점심과 저녁을 해결했다. 나에게 요리란 그저 다가가기 어렵고 감히 범접할 수 없는 어머니의 몫 같은 것이었다. 하지만 통행금지가 발령된 지금, 오로지 살기 위해 요리를 해야 했다. 할 수 있는 음식이라고는 라면과 계란 프라이가 전부였던 나는 유튜브, 블로그, 어머니의 조언을 참고하여 끊임없이 시도했고 실패했고 발전했다.

내가 만든 음식을 맛있게 먹어 주는 기숙사 친구들의 모습은 나에게 자신감을 주었고, 이 자신감은 나의 삶에 활력을 불어넣었다. 요리가 어느 정도 손에 익었을 무렵 나는 내가 가장 좋아하는 화이트 초콜릿 마카다미아 쿠키를 구웠다. 타지에서 그리워하기만 했던 된장찌개, 김치찌개, 제육볶음, 김밥 등의 음식뿐만 아니라 쿠키까지 내 손으로 직접 만들어 먹을 수 있게 된 것이다.

요리는 생각보다 특별한 게 아니었고 그렇게 어려운 것도 아니었다. 언제라도 마음만 먹으면 누구나 시작할 수 있는 일이었다. 해 보지도 않은 일을 나는 그저 어머니의 몫이라 단정 지으며 지금까지 나 자신에게 핑계를 대며 합리화하고 있었는지도 모른다. 요리를 하면서 우리 가족에게 맛있는 음식을 해 주시던 어머니의 감정과 노고를 알게 됐고, 후회됐고, 죄송했고, 또 감사한 마음이 들었다.

또한 지금 글을 쓰면서 드는 감정은 '이 쉬운 걸 왜 진즉에 시작하지 않았을까'라는 아쉬움과 '한국으로 돌아가서 내가 직접 우리 가족, 친구들, 내가 사랑하는 사람들에게 요리해 줄 수 있게 됐다'라는 기쁨이다. 유난히 어머니가 해 주는 음식이 그리운 오늘이다.

코로나 바이러스가 나에게 준 뜻밖의 선물

무료했고 심심했고 답답했다. 일어나서 원격 수업 듣기, 밥 먹기, 설거지하기, 집 앞 마트 가기, 넷플릭스나 유튜브 동영상 보다가 자기. 반복되는 일상이었다. 마치 군대에 재입대한 것 같았다. 이러한 환경과 이로 인한 감정들은 나를 뭐라도 하게 만들었다. 난 어느새 백 번 시도하면 백 번 작심삼일(作心三日)로 끝나 버렸던 규칙적인 삶을 살고 있었고, 그 삶이 지루하지 않게 계속 변화를 찾아갔다.

그때 눈에 들어온 것이 먼저 한국으로 귀국한 친구가 남긴 기타였다. 인디 음악 듣는 걸 좋아하는 나는 기타를 배우고 싶었지만 이런저런 이유로, 아니 핑계로 미뤄 왔다. 창밖은 어느새 러시아의 추위가 가신 봄이었고 난 〈벚꽃 엔딩〉이라는 곡을 배웠다. 그리고 기숙사에서 나만의 봄을 맞았다. 평소 기타 소리가 들리면 손으로 기타 치는 시늉을 하던 게 다였던 내가 미흡하지만 직접 기타를 칠 수 있게 된 것이다.

이런 취미 활동도 물론 중요하지만 난 놀러 온 게 아니라 공부를 하러 온 유학생이었다. 원격 수업 강의를 듣고 과제를 하기 위해 러시아어 타자를 배우고 연습했다. 또 하다 보니까 금방 익숙해져서 숙제와 공부 능률이 향상되었다. 러시아어 타자 연습은 러시아로 유학을 오기 전부터 시도했지만, 러시아에 와서 한 학기가 끝날 때까지 정말 단 한 글자도 쳐보지 않았는데 이제서야 하게 된 것이다.

평소에 해 보고 싶었지만 여유가 없다는 핑계로 못했던 것들을 하게 됐다. 코로나 바이러스가 전 세계로 퍼져 통행금지가 내려지지 않았다면 아마 이런 것들은 시도조차 해 보지 못했을 것이라고 확신한다. 나는 통행금지 속에서 규칙적인 삶을 살게 되었다. 그리고 그 삶에서 일어나는 작은 변화와 발전에서 얻는 뿌듯함과 성취감은 코로나로 인한 암울하고 답답했던 러시아 유학 생활에 활력을 불어넣어 주었다.

통행금지가 조금 완화되어 일주일에 2회 개인적인 목적으로 대중교통을 이용하여 외출할 수 있게 됐다. 동시에 한국 정부가 인천행 특별기를 모스크바로 보내 주기 시작했고, 같은 날 함께 한국으로 귀국할 것만 같았던 친구들이 하나둘 한국으로 떠나갔다. 이젠 러시아에서 유학한다는 느낌보단 생존한다는 느낌이었다.

내가 생존이라고 표현해도 무방할 유학 생활을 계속하며 끝까지 러시아에 남도록 마음먹게 해 준 건 내 여자 친구이다. 나에겐 러시아 여자 친구가 있다. 그래서 통행금지 완화 소식은 나에겐 너무나도 기다려 온 기쁜 소식이었다. 여자 친구와 함께 새 침대를 조립했고, 같이 한 침대에서 한국 드라마를 봤으며, 매주 두 번 어머님의 맛있는 러시아 가정식을 먹을 수 있었다. 가족들과 한 식탁에서 보드카와 샴페인을 마시며 2020년의 퍼레이드 없는 전승기념일을 축하하고 러시아 노래를 배웠다.

또 여자 친구와 한국 대표 음식 중 하나인 김밥을 만들고, 그 과정을 영상으로 촬영해 편집해서 학교 요리 콘테스트에 참여했다. 자신의 요리를 다양한 국적의 학생들에게 소개하고 레시피를 공유하는 콘테스트였다. 한국의 대표적인 음식 김밥을 내가 다른 나라 학생들에게 소개할 수 있어서 너무 영광이었고 그 뿌듯함은 이루 말할 수 없었다.

어느 누가 내가 러시아에 와서 동영상까지 편집할 거라고 상상이나 했을까. 무서워했고, 혐오했고, 증오했던 코로나 바이러스가 나에게 큰 기회와 경험을 선물해 준 것이다. 이런 즐겁고 행복한 경험들은 날 더 열심히 살아가게 했고 나에 대해 더 깊게 생각하게 해 주었다.

세상은 멈춘 듯 보이지만 변함없이 흐르고 있다

집에만 있는 시간이 많다 보니 나에 대해 생각해 볼 시간이 충분했다. 내 생각을 정리했고 내가 누군지 끊임없이 생각했으며 미래를 계획했다. 코트라KOTRA 인턴에 합격해 다시 모스크바로 돌아오겠다는 목표가 생긴 나는 코로나 바이러스가 퍼지기 이전보다 의욕이 넘쳤다. 지금 이 기간이 인생이라는 긴 여정 속에 들르는 따뜻한 라면과 호두과자를 파는 휴게소 같다는 느낌이 들었다.

내가 왔던 길을 되돌아볼 수 있었고, 앞으로 내가 어떤 길로 어떻게 나아가야 할지 명확해졌다. 매주 토요일 모스크바에 있는 한국 사람들끼리 하던 축구, 매일 밤 하던 고리키Gorky공원 산책, 항상 설레던 맛집 탐방, 학교에서 다양한 국적의 친구들과의 만남, 유럽 여행 등…, 코로나 때문에 할 수 없게 되고 무산된 일들은 셀 수 없이 많다. 하지만 코로나 바이러스가 아니었다면 시도해 보지도 못했을 것들을 해 보았고, 덕분에 소중한 추억과 경험까지 얻었다.

위기를 기회로 바꾸라는 말이 있다. 코로나 바이러스를 답답해하고 두려워하고 낙담만 할 것이 아니라, 오히려 이 코로나 시대를 이용해서 자신의 소중한 시간으로, 스펙으로 만든다면 인생에 다시 찾아오지 않을 기회임을 확신한다.

여자 친구가 해고됐다. 별다른 지원 없이 거의 모든 회사에 유급휴가를 명령한 러시아 정부의 무책임한 행동 속에 여자 친구는 회사의 폭풍 같은 구조 조정을 피할 수 없었다. 코로나 바이러스가 전 세계적으로 퍼짐에 따라 세계경제는 심각한 타격을 입었고 많은 사람이 해고되었으며 수많은 젊은이가 일자리를 구하지 못한다는 건 온 세상이 다 아는 사실이다. 하지만 겪어 보지 않으면 모른다고 나에게 그렇게 크게 다가오지는 않았다. 그러나 여자 친구가 해고되고 여자 친구와의 한국 여행이 무산된 이후 코로나 바이러스의 존재감을 온몸으로 느낄 수 있었다. 너무 슬펐고, 증오했고, 분노했다.

언제까지나 앉아서 슬퍼하고 화풀이할 대상을 찾을 수는 없다. 살아 있다면 뭐라도 해야 한다. 세상은 멈춘 듯 보이지만 사실 변함없이 흘러가고 있고 우리를 기다려 주지 않는다. 전문가들은 코로나 바이러스로 인한 경제 손상이 복구되는 데 적지 않은 시간이 소모될 것이라고 말한다. 즉, 이 에세이의 주제처럼 '포스트 코로나 시대'라는 말이 생길 정도로, 코로나가 지배하는 이 사회의 분위기와 상황은 쉽게 끝나지 않을 거라는 뜻이다.

우리는 이런 어수선한 분위기가 끝나길 가만히 앉아서 기다리는 것이 아니라, 이 분위기와 흐름을 타고 앞으로 나아갈 생각을 해야 한다. 거의 모든 학교는 원격 수업으로 강의가 이루어지고 있고 상당수의 회사도 재택근무를 한다. 서툴고 미흡했던 초반과는 달리 원격 수업과 재택근무의 질도 상당히 향상되었고 오히려 장점까지 찾을 수 있을 정도이다. 물론 앞으로 상황이 더 좋아지겠지만 전 세계 감염자 수가 0명이 되지 않는 한, 사람들은 한곳에 모이거나 많은 사람을 접촉하는 것을 꺼릴 테고 이는 자연스레 온라인 시장의 전성기로 이어질 것을 시사한다고 생각한다.

사람들은 쉽지 않은 상황에서도 어떻게든 방법을 찾아내 잘 적응하고 살아가고 있다. 그 방법이 바로 온라인 시장의 이용이다. 사람들이 바글바글한 쇼핑몰에 가지 않아도, 레스토랑에 가지 않아도, 학교에 가지 않아도, 회사에 가지 않아도, 쇼핑할 수 있고 배달시킬 수 있고 공부할 수 있고 일할 수 있다.

따라서 많은 기업에서 서포터즈supporters를 모집하는 등의 온라인 홍보 활동의 중요성이 더 커질 것이다. 이젠 온라인이 오프라인을 대체하는 것이 아니라, 오프라인이 온라인을 대체하게 될지도 모르겠다. 우리가 사는 세상이 바뀐 것이다. 다만 온라인 시장의 활성화는 모두가 예상했던 일이고 코로나 바이러스는 단지 이 시기를 앞당겼을 뿐이라고 생각한다.

6월 9일, 모스크바의 통행금지가 해제되었다. 사람들은 사회를 전쟁터라고 한다. 지금 코로나의 사태는 전쟁이 휴전된 것이 아니라 다른 방향으로 전투가 바뀐 것일 뿐이라는 생각이 든다. 변화를 받아들이고 적응해야 한다. 이 변화에 잘 적응하는 자가 앞으로 포스트 코로나 시대를 이끌게 될 것이다. 사회가 어찌 변하든 상관없다. 불평할 시간도 없다. 나는 또 나만의 방식으로 세상을 살아갈 것이다.

김홍주_대학생

| ' | O | n | l | i | n | e | ' | 세 | 계 | 와 |
| | | | | | | | 친 | 해 | 지 | 기 | | |

온라인으로 학교에 등교하는 모습을 컴퓨터를 통해
직관적으로 나타내고자 하였다. 식물로 '집'이라는
공간적 의미를 부여하는 동시에 새싹인 청소년을
비유하였다.

나를 용서한 시간

처음에는 그저 득이 될 수 있겠다는 생각밖에 들지 않았다. 겨울방학을 허비한 나는 개학이 연기된다는 기사를 보고 마음을 다잡았다. 코로나의 위험성을 크게 인지하지 못한 채 이번이 마지막 기회라고 생각하며 계획을 짰다. 매우 촘촘히 세워진 계획을 뿌듯해한 지 2주째, 나는 점점 지쳐 갔다. 사람의 의지는 촛불과도 같다. 누군가 '후' 불면 꺼지는 촛불처럼 의지는 위태롭게 생기고 이내 금방 사라진다.

나는 평소 계획을 잘 지키는 성격이 아니었다. 더욱이 집에서만 생활하다 보니 반신반의로 지켜지던 계획은 점점 나를 무기력하게 만들었다. 스스로의 삶을 살아가고 있지 못하다는 느낌이 나를 우울하게 만들었다. 생활습관은 점점 더 망가져 갔다. '어쩔 수 없이…'는 책임을 회피하기에 가장 쉬운 말이다. 남에게 떠넘기지는 못해도 자신이 그 책임을 다 감당할 수 없었다는 변명거리가 되기 때문이다. '다들 나처럼 생활하고 있겠지'라는 생각으로 집에만 갇혀 지내다 보니 나 자신이 망가질 수밖에 없다는 어리석은 생각을 하게 된 것이다.

물론 학교에 다니고 있었더라도 다른 변명거리를 지어냈겠지만, 코로나는 결과적으로 나를 나약하게 만들었다. 새벽에 눈을 뜨고 지내는 시간이 많아지면서 때로는 해가 뜰 때 잠자리에 들기도 했다. 난 침대에서 눈을 뜬 지 얼마 지나지 않아 곧 노을을 봤고 그럴수록 생각은 더 많아졌다.

인간관계에 욕심이 많은 나는 인간에 대해 생각해 보았다. 난 인간을 단연코 '이기적'이라는 단어로 표현하고 싶다. 지금까지 나온 코로나 발병 원인들을 보자면, 야생동물들을 마구잡이로 먹은 인간의 이기심 때문일 수도 있고, 위험한 실수를 하고도 침묵한 인간의 이기심 때문일 수도 있다. 또한, 개인적인 생각이지만 위생을 신경 쓰지 않고 자신의 편의만 생각하는 인간의 이기심 때문일 수도 있다.

결국 모든 원흉은 인간에게서 나왔다. 포식자가 아닌 이상 동물은 자신을 보호하고 자신의 개체를 보호하기 위해 행동하지, 자신의 편의만을 생각하고 자신의 이익만을 위해 행동하지는 않는다. 영리하면서도 영악한 인간은 자신을 위해 언제든 선택을 바꿀 수 있고 그 선택의 결과에 침묵할 줄도 안다. 이익이 되지 않는 상황에서는 박쥐처럼 행동할 줄 아는 것 또한 인간이다. 인간관계는 결국 자기 뜻대로 돌아가지 않으면 형성될 수 없다. 물론 다들 어느 정도의 배려를 하며 유지하지만 배려에도 한계가 찾아온다.

올봄 내 주변 사람들은 모두 한계를 경험한 것 같다. 난 겨우내 주변 사람들의 얼굴도 제대로 보지 못하고 그저 학원과 집을 오가며 살았다. 그렇다고 해서 열심히 학업에 매진한 것도 아니다. 돌이켜 보면 내가 왜 그랬을까 싶지만, 고등학생이라는 부담감과 어쩌면 이번이 바로잡을 수 있는 마지막 기회라고 생각해서였는지 되도록 집에 머무르려고 했다. 하지만 집 안에 있기만 하면 뭐하나! 난 아무것도 하지 않고 친구들의 SNS

만 열심히 들여다봤다. 모두 친구를 만나거나, 맛집을 찾아가거나, 그날 일과 중 뿌듯했던 것을 올리거나, 공부한 내용들을 올렸다.

무언가 모르게 친구들의 삶은 나보다 가치 있어 보였다. '차라리 나도 나갈까? 아니면 온종일 책을 읽어 볼까? 자습을 해 볼까?' 등 여러 생각을 했지만, 공부는 손에 잡히지 않았고 밖으로 나가기엔 양심에 찔렸다. 그럴수록 주변에서 일어나는 모든 일들이 더 부러워졌고, 결국 공부와 여가 모두 완벽히 해내지 못한 나는 최악을 맞이하게 되었다.

코로나와 함께한 봄은 내게 견디기 힘든 계절이었다. 인간관계를 포기하고 일상을 포기해야 했다. 코로나 때문에 집에서만 지내게 되면서 처음 2주간은 자습도 하고 나름 의미 있는 시간을 보냈지만, 이후의 내 삶은 완전 엉망이 되어 갔다. 난 원래 혼자 있는 것을 선호하지 않는 편인데, 강제로 혼자 집에 있다 보니 어디서부터 해결해 나가야 할지 몰랐다. 정신이 힘들어지면서 더욱 친구를 찾게 되고 인간관계에 더욱 집착하게 되었다. 하지만 각자의 삶을 생각하니, 연락처에 있는 그 수많은 사람 중 연락하고 싶은 사람도, 연락할 수 있는 사람도 마땅치 않았다. 아마 나름의 배려라 생각하고 바삐 살아가는 친구들에게 혹시 방해가 될까 연락하지 않았던 것 같다.

가끔 나의 인간관계는 어디서부터 잘못된 것일까 생각하곤 했지만, 이번에는 심각했다. 이 또한 나의 이기심이지만 온전한 나의 편 하나 없다는 생각이 머릿속을 가득 메운 것이다. 생각하기 싫어도 눈만 뜨면 이러한 생각이 떠오르고, 눈을 감으면 꿈에서도 나를 괴롭혔다. 난 점점 지쳐 갔다. 여전히 밖은 코로나로 위험한 상황에서 난 우울감에 시달리고 있었다. 매일매일 나의 인간관계에 집착하고, 매일을 후회하며 보냈다. 우연히 바라본 거울 속에 비친 나는 하나의 껍데기로 보일 뿐이었다. 사람이란 탈을 쓴 빈 껍데기. 연락을 하지도, 그렇다고 연락이 오지도 않았던 봄은 상처받은 내면을 다 갉아먹고 남은 빈 껍데기만을 남겨 주었다.

3월 한 달은 거의 매일 울면서 보냈다. 코로나 우울증이라는 글을 접할 때에도 내가 지금 병을 겪고 있다기보다는 오히려 내가 나약하기 때문에 우울증을 겪고 있다는 생각을 더 많이 하게 되었다. 매우 이기적인 존재였던 나는 다른 이들의 위로를 원했지만, 이기적인 다른 이들은 내 말을 공감하지 않았다. 애초에 공감하고는 싶었을까? 나를 귀찮은 존재로 여긴 건 아니었을까 싶다. 이기적인 존재였던 나는 남의 시간을 생각하지 않았지만, 이기적인 존재였던 그들은 나를 생각하지 않았다. 이 모든 게 나의 생각에서 나온 것이기에 너무 극단적인 생각이 아닐까도 싶지만, 그때의 난 스스로를 합리화한 이기적인 존재였다.

코로나19로 주어진 성장의 시간

거의 한 달을 우울감에 시달린 시간은 나를 성장하게 한 기간이었다. 인생을 허무하게 살아왔고 뭐 하나 제대로 완벽히 해 온 게 없다는 생각에 죽고 싶단 마음이 들면서도 이대로 죽기엔 미래가 아깝단 생각이 들었다. 미래의 나는 어떻게 살아가고 있을까도 궁금했고, 굳이 죽음을 택할 수 있다면 조금은 미뤄 뒀다 죽어도 되지 않겠냐는 생각도 들었다. 인간관계에 대해서는 끝내 결론짓지 못하였다. 아마 앞으로도 우울감이 찾아오면 난 또다시 인간관계에 집착하고, 혼자 있는 법을 배워야 할 것이다. 그래도 경험한 것과 안 해 본 것은 천지 차이라고 생각한다. 이미 한 번 겪어 봤으므로 난 또다시 악착같이 견뎌 낼 수 있을 것이다.

그렇게 코로나보다 무서웠던 우울증과의 사투를 벌이고 4월은 더욱 발전된 모습으로 지냈던 것 같다. 사실 공부에 대한 회의감도 들었지만, 그럴수록 공부할 수 있는 시간도 얼마 남지 않았다고 생각하며 계획을 실천했다. 드라마를 보면서도 그냥 보지 않고 주인공의 생각, 사건의 흐름, 감독이 의도한 것은 무엇일까 등을 생각하였다. 인간관계에 연연하지 않는 것이 최선이라 여기며 친구와 얼마나 자주 연락하는지보다는 친구와 언제든 연락할 수 있는 사이인지를 생각하게 되었다.

짧으면 짧고 길면 길었던 3월과 4월은 나 자신을 용서하는 시간이었다. 코로나로 인해 나에게 주어진 시간을 보내면서 생긴 일이었지만 이렇게 집에 오래 머물지 않았더라면 아마도 난 지금도 내가 왜 살아가고 있는지, 나의 인간관계는 왜 이렇게 꼬일 대로 꼬였는지 등을 고민하느라 많은 시간을 허투루 쓰고 있었을 것이다. 하지만 코로나 사태로 내가 그동안 얼마나 소용 없는 것들에 집착해 왔는지, 나 자신을 위해 시간을 사용하지 않았는지, 왜 그 많은 날들을 우울하게 보내면서 내 자신을 미워했는지 이해하고 앞으로 어떻게 살아야겠다는 다짐도 할 수 있었다. 미래를 어떻게 살아갈지는 이번 다짐만으로는 부족하다.

아마 앞으로도 나는 수차례 나 자신과 갈등을 겪겠지만, 지금의 나는 과거의 후회를 다 지워 냈다는 사실에 매우 만족한다. 코로나는 여전히 우리의 곁을 위협하고 있다. 하지만 나는 성장했다. 코로나로 인해 오랜 시간을 나 자신에게 쓸 수 있었기에 나는 빈껍데기를 다시 채워 넣을 수 있었다. 이제 빈껍데기는 유용한 존재가 되었다. 언제든 무언가를 넣을 공간이 있다는 것은, 좋은 것은 남겨 두고 안 좋은 것은 다시 파낼 수 있다는 것이니까.

앞으로 언택트untact 사회가 되면 필요한 것만 남겨 두고 대부분은 자신을 위해 쓸 수 있는 시간이 될 것이다. 코로나가 끝난다면 모르지만, 자신을 위해 쓰는 시간이 남들과 만나고 여행하며 다양한 활동을 하는 것을 뜻하지는 않을 것이다. 그렇지만 유용하게 사용한다면 정말 온전히 자신에게 집중하고, 자신의 내적 성장을 이루는 데 도움이 될 것이다. 코로나가 끝나면 4차 산업혁명은 무언가를 새로 만들기보다는 점점 사이버 사회를 구축해 나가는 것을 목표로 할 것이라 생각한다. 물론 끊임없이 무언가를 발명하고 성공을 이뤄 내겠지만 언택트 사회를 이어 나가며 더욱 편리하게 사람들과 소통하고 지식을 공유하며, 여가 생활 등을 사이버 상에서 해결하려 노력할 것이다.

또한 공동체 생활에 억압되어 자신의 자유를 통제하기보다는 개인주의적 성향이 강해져 최소한의 관계만을 유지하고 자신을 먼저 생각하는 그런 사회가 올 것이다. 반대로 SNS가 발전하면서 '포노 사피엔스phono sapiens', 즉 인터넷과 SNS를 통해 사회를 접하는 사람들이 증가함에 따라 남들보다 자신의 삶이 불행하다고 여기는 열등감에 휩싸인 사람도 많아질 것이다. 그런 것 또한 신경 써서 사이버 사회를 구축했으면 좋겠고, 기업은 인터넷과 SNS를 사용해 홍보하고 이익을 추구하여 사람들이 물건을 더 쉽고 간편하게 구매할 수 있도록 하면 좋겠다.

나는 코로나 사태가 인간에게 나쁜 영향만 끼쳤다고는 생각하지 않는다. 위생이 얼마나 중요한지를 새삼 깨닫게 해 줬고, 그동안 자연이 얼마나 고통스러웠을지 알게 해 주었으며, 자신의 행동에는 항상 책임이 뒤따르고, 따라서 인간은 인내를 갖고 자제해야 한다는 것도 깨닫게 되었다. 하루빨리 약이 개발되어 코로나가 진정되고 더 나은 사회로 발전하여 사람들이 안심하고 편안히 살 수 있는 세상이 왔으면 좋겠다.

언택트 사회로 접어들수록 사람들은 점점 외출을 삼갈 것이고 일회용 쓰레기를 버리는 횟수도 줄어들 것이다. 각자 한정된 공간에서 다양한 경험을 할 수 있으므로 많은 에너지가 필요하지 않으니 전기 사용 또한 줄어들 것이다. 환경오염도 줄어들고 지구 온난화 현상도 개선되면서 우리는 다시 옛날의 맑은 하늘을 만끽할 수 있을 것이다. 지금의 코로나 사태로 예전의 나와 같이 슬럼프에 빠져 있는 친구들이 많이 있다.

모두 자신이 행복할 수 있는 사소한 것을 꾸준히 하면서, 규칙적으로 할 수 있는 무언가 하나만큼은 꼭 갖고 있기를 바란다.

강세원_고등학생

COVID-19,
A Turning Point With The Earth

시간은 흐른다. 지구에는 마치 아무 일도 없었다는 듯 시간이 흘러간다. 매년과 마찬가지로 올해에도 겨울이 왔다. 벚꽃이 만개한 봄을 지나 초록빛 잎들이 무성한 여름이 성큼 다가왔다. 여느 때와 똑같은 패턴을 지구는 보내고 있었다. 최근 뉴스를 통해 나는 다소 충격적인 장면을 보게 되었다. 오스트레일리아 애들레이드의 거리에서 캥거루가 뛰어다니고, 아르헨티나의 마르 델 플라타에서는 거리 한가운데에 바다코끼리가 누워 있다. 영국의 웨일스에서는 대낮부터 양들이 도시를 거닐며 칠레와 미국에서는 퓨마와 재규어가 집 마당을 돌아다닌다.

《미국립과학원회보》(5월 19일)에 실린 지구의 생물량 분포를 분석한 논문을 보면, 전체 생물량에서 사람이 차지하는 비율은 0.01퍼센트 내외이다. 1만 분의 1에 불과하다는 말이다. 우리는 이 광활한 지구의 0.01퍼센트도 안 되는 존재이면서 29.2퍼센트를 차지하는 다른 동물들이 우리의 활동 영역에 나타난 것을 '놀랍다'고 받아들인 것이다. 사실은 전혀 놀라운 일이 아닌데 말이다. 오히려 당연하다고 말할 수 있다.

코로나19로 인해 인간 활동 규모가 축소되면서 환경에는 변화가 더 많이 일어났다고 한다. 인도 뉴델리의 인디아 게이트는 작년과 비교하여 스모그가 사라졌다고 해도 무방할 정도로 공기의 질이 회복되었으며, 하루도 맑은 날이 없었던 편자브주 잘란다르 지역의 황사 스모그가 사라지면서 히말라야 산맥이 맨눈으로 보인다고 한다.

그야말로 천지개벽. 이는 코로나19로 인한 중국의 봉쇄령으로 공장 가동이 일시적으로 중단되면서 나타난 변화이다. 이뿐만이 아니다. 해변에서 인간의 발길이 끊기면서 멸종위기종인 바다거북이 자연 산란을 진행하여 새끼 거북들이 부화하였고, 이탈리아 베네치아의 운하가 맑아져 물고기 떼들이 모습을 드러냈다.

이런 뉴스를 접하고 나는 '인간은 동물과 결코 공존할 수 없음'을 느꼈다. 초등학교 때부터 우리는 '자연과 인간, 그리고 동물은 공존해야 하며 이를 위해 노력해야 한다'고 배워 왔다. 그러나 인간들의 무자비한 삼림 벌채와 자연 파괴로 인해 동물과 자연이 위험해지고 있음을 누구나 잘 알고 있다. 근 백 년간 지구의 주인처럼 떵떵거리며 살아왔던 인간들의 활동이 대폭 줄어든 지금은 어떠한가? 자연과 동물들이 자신의 자리를 되찾아 가고 있다. 나는 이러한 변화를 보면서 인간과 동물이 함께 누릴 수 있는 공집합은 거의 없음을 깨닫게 되었다.

"집순이/집돌이" 생활로 깨닫게 된 행복

그렇다면 이러한 결과를 낳은 인간의 삶은 어떻게 변화하였는가? 전 세계 70억에 달하는 인간들이 '사회적 거리두기social distancing'를 진행하고 있다. 사회적 거리두기를 하면서 생긴 변화이다. 인간의 생활이 멈췄다. 관광지로 향하는 발길이 끊겼으며, 사람들은 마스크를 끼고 서로 말을 아낀다. 만나는 것을 꺼리며, 되도록 인파가 많은 곳은 피한다. 직접 만나는 대신 인터넷과 SNS로 소통한다. '함께'가 아니라 '홀로' 식사하고 학교에 가지 않으며 직장 대신 집에서 일한다. 배달 음식과 쇼핑몰 이용 건수가 3배 가까이 증가한 것은 그만큼 사람들이 집에서 보내는 시간이 늘었다는 것을 의미한다.

예전부터 꾸준히 떠오르던 인터넷상의 밈meme으로 인해 생긴 단어가 있다. 바로 '집순이/집돌이'이다. 단어만 봐도 무슨 뜻인지 유추할 수 있다. '집'이다. 집에서 오랜 시간 혼자 취미 생활과 휴식 시간을 보내는 것을 즐기는 사람들을 일컫는 말이다. 코로나19로 인해 사람들이 강제 '집순이/집돌이' 생활을 하게 되었다. 많은 사람이 '집순이/집돌이' 생활을 통해 많은 변화를 겪었다고 한다.

많은 이들이 올린 수많은 사이트의 글들을 보면서 난 알게 되었다. 그동안 바쁜 일상에 쫓겨 잘 몰랐던, 스스로 어떤 행동을 해야 행복한지를 비로소 찾을 수 있었다는 것이다. 늘 밖에서 음식을 사 먹던 사람이 집에서 보내는 시간이 많아지면서 집에서 해 먹는 요리에 관심을 갖게 되었고 요리가 취미가 되었다고 했다. 또한 집에서 재미있는 놀 거리를 찾다가 휴대용 게임기(닌텐도 스위치)를 구매하여 놀면서, 게임에서 만나는 사람들과 소통하고 게임 속에서 자신만의 집을 짓고 살아가는 문화도 생겼다고 한다. 이처럼 사람들은 코로나19로 인해 집에서 자신의 행복을 찾기 위해 노력해 왔고 그 결과를 많이 만들어 냈다.

난 이 결과가 꽤 의미 있다고 생각한다. 일단 내가 그러하기 때문이다. 나 또한 나의 관심사에, 나의 내면에 귀를 기울이면서 평소 관심은 있었지만 충분히 알아볼 시간이 없어 포기하였던 것들에 집중하였다.

나는 이번 방학과 개학 연기로 말미암은 생활 중에 수많은 영화와 다큐멘터리를 보게 되었고, 이를 계기로 나의 진로는 한층 더 명확해졌다. 우연히 코로나19로 발생된 지구상의 많은 환경 변화를 다룬 미니 다큐멘터리 클럽을 보았다. '이번 코로나19는 우리 인간들이 지구의 환경을 심각하게 파괴하여, 환경을 복원하고 인간의 개체 수를 줄이려는 지구의 자정 능력의 결과물이 아닐까?'라는 주제의, 환경에 대한 경각심을 일깨우는 다큐멘터리였다. 하나의 영상물로 누군가의 마음을 울리고 교훈을 전하는 매체를 제작하는 학자들이 정말 존경스러웠다. 이를 통해 단순히 '국제환경계획기구UNEP 종사자'를 꿈꾸었던 나는 UNEP에 종사하면서 매체를 통해 환경문제를 널리 알리는 프로그램을 기획하고 싶다는 추가적인 꿈을 그리게 되었다.

나뿐만이 아니다. 코로나19 이후 자신의 삶에 변화가 생겼다고 생각한 사람들이 생각보다 많다고 한다. 무엇보다 혼자 지내는 시간이 많아지면서 자기 자신에게 집중할 수 있는 시간이 많아졌을 것이다. 학생들은 집에서 가족과 많은 시간을 보내면서 변화를 겪지 않았을까 하는 생각이 들었다.

무관심, 나는 그저 무관심했던 것이다

우리는 바쁜 일상을 살아간다. 우리는 늘 바쁘다. 유치원 때부터 죽는 날까지 수많은 인간관계에 얽혀 살아간다. 학생인 나도 마찬가지다. 평일과 주말을 가리지 않고 여러 친구 그리고 선생님들 사이에서 관계를 맺으며 살아왔다. 1년을 그렇게 정신없이 살다가 코로나19로 나에게 장기적인 휴식기가 생긴 것 같았다. 다니던 스터디 카페도 가지 않고 학원도 휴원을 거듭하면서 집에 머무르는 시간이 기하급수적으로 늘어났다.

친구들과의 대화를 좋아하던 나에게 이야기할 상대가 없어졌고 내 주변엔 가족만 남게 되었다.

처음에는 몰랐다. 내 가족에 대해 충분히 안다고 생각했고, 가족들의 취향을 잘 파악하고 있으며 존중하고 있다고 생각했다. 하지만 집에서의 시간이 흐를수록 동생, 부모님과 마찰이 생기기 시작했고, 우리 가족은 늘 조용했는데 이렇게 마찰을 빚는다는 사실이 굉장히 의아했다.

그동안 난 조용한 것이 평화롭고 행복한 것이라 생각하였다. 하지만 과거의 그런 생각이 틀렸음을 단 며칠간의 생각 끝에 알게 되었다. 그냥 무관심, 나는 무관심했던 것이다. '바빠서', '시간이 없어서', 이런 이유로 가족들에게 관심을 기울이는 것을 미루었다. 평생을 함께할 가족보다 지나치는 외부의 인간관계에만 지나치게 집중했다.

그 결과 가족과 대화하는 법을 잠시 잊은 게 아닐까 하는 생각이 들었다. 내 가족에 대해 모르는 점이 많다는 것을 깨달은 뒤 복잡한 감정이 교차했다. 사실 학교와 학원에 있으면서 엄마의 생활에 대해 알지 못했고, 관심조차 두지 못했다. 마냥 집에 앉아 계실 것 같은 엄마가 우리 남매를 키우느라 얼마나 고생하시는지를 이번 코로나19로 인해 두 눈으로 지켜보았다.

우리의 일정과 식사, 집안일들을 관리하면서 힘든 날들을 보내시는 엄마의 모습을 지켜보면서 반성하고 또 반성했다. 내가 할 수 있는 유일한 방법은 '대화'였다. 엄마, 동생과 오랜 시간 대화를 나누면서 비로소 가족을 이해하고 엄마의 사랑을 느낄 수 있었다. 평소 정신없는 삶 속에서 제대로 털어놓지 못한 고민거리들과 생활 얘기, 그리고 정말 시답잖은 얘기들까지 서로 이야기할 기회였다.

그 이야기들을 나누는 과정에서 나는 내면의 '나'와도 대화를 나눌 수 있었다. 돌이켜 보면 나는 스스로 솔직하지 못했던 것 같다. 안 좋은 일이 있어도 금방 잊으려 애쓰고, 좋은 일들만 예쁘게 포장해서 기억하려고 노력한 것 같다. 사실 몇 번이고 실패하고 그 경험이 쌓여서 성장하는 것인데, 나는 그런 실패한 경험마저 예쁘게 포장해 버린 것이다. 당장 행복하기 위해 그런 버릇이 생긴 것 같다. 하지만 가족들과 삶과 관련된 다양한 주제의 이야기를 나누면서, 남의 시선을 신경 쓰고 '사람이 항상 진지하면 별로고 행복해야 좋다'라는 내 생각이 얼마나 어리석었는지 알 수 있었다.

이청득심以聽得心이라는 말이 있다. 들어야 마음을 얻는다는 뜻인데, 나는 이번 코로나 사태를 겪으며 이 말의 진정한 의미를 깨달을 수 있었다. 내면의 소리를 듣지 못하고 가족들의 이야기를 듣지 못하면서 그동안 우리는 서로 무의미한 감정들을 느끼면서 살아왔다. 나는 나의 목소리에 집중하며 가족들과 내 가까이에 있는 사람들의 목소리에 귀 기울였고, 서로의 마음을 헤아릴 수 있었다. 진심일 수 있었다.

코로나19로 변화된 나의 삶. '대화'하는 법과 '가족'의 사랑, 그리고 '나 자신'을 사랑하는 법을 배우게 된 것이다. 익숙함에 속아 소중함을 잊었던 것들, 그것들의 소중함을 다시 알게 된 것 같다. 코로나19는 대재앙과도 같은 바이러스이며, 많은 이들의 목숨과 건강을 앗아갔다. 많은 이들을 무기력하게 만들고 우울감에 빠지게 했다. 하지만 이런 상황을 단순히 부정적으로만 바라보지 말고 다른 시각으로, 내가 이 위기를 어떻게 긍정적인 에너지로 만들 수 있을까 생각하면 분명 긍정 에너지를 만들 수 있으리라 생각한다.

앞서 말했던 자정 능력이 나에게도 생긴 게 아닐까? 위기는 곧 기회, 이 말을 몸소 깨달으면서 사람들이 넘어진 자신의 모습, 혹은 길 잃은 상태를 유지하기보다는 다른 곳으로 시선을 돌리고 새롭게 일어나 그 기회를 찾았으면 좋겠다.

이지영_고등학생

나를 믿기에 두려움은 없다

힘든 2019년을 보낸 많은 사람들이 2020년은 무사히 지나가길 소망했을 것이다. 하지만 소망과 달리 우리에겐 괴로운 시련이 계속되고 있다. 바로 전례 없던 전염병 때문이다. 코로나 바이러스가 처음 밝혀지고 중국에서는 바이러스 확진 사례가 빠르게 증가했다. 코로나 바이러스는 중국과 지리적으로 가까운 아시아 주변으로 빠르게 확산되었고 주변국에서 확진 사례가 연이어 나오기 시작했다. 그리고 점차 전 세계를 향해 나아갔다. 첫 사망자가 나오고 얼마 지나지 않아 2차 감염자까지 나오면서 의료 종사자들뿐 아니라 일반인들에게도 상당히 충격적인 2020년이 되어 가고 있다.

평소 운동을 좋아하던 A씨는 헬스클럽 대신 집에서 운동을 하고, 학교에 가야 하는 B군과 C양도 등교 대신 컴퓨터로 온라인수업을 하며, 출근해야 하는 D씨도 재택근무를 하면서 집에 있는 시간이 점점 더 길어지고 있다. 이처럼 전파력 강한 바이러스 때문에 우리 삶의 터전이 봉쇄되면서, 많은 사람이 집에서 일을 대체할 수밖에 없는 상황이 되어 버린 것이다. 이로 인해 사람들의 문화도 급격한 변화를 겪었다.

'Stay at home challenge' 말 그대로 집에서 하는 도전이라는 뜻이다.

집에서 구할 수 있는 사물로 자신만의 도전을 하는 것인데, 축구선수가 휴지를 사용하여 리프팅을 한다거나, 머리 뒤로 농구공을 던지는 등 신기한 콘텐츠들이 쏟아져 나왔다. 집에만 있기에는 갑갑하고 활동 역시 제한되기 때문에 사람들이 생각해 낸 최후의 수단이 아닌가 싶다.

집, 학교, 학원, 이것이 나의 평소 일상이었다. 하지만 학교는 휴교를, 학원은 휴원을 권고받았고 나는 대부분의 일상을 집에서 보내야만 했다. 마음 한편으로는 반복되는 일상에서 벗어날 좋은 기회가 생겼다고 생각했지만, 다른 한편으로는 '진학과 성적은 어떡하지?'라는 불안감이 엄습했다. 집에 있는 시간이 점점 길어졌다. 그러다 보니 나에게 투자할 수 있는 시간이 많아졌다는 걸 깨달았다. 온라인수업이 끝나도 학원 역시 가지 못하니 오직 나에게만 투자할 수 있는 시간이 많아진 것이다. 덕분에 진로에 대해 더 깊게 고민해 보기도 하고 이 길이 나의 길이 맞는지, 미래에는 어떻게 대비해야 하는지, 어떻게 해야 더 잘 살아갈지 등 생각을 정리하는 시간을 가졌다.

고등학생 신분이다 보니 부모님과 대화할 시간이 많이 없었다. 나는 이번 기회에 부모님과 깊은 이야기를 나눌 수 있었다. 나만의 생각 그리고 나의 미래 계획을 공유하면서 피드백을 받았다. 또 내가 하고 싶은 일에 대해 의견을 밝히면서 세대 차이로 인하여 생겼던 부모님과의 갈등과 오해를 풀어 나가는 귀중한 시간이었다.

온라인 클래스로 학습을 하면서 장단점을 모두 느꼈다. 장점이라면 자신이 가장 편한 장소에서 원하는 시간대에 학습을 할 수 있다는 것이고, 단점이라면 궁금한 게 생기면 바로 질문을 하지 못해서 답답하다는 것이다. 누군가에겐 반대로 적용될 수도 있을 것이다. 자신이 가장 편하다고 생각하는 장소는 개개인의 취향이나 습관에 따라 다르기 때문이다. 어떤 사람은 침대일 수 있고 또 다른 사람은 책상일 수도 있다. 하지만 자신이 가장 편하다고 생각하는 장소는 거꾸로 생각하면 몸이 느슨해진 다는 뜻일 수도 있다. 편하면 편한 만큼 몸이 느슨해지고 긴장이 풀린다. 그러면 잠이 오기도 한다. 이런 경우에는 학습 효과가 떨어지게 된다. 반대로 하고 싶은 질문이 쌓여 있지만 질문하지 못하는 경우, 본인이 궁리를 거듭하다가 그 답을 찾아낼 수도 있다. 즉, '스스로 학습'이 빛을 발하는 순간이 오는 것이다.

코로나 바이러스로 인해 많은 부분이 바뀌었고 앞으로 또 얼마나 바뀔지 모른다. 하지만 분명한 건 우리의 삶은 이제 예전으로 돌아갈 수 없다는 것이다. "우리의 삶은 예전처럼 돌아갈 수 없다. 이젠 평상시에도 방역에 힘을 써야 한다"는 질병관리본부의 말을 들었을 때, 전염병을 다룬 영화에서나 들을 법한 대사라고 생각했다. 과연 누가 코로나19가 이렇게 강력할지 예측할 수 있었을까? 몇몇 뛰어난 과학자나 의학자는 가능했겠지만, 대부분의 사람은 그냥 사스 정도일 거라고 생각하지 않았을까?

코로나19는 이러한 생각을 깨 버렸다. 팬데믹 현상이 일어나면서 세계 경제와 의료 체계가 모두 무너져 버렸다. 그리고 우리의 삶도 바꾸어 놓았다. 새로운 삶에 적응한 사람들은 참신하고 새롭다는 평을 내놓고 있지만, 이전 방식을 더 선호하는 사람들은 답답하다고 한다.

사실 난 새로우면서도 갑갑하다. 이런 방식의 삶은 처음이기 때문이다. 특히 온라인으로 수업을 하는 세대는 변화가 더욱더 느껴진다. 조금 더 신세대적인 것 같고 선진국 같은 느낌이 든다. 하지만 학교에서 친구들을 만나서 웃고 같이 농구하고 급식을 먹는 풍경이 떠오를 때면 이 생활이 답답하다고 느껴질 때가 있다. 매일 집에서 듣는 온라인 강의가 끝나고 나면 할 게 없다. 개인의 자유보단 공공복리를 실현하는 게 옳다고 보는 지금 시점에 활발하게 뛰어놀아야 하는 아이들은 그야말로 지옥이 따로 없으리라 생각한다.

코로나19가 가져온 삶의 변화로 소비 형태 또한 바뀌고 있다. 첫 번째로 대형 마트의 판매량은 줄었지만, 편의점의 판매량은 늘었다. 둘 다 실내 공간에서 쇼핑하는데 왜 편의점만 판매량이 늘고 대형 마트는 줄었을까? 대형 마트는 물건이 많다. 그러다 보니 비교적 공간이 넓고 둘러보는 데 시간이 오래 걸린다. 사람이 많이 모이는 실내에서 오랜 시간 머물러야 한다는 사실은 소비자들을 멈칫하게 했다. 하지만 편의점은 대형 마트보다 물건이 적기 때문에 공간이 비교적 좁다. 오랜 시간 돌아다녀야 하는 대형 마트에 비해 필요한 물건만 빠르게 사고 나올 수 있다.

두 번째로 배달 서비스도 더 늘어나고 있다. 원래 하루 배달 건수가 열 건이라고 가정한다면 지금은 최소 스무 건이라는 것이다. 비대면 방식을 통한 물품 구매가 이루어지고 있다는 지표다. 그렇기에 오토바이로 음식을 배달하는 배달원같이 사각지대에 놓여 있는 노동자들을 보호하기 위한 법안도 상당 부분 보충되어야 한다고 생각한다. 사람은 소모품이 아니다. 사각지대에 놓인 노동자들의 인권이 보장받는 날이 하루빨리 와야 할 것이다.

그리고 의료 종사자들에 대한 관심도 꾸준히 높아지고 있다. 나 또한 뉴스에서 자주 접하면서 의료 분야 종사자들에게 관심을 갖게 되었다. 의료 종사자들의 업무 난도가 상당히 높다는 걸 알고 있다. 전문적인 지식을 가지고 다양한 상황의 환자들을 돌보는 일은 굉장히 고되고 또 많은 피로를 불러온다. 예전에 병원에 입원해 있을 때 로비에 있던 간호사 분들의 표정에서 그런 어려움을 읽을 수 있었다. 지금과 같은 비상 상황에서 의료 종사자의 피로는 이루 말할 수 없을 정도일 것이다. 아마도 뉴스에 나온 것은 빙산의 일각에 불과할 것이라고 생각한다. 그들의 노고에 늘 감사하며 살 것이다.

대한민국의 코로나 바이러스 대응은 전 세계적으로 뜨거운 화제가 되고 있다. 대응 모범국으로서 얼마 전 세계 정상들의 화상 회의에서 대응 방안을 주도하는 모습을 보며 국가의 위상이 예전보다 많이 올라갔다는 것을 실감한다. 대한민국이 위기에 강하다는 것은 고등학교 1학년 때 역사책에서 많이 배웠다. 전쟁이 나면 늘 탐관오리의 횡포 속에서 부당하게 살던 평민들이 나라를 지키려 들고일어났고 그로 인해 피해가 적었다는 내용을 귀에 못이 박히도록 많이 들었다. 그만큼 애국심이 강한 것도 있겠지만, 소중한 이들을 위해 자신을 내던질 준비가 되어 있는 자들이 많다는 뜻일 것이다. 그래서 이번 코로나 바이러스의 대응도 더 효과적이지 않았나 생각해 본다. 대구 신천지 사태 이후 놀라울 정도로 강력했던 사회적 거리두기 캠페인이 시간이 지나면서 점차 효과를 보이기 시작했고 결국 확진자 수를 한 자릿수까지 줄이는 데 성공했다.

선별진료소에서 검사를 받는 것이 안전하다지만 그것도 감염의 위험이 있다는 판단 하에 도입한 드라이브 스루 검사는 세계적으로 큰 칭찬을 받았다. 이번 사태에 군軍도 가만히 앉아서 구경만 하고 있지는 않았다. 대구 경북 지역에 군을 투입하여 병원에서 진료와 검체 채취를 돕고 의료 봉사 및 취약 계층 거주 지역 등에 대한 소독도 진행했다.

한편 드론을 이용하여 사람이 직접 소독하지 못하는 곳들을 소독하는 방법도 동원됐다. 드론은 단지 레저용, 군사용 정도만 있는 줄 알았는데 이번에 드론의 새로운 용도를 알고 놀랐다. 그 조그만 기계로 소독을 하다니, 역시 기계의 힘은 대단하다는 걸 실감하면서도 기계가 발달될수록 사람들 일자리는 하나씩 점차 사라지겠구나 하는 불안감도 들었다.

사람들은 한국 사회가 IMF 이후 급변하면서 차가워졌다고 말한다. 실제로 그때 이후로 이웃 간에 정이 많이 줄었다고 느끼지만, 최근 정부와 지자체에서 받은 긴급재난지원금을 어려운 처지의 사람들이 자신보다 더 어려운 이웃을 위하여 기부하겠다고 나선 모습 등은 코로나19로 얼어붙은 사회에 따뜻한 난로 같은 존재가 되었다. 사실 청소년의 시각에서 보더라도 현 상황에서 취약 계층만큼 힘든 사람들도 없을 것이다. 그들은 평소에도 삶이 벅찰 텐데 고소득층이 아닌 저소득층에서 기부를 한다? 처음엔 이해가 되지 않았다. '아니, 자신도 어려우면서 왜 기부를 할까?' 의구심만 잔뜩 들었다.

지금 생각해 보면 누구보다 자신들의 처지를 잘 알기 때문에 그랬던 게 아닐까 싶다. 삶이 얼마나 힘들고 불편한지 알기 때문에 자신과 같은 처지의 다른 사람들을 위해 기부를 하는구나 하고 이해가 되기 시작했다. 물론 이게 정답은 아닐 것이다. 그냥 기부가 좋아서, 또는 정말 그 돈까지는 필요가 없어서 하는 사람도 있겠지만, 대부분은 자신보다 어려운 사람들을 위해서 하는 것이라 생각한다. 같은 계층의 사람들은 서로를 너무 잘 아니까.

코로나로 인해 알게 된 것도 있다. 우선 중국과 미국이 무역 분쟁 속에서 총 한 발 쏘지 않고 휴전하였다는 것, 흔히 선진국이라고 인식했던 유럽 대륙이 보기보단 선진국이 아니라는 것, 무엇보다도 우린 위기일수록 빛을 발하는 민족이라는 것을 깨달았다. 한반도에 처음 단군왕조가 시작된 이래로 여러 번의 위기 속에서도 늘 극복해 왔던 민족임을 우린 배워 왔다. 난세에는 늘 새로운 영웅이 나오고, 어떤 때에는 한 사람의 믿음이 새로운 국가를 만들기도 했다.

현 시점에 갑자기 국가가 바뀌지는 않을 테지만 이번 기회로 대한민국의 국제적 입지는 더욱더 넓어지게 될 것이고, 국민의 삶도 상당 부분 바뀔 것이라고 생각한다. 내 삶도 이번 기회에 많은 부분이 바뀔 것이다. 나중에 먼 미래에 어떤 직업을 가지고 무슨 일을 하더라도 후회는 하지 말자는 게 내 목표다. 후회는 결국 과거에 사로잡혀 이도 저도 못하는, 죽도 밥도 안 되는 상황을 만들 수 있기 때문이다.

분명한 건 지금의 팬데믹 이후 시대는 10년 후 혹은 멀리 봤을 때 20년 후에나 일어날 법한 일들이 상당히 앞당겨져 올 수 있다는 게 학자들의 공통된 인식이다. 그때에도 지금처럼 잘 적응해 나간다면 시대에 맞추어 살 수 있는 인재가 되리라 나는 믿는다. 내가 날 믿기 때문에 두려움은 없다. 자기 자신을 믿는 것만큼 큰 재산은 없다고 생각한다. 급변하는 삶에 적응하면서 미래를 잘 준비한다면 큰 문제는 없을 것이다.

김필성_고등학생

코로나의 끝을 상상하며

나는 지금, 한 번도 상상해 보지 못한 시대에 살고 있다. 실제 만남이 아닌 가상의 공간에서 소통이 이루어지는 시대를 생각해 보았을까? 나는 이런 바이러스 재난은 영화에서만 나오는 줄 알았다. 물론 일어날 수 있는 일이지만 적어도 내가 사는 시대에는 심각한 바이러스는 존재하지 않을 줄 알았다. 하지만 그것은 언제나 어디서나 일어날 수 있는 일이었다. 우리가 일상생활에서 당연하게 누려 온 모든 것들이 이제는 당연한 것이 아닌, 마음을 크게 먹어야만 할 수 있는 일이 되어 버렸다. 친구 만나서 놀기, 학교 가기, 가족들과 소풍 가기, 지극히 사소하고 평범한 일상들이 코로나로 인해 더 이상 일상이 아닌 가상이 되어 버렸다.

평생 불쾌지수라는 걸 모르고 살았던 나는 최근 들어 사소한 일에도 짜증을 내기 시작했다. 의욕이 떨어지기도 하고 존재의 이유를 찾기도 했다. 우리는 단지 손 놓고 그 지독한 바이러스가 사라지기를 손꼽아 기다려야 할까? 이제는 마스크를 쓰지 않으면 이상한 사람이 되어 버리는 시대, 손 소독을 하지 않으면 불안해서 살 수 없는 시대가 되어 버렸다. 하지만 나는 제한된 범위 안에서 많은 것들을 할 수 있으리라 생각한다. 바이러스가 아무리 많은 사람을 해치고 부정적인 영향을 주더라도, 우리는 많은 것들을 할 수 있고, 우리의 잠재력과 창의력을 펼칠 수 있을 것이다.

나는 언젠가 독서실을 가던 중 시원한 음료가 너무나도 마시고 싶었다. 하지만 마스크를 쓰고서는 시원한 음료를 편하게 맛볼 수 없었다. 마스크를 벗자니 불안하고, 쓰자니 계속 썼다 벗었다 하기에 너무 불편했기 때문이다. 음료 마시는 것을 포기하고 독서실로 향하던 나는 창의적인 마스크를 쓰고 있는 사람을 발견했다. 그 사람의 마스크는 중앙 부분이 동그랗게 뚫려 있었고 뚜껑처럼 열고 닫을 수 있어 마스크를 내리지 않아도 음료를 마실 수 있었다. 그것은 정말 신기하고 놀라웠다.

마스크 하나에 웬 호들갑이냐고 할 수도 있다. 하지만 놀라움의 요점은 바이러스 재난 상황에서 잠재력을 발휘하여 혁신적인 아이템을 개발할 수 있다는 점이다. 인간은 적응하는 동물이라는 말이 괜히 있는 것이 아니다. 그래서 나는 이 절망스러운 환경에 두려워하기보다는 바뀐 일상에 적응할 방법을 찾기 시작했다. 먼저, 들고 다니기 불편한 큰 통에 담긴 손 소독제를 작은 통에 옮겨 담아서 가지고 다니기 시작했다. 주머니에 쉽게 넣을 수 있을 뿐만 아니라 언제 어디서든 바로 꺼내 쓸 수 있었다.

이렇게 낙천적으로 생각해도 가끔은 정말 마스크를 벗고 싶을 때가 있다. 마스크를 끼고 그 먼 등굣길을 걷다 보면 정말 한숨밖에 나오지 않을 때가 있다. 가끔 상상에 빠진다. 코로나가 오기 전 한강에 가서 친구들과 수다를 떠는 모습, 마음껏 예쁘게 꾸미고 데이트를 하던 모습, 소중한 줄 몰랐던 순간들이 이제는 너무나도 돌아가고 싶은 순간이 되었다. 나는 다음 달이면 끝나겠지, 다음 다음 달이면 끝나겠지…. 계속 이렇게 자신을 위로하며 한 달 한 달을 지냈고 결국 그렇게 5개월이 지났다. 이제는 슬퍼하고 두려워하기보다는 체념을 해야 할 것 같다.

학교에 가는 대신 온라인수업을 듣는 것도, 사실 처음에는 학교에 가지 않으니 일찍 일어나지 않아도 된다는 생각에 기분이 정말 좋았다. 하지만 날이 갈수록 학교에 가지 못함으로써 오히려 많은 것을 배우지 못하고 있다는 사실을 깨달았다. 학교는 단지 수업만 하는 곳이 아니었다. 인격을 배우고 소통하는 법을 배우는 곳이었다. 집에 있는 시간이 길어질수록 나는 나의 일부분을 잃은 느낌이 들었다. 분명 온라인으로 수업도 듣고, 잠도 자고, 휴대전화로 친구들과 메시지도 나누지만 어딘가 모르게 공허한 느낌이 들었다.

하지만 이렇게 우울한 날만 있는 것은 아니었다. 집 밖에 안 나가니 시간이 더욱 많아졌다. 나는 방에서 혼자 조용히 책을 읽거나 평생 안 해 본 요리를 하면서 나의 진로에 대해 진지하게 고민해 보았다. 하루는 정말 아무것도 하지 않고 잠만 자기도 했다. 그런데 어느 날 문득 이런 생각이 들었다. '만약 코로나 사태가 발생하지 않았다면 나는 지금 이 시간 무얼 하고 있을까?' 아마 학교에 가거나 친구들과 만나 수다를 떨고 있을 것이다. 생각해 보면 지금까지 나 자신에 대해 진지하게 탐구해 본 적이 없었다.

시간은 코로나 바이러스와 상관없이 일정하게 흘러간다. 하지만 이 시간을 어떻게 사용하느냐에 따라 나의 가치는 달라지는 것 같다. 언택트 untact 사회, 이제는 서로 부딪히지 않는 게 당연한 것이 되어 버린 사회, 악수가 아닌 눈인사, 축하는 참석이 아닌 메시지로, 마스크는 필수.

나는 아직도 믿기지 않는다

코로나가 발생하기 일주일 전만 해도 친구랑 한강에 가서 놀았는데, 실감이 나질 않는다. 빨리 마스크를 벗고 사진을 찍고 싶다. 학교에 가서 친구들과 일상적인 대화를 나누고 학교가 끝나면 분식집에 가서 떡볶이를 먹는 그런 평범한 하루를 보내고 싶다. 나는 점점 외향적인 사람에서 내향적인 사람이 되어 가는 것 같다. 코로나로 인해 나는 인내심을 길렀고, 이제는 사소한 것 하나도 조심스레 정확히 하려고 한다.

외출할 때면 나를 스쳐 가는 모든 사람을 경계한다. 아마 대부분의 사람들이 그럴 것이다. 우리는 불안한 사회 속에서 이렇게 불안한 사람이 되어 가고 있는 것 아닐까? 점점 인격을 잃어 가는 것이 아닐까? 원격 수업, 원격 근무 등 삶의 일부분이 인터넷화되어 가는 오늘, 우리의 감정과 생각마저도 컴퓨터와 휴대전화의 노예가 되어 버린 것 아닐까? 공감 능력보다 이기적이고 배타적인 감정을 지니게 되는 것은 아닐까? 나는 이런 고민에 빠지게 된다. 나조차도 내가 나만을 위하는 사람이 되지 않을까 걱정된다.

코로나는 나를 포함한 주위의 많은 것들을 변화시켰다. 온라인으로 수업하는 시대는 30년 후에나 볼 수 있는, 먼 미래에나 가능한 일이라고 생각했다. 10년 전 초등학생이었던 내가 훗날 학교에 가지 않고 컴퓨터로 수업하고 있을 거라는 생각을 해 봤을까? 앞으로 우리에게 또 어떠한 변화가 일어날지 모른다. 결혼식도 인터넷으로 하는 날이 올 것 같다. 정말 IT 시대가 도래한 것 같다. 우리는 코로나로 인해 평소 접해 보지 못했던 것들을 접하고 있다.

나는 또한 코로나 이후, 평소 관심 없던 사회 문제에 관심을 가지기 시작했다. 코로나로 인해 어떠한 문제들이 발생하고 있을까? 일단 일부 기업은 막대한 손해를 입었을 것이다. 의류 · 화장품 등은 매출액이 떨어지고, 반면 의약품 · 인터넷쇼핑몰 · 영화 스트리밍 서비스 등은 엄청난 수익을 올렸을 것이다.

사회구조가 변화함에 따라 기업 또는 개인의 일상 또한 변화한다는 것을 느끼게 되었다. 난 물건을 직접 보고 구매해야 안심하는 사람이었다. 인터넷은 믿을 게 못 된다고 생각했지만, 지금의 나는 인터넷쇼핑몰의 많은 장점을 알게 되었다. 직접 옷을 입어 보지 않아도 치수나 모델의 신체 사이즈를 참고하는 등의 다양한 방법으로 예쁘고 저렴한 옷들을 사기 시작했다.

또한 부모님은 항상 사무실에서 하루의 절반 이상을 보내실 만큼 바쁘셨는데 요즘은 재택근무로 집에 있는 시간이 많아지셨다. 덕분에 나는 부모님과 소통하는 시간을 많이 가지게 되었고, 평소 부모님과 하지 못했던 말들도 쉽게 나눌 수 있었다. 가끔 친척들과 영상통화를 하며 안부를 묻고, 친구들과 그룹 채팅이나 그룹 화상통화를 통해서 하고 싶었던 이야기를 하고 공부도 한다.

요즘 나는 인터넷 친구가 많이 생겼다. SNS를 통해 평소 친해지고 싶었던 친구에게 연락하거나, 내 게시물에 '좋아요'를 누른 외국인 친구와 도 친해졌다. 이렇게 언택트 사회에서는 접촉하지 않더라도 가상의 세계에서 다른 사람과 원활한 관계를 유지할 수 있다. 그 외에 또 다른 장점도 있다. 밖에서 노는 것도 좋지만 집에서 평소 보고 싶었던 영화를 보며 힐링을 한다던가, 자기계발 시간을 더 많이 가질 수 있다는 점 등이다. 언제 끝날지 모르는 상황을 활용하여 나는 나에게 더 많은 시간을 투자하려 한다.

나는 오늘도 최선을 다할 것이다

하지만 나는 내일이든 오늘이든 마음을 차분히 하고 나의 일을 묵묵히 하려고 한다. 2학기 때 수학여행을 갈 수 있을지 고민하기보다는, 내 친구가 내일 코로나에 걸리더라도 불안해하지 않고 격려의 말을 건네거나 위로의 말 한마디를 해 주는 사람이 되고 싶다. 힘든 상황에서 얼음같이 차가운 사람이 아닌, 힘든 상황을 밝게 비춰 주는 따뜻한 사람이 되는 것이 지금 상황에서 내가 할 수 있는 가장 의미 있는 일인 것 같다.

그래서는 안 되겠지만, 만약 코로나가 끝나지 않는다면 포스트 코로나 시대는 우리 삶에 엄청난 변화를 가져올 것이다. 하지만 변화 속에서도 우리는 적응하고 잘 해결해 나갈 수 있을 것이다. 포스트 코로나 시대에는 유통 업체의 역할이 더욱 커지고, 원격 수업이나 재택근무 등으로 반도체 사업과 전자기기의 수익이 오를 것이다. 또한 학교 정보 교과 시간에 배우는 컴퓨터 기술이 중요해지고, 코로나 예방 도구로 마스크뿐만 아니라 모자에 랩을 씌우는 등의 다양한 혁신적 아이템이 나올 것이다.

우리가 지금 상황에서 할 수 있는 가장 좋은 방법은 무엇일까? 반도체 기업의 주식을 사는 것? 집에 와이파이를 5G로 연결해 놓는 것? 둘 다 아니다. 우리는 단지 손을 잘 씻고 외출은 최소한으로 하며, 항상 마스크를 끼고 손 소독제를 핸드 크림 바르듯이 수시로 사용해야 한다. 당장 내일 지하철 옆자리에 앉은 사람이 확진자일 수도 있는 시대에, 자신을 가장 잘 지킬 수 있는 사람은 바로 자기 자신이다. 우리는 이 혼란한 시대에 같이 혼란스러워하고 방황하기보다는 자기 자신을 잘 챙기고 해야 할 일을 잊어서는 안 되며, 스스로 할 수 있는 범위 안에서 자신을 지켜야 한다.

코로나, 그 끝은 무엇일까? 코로나로 인해 변화된 삶이 다시 제자리로 돌아갈 수 있을까? 이 바이러스 하나로 많은 사람이 고통받고 괴로워하는데 코로나가 끝나면 과연 무엇이 남을까? 정말 마음이 아프고 참담하다. '코로나'는 단지 어렵기만 한 주제가 아니다. 우리는 사회에 대해 정말 진지하게 고민해 봐야 할 것이다.

　당장 가족 중 누군가가 걸릴 수도 있다. 나는 문득 생각해 보았다. 만일 내 가족 중 누군가가 코로나에 걸렸다면 내가 과연 이 주제로 이렇게 글을 쓸 수 있을까? 많은 사람들이 불안해하고 초초해하는 시기에 내가 할 수 있는 건 집에서 편안하게 노트북으로 글을 쓰고 공부를 하는 것일까? 뉴스를 보면 마음이 아프다. 하루에도 수십 명의 사람들이 코로나로 죽어 가고 있는데 집에서 가만히 누워 코로나가 끝날 날만을 기다리는 내가 한없이 작게만 느껴진다. 나는 그저 이 바이러스가 빨리 사라지기만을 기다리면서 확진이 줄기를 기도하고 있을 뿐이다.

　이제는 멀게만 느껴졌던 네트워크 시대가 가까워졌다. 과연 그 속에서 나는 잘 어울릴 수 있을까? 이 상황이 1~2년 혹은 더 오래 지속되더라도 우리는 잘 적응할 수 있을까? 그건 사회와 각자의 몫에 달렸다. 우리는 바이러스라는 힘든 위기 속에 인내심과 자제력을 잃지 말고 더 이상 확진자가 나오지 않도록 할 수 있는 최선을 다해야만 한다. 나는 이렇게 집에서 편하게 컴퓨터로 글을 쓰고 있는데 밖에서 고생하는 의료진과 코로나로 고통받고 있는 사람들을 생각하면 마음이 아프다. 언제쯤 마스크 없이 친구들의 얼굴을 제대로 볼 수 있을까?

　나는 코로나가 조만간 끝나리라는 기대와 희망을 품고 오늘도 열심히 지내 보려 한다. '코로나, 언제쯤 끝날까?' 모두가 하는 말이다. 코로나의 끝에는 성장이 있을까, 고난과 시련이 있을까? 나는 조심스럽게 코로나의 끝을 상상하며 이 글을 마친다.

강예림_고등학생

코로나-19는 재앙일까, 축복일까?

중국 우한에서 처음 시작된 코로나 바이러스. 처음엔 그저 남의 일이라고 생각했다. 그러나 내 생각과 달리 코로나 바이러스는 중국을 시작으로 우리나라를 비롯한 세계 각지로 퍼져 나갔다. 확진자는 날이 갈수록 늘어나고 국민들의 불안감 또한 높아졌다.

1월 20일 우리나라에서 코로나 환자가 처음 발생했다. 초기에는 확진자가 그리 많지 않았다. 그러다가 대구 신천지 신도인 31번 환자가 증상이 있음에도 검사를 받지 않고 예배를 나가는 등 많은 사람과 접촉하여 대규모 집단 감염이 발생하면서 확진자 수가 약 230배 증가하였다.

대구 코로나 사태가 어느 정도 진정되고 확진자 수도 줄면서 사회적 거리두기가 느슨해질 무렵, 또 한 번의 대규모 집단 감염 사례가 발생했다. 용인 66번째 확진자는 코로나 확진 판정을 받기 전 이태원 클럽 세 군데를 방문했다. 클럽을 갔다 온 뒤 감염 증상이 나타나 보건소를 방문하여 코로나 확진 판정을 받게 되었다. 이 확진자가 클럽을 갔던 날 클럽 방문 인원이 2천 명이 넘었고 그들 대부분은 마스크를 착용하지 않았다고 전해져 사회적으로 큰 비난을 받았다.

코로나 확산세가 점점 심각해지자 사람들은 감염을 피하려고 마스크를 사들이기 시작했다 그 결과 마스크 값은 미친 듯이 치솟아 원래 가격의 2배, 3배를 뛰어넘었다. 내가 마스크 사는 데 30만 원이 넘는 돈을 쓰게 될 거라고는 상상조차 하지 못했다. 오랜 시간 마스크를 쓰고 있으면 호흡하기 힘들고, 입에서 나오는 이산화탄소가 피부 트러블을 유발한다. 마스크 없이 숨 쉬는 게 얼마나 행복한 일인지 난 이전에는 알지 못했다.

우리는 이전과 같은 삶을 살아갈 수 있을까?

이 밖에도 코로나는 나와 세계의 많은 부분을 바꿔 놓았다. 국가는 대공황 이래 최악의 경제 위기를 맞았다. 정부는 자영업자 생존지원자금, 긴급재난지원금을 지급하는 등 더 큰 경기 침체를 막기 위해 발 빠르게 움직이고 있다. 정치적 상황은 어떨까? 현재 세계 각국은 큰 재난과 위기 앞에 협력하기는커녕 서로 책임을 미루고 비난하기 바쁜 우스운 모습을 보여 주고 있다. '국가적 리더십'은 보기 어려웠지만 대신 우리는 '기업의 글로벌 리더십'을 발견할 수 있었다.

마이크로소프트 설립자인 빌 게이츠는 코로나 백신 개발에 약 3천억 원을 투자했고, 소프트뱅크의 손정의 대표는 코로나19 진단 키트kit 1백만 개를 무료로 제공하겠다고 나섰다. 중국의 기업인 마윈은 우리나라에 마스크와 구호 물품을 보내 주는 등 국가의 리더가 해야 하는 역할을 기업인들이 나서서 보여 주었다.

현재 많은 나라의 학생들이 학교에 가지 못하고 온라인으로 수업을 진행하고 있다. 처음 뵙는 선생님과 화면을 통해 수업하고 새로운 반 친구들의 얼굴도 알지 못한 채 벌써 두 달이 흘렀다. 사회적 거리두기로 사람 많은 곳에 갈 수 없게 되었고 근처 공원조차 가기가 꺼려졌다. 공휴일에도 문을 열던 학원은 처음으로 휴원을 하였고, 집에 있는 시간이 점차 늘어나자 가족들과의 사소한 마찰도 많아졌다.

집에서 무료하게 시간을 보내던 사람들은 인터넷에 모여 집에서 할 수 있는 놀이를 공유하기 시작했다. 처음에는 '달고나 커피 만들기'가 대유행을 했다. 달고나 커피는 커피와 물, 설탕을 넣고 4백 번 이상 저어야 만들 수 있다. 지금 생각해 보면 팔이 빠지도록 커피를 젓는 게 뭐 그리 재밌었는지 모르겠다. 넷플릭스, 홈트레이닝 등 사람들은 강제 '집콕'으로 인해 지친 삶 속에서도 소소한 재미를 찾아 나갔다.

또 쿠팡과 아마존 같은 배달 사업이 비대면 열풍을 타고 큰 존재감을 과시했다. 최근 네이버 포스트에서 '쿠팡 배달원의 고충'이라는 제목의 기사를 읽었는데, 경기도 부천 쿠팡 물류센터에서 코로나19 확진자가 발생한 뒤부터 특정 아파트와 건물에서 엘리베이터 사용을 금지했다는 내용이었다. 그걸 읽고 마음이 참 아팠다. 그 사람들의 마음을 이해 못 하는 건 아니지만, 코로나 초기에 쿠팡에서 배달해 주는 택배로 생활을 하고 감사함을 전하던 사람들이 순식간에 등을 돌리며 비난하는 모습을 보고 같은 인간이지만 '참 무섭다'는 생각을 했다.

2019년 12월 시작된 코로나가 벌써 6개월째 지속되고 있다. 하지만 아직 백신이 개발되었다는 소식을 듣지 못했다. 만약 코로나 바이러스 백신이 개발된다면 우리 사회는 안정을 되찾고 이전과 같은 삶을 살아갈 수 있을까? 아마 불가능할 것이다.

코로나는 무려 198개의 돌연변이 유전자를 가지고 있다고 한다. 돌연변이가 무서운 이유는 돌연변이의 특성에 따라 독성이 더 강화되거나 치사율을 높일 가능성이 있기 때문이다. 코로나는 계속 진행되다 정착하여 토착화될 가능성이 크다고 한다. 우리 모두 힘들지만 더욱 경각심을 가져야 하는 이유다. 공공시설 이용을 자제하고 모임이나 외출을 삼가며, 마스크 착용, 외출 후 30초 이상 손 씻기 등 많은 사람들이 생활방역 수칙을 잘 지켜 코로나 방역에 힘을 쏟았으면 좋겠다.

코로나19에 대처하는 자세

요즘 '포스트 코로나 시대'라는 말을 자주 접한다. '포스트 코로나 시대'란 코로나19 극복 이후 다가올 새로운 시대, 상황을 이르는 말이다. 코로나19가 가져올 변화로는 무엇이 있을까? 먼저 '선진국'이라는 전통적인 의미가 변화할 것이다. 지금까지는 경제적 수준과 산업 발달의 정도에 따라 선진국과 후진국을 평가하고 비교했지만, 이번 코로나 사태 이후로는 감염병에 대처하는 국가의 능력이나 의료 수준 등으로 선진국이 정의될 것이다. 유럽 등과 비교하여 상대적으로 선진국이라고 하기 어려웠던 우리나라는, 이번 코로나 사태를 통해 'K-방역'이라 불리며 선진국다운 면모를 보이면서 세계적으로 인정받고 있다.

하지만 개인의 자유를 지나치게 인정해 주어 사태가 잠잠해질 만하면 또 어디에선가 감염이 발생하는 상황이 반복되면서 코로나 사태가 끝날 듯 끝나지 않고 있다. 사회적 거리두기를 제대로 지키지 않은 사람이나 자가격리 규칙을 어긴 사람들에게는 집중 감시나 벌금을 부과하는 등 국가가 조금만 더 강제적으로 통제했다면 더 빨리 진정되지 않았을까 하는 아쉬움이 있다.

또한 코로나가 해결되지 못한 상황에서 오프라인 개학을 시행해 반발의 목소리가 커지고 있다. 학교처럼 많은 사람이 모이는 공간에서 집단 감염이라도 발생하면 누가 책임질 수 있을까? 물론 나도 대한민국 국민으로서 'K-방역'을 매우 자랑스럽게 여기지만, 현재 우리나라의 상황을 조금은 비판적으로 들여다볼 필요가 있지 않을까 생각한다.

코로나로 인한 두 번째 변화는 원격 수업, 재택근무의 증가다. 바이러스가 확산되면서 비대면 재택근무나 온라인수업, 화상 면접 등 '언택트 시대'라는 새로운 세상이 시작되었다.

이 두 가지 변화 외에도 디지털 치료제, 감염 의심자 이송 자율주행차, 자율주행 배송 로봇 등 수많은 새로운 기술들을 예측해 볼 수 있겠지만 난 그중에서도 '실감형 VR 기술'에 큰 흥미를 느꼈다. 온라인수업은 집에서 학교 수업을 받을 수 있다는 편리한 장점이 있지만, 체육 · 미술 · 음악 등 예체능 과목을 실습이 아닌 이론 수업만으로 진행한다는 아쉬움이 크다. 내 생각에, 이 '실감형 VR 기술'을 활용하여 선생님과 학생들이 가상의 세계에서 만나 수업을 하게 된다면 더욱 입체적이고 생동감 넘치는 유용한 수업이 진행될 수 있을 것이다. 하지만 모든 가정에 보급되기에는 큰 비용이 들어가고 다루기 어려워하는 사람이 많을 수 있다는 단점이 있다.

중세 유럽을 집어삼킨 전염병 페스트Plague(흑사병)는 당시 유럽 인구의 3분의 1에 해당하는 2,500만 명을 사망에 이르게 했지만 그로 인해 유럽의 자본주의는 크게 성장할 수 있었다. 5천만 명이 사망한 스페인 독감은 예방접종 등 공중보건의 중요성이 대두하는 긍정적인 결과를 낳았다. 이번 코로나 사태도 잘 이겨 낸다면 분명 사회 발전에 큰 영향을 미칠 것이다.

이번 코로나 사태는 재앙일까? 축복일까? 아마 모두 재앙이라고 답할 것이다. 현재(2020년 6월)까지 185개국에서 코로나로 인해 30만 명이 넘는 사람들이 사망했고, 확진자 수도 6백만 명을 넘어섰다. 시간이 지날수록 그 수가 얼마나 더 높아질지는 아무도 예상할 수 없다. 또한 의료 체계가 마비되어 병원에 가더라도 제때 제대로 된 치료를 받으려면 오랜 시간을 기다려야 한다. 때문에 치료의 골든 타임을 놓쳐 사망하는 사례도 종종 나타나고 있다.

코로나가 인간에게 재앙인 것은 확실하지만, 인간을 제외한 많은 부분에 긍정적인 영향을 미치고 있다. 먼저 자연환경 변화에 영향을 주었다. 사회적 거리두기로 인해 인간 활동이 뜸해지면서 거리엔 많은 야생동물들이 나타났다. 염소들이 영국 길거리를 활보하고, 이전에는 거의 찾아보기 힘들던 핑크 해파리 떼가 필리핀 해변을 점령했다. 동물뿐만 아니라 대기오염 정도도 눈에 띄게 나아졌다. 세계의 여러 공장들이 가동을 멈추면서 미세먼지도 훨씬 개선되었다. 코로나가 지나간 뒤에도 이러한 긍정적 변화를 잊지 않고 더욱더 자연을 아끼고 보호하는 계기가 되었으면 좋겠다.

이 글을 쓰는 지금 이 순간에도 코로나 종식을 위해 힘쓰는 수많은 의료진, 자원봉사자, 방역 관계자들 모두에게 글을 통해서나마 작은 감사의 말을 전하고 싶다. 하루빨리 우리 모두 마스크를 벗고 밝게 웃는 날이 오기를 바라며 이 글을 마친다.

박성희_고등학생

우리는 2020년을 어떻게 기억할까?

나는 강아지를 별로 좋아하지 않지만 나와 강아지는 서로 비슷한 면이 있다. 요즘은 집에서 강아지를 키우는 사람이 많지만, 원래 강아지는 밖에서 키우는 동물이다. 강아지는 '나가자'라는 말을 가장 좋아하며, 산책은 강아지 정신건강에도 큰 영향을 미친다.

나는 외둥이다. 때문에 혼자 노는 것에 매우 익숙하다. 반복되는 일상을 좋아하지 않으며, 굳이 친구들과 놀지 않고도 혼자 돌아다니는 것을 즐긴다. 언제가 내가 달력에 써 놓은 '공원에 가서 멍 때리기'라는 메모를 보고 친구가 이상하다며 고개를 내젓기도 했다. 조용한 장소에서 머리를 정리하는 것만큼 재밌는 일도 없는데 말이다. 그렇다고 아예 친구들과 담을 쌓거나 약속이 하나도 없는 것은 아니다. 나는 친구와 함께 멀리 나가는 것을 좋아한다. 부모님이 바쁘셔서 어릴 때부터 혼자 자라 왔기에 줄곧 잘 돌아다녔고 그래서 동네를 훤히 꿰고 있었으며, 친구에게 내가 아는 것을 소개해 주는 것을 즐겼다. 또한 새로운 걸 좋아하는 나는 처음 보는 것에 집착했다.

그날도 새로운 곳을 찾아 나섰다. 다른 사람들처럼 서울에는 신기한 것도 많고 재미있는 것도 많을 거라고 생각했다. 잔뜩 부푼 기대를 안고 목적지인 서울특별시 강남구에 있는 어느 큰 건물로 가려 했다. 하지만 결론부터 말하자면 난 목적지에 갈 수 없었다. 풍선처럼 부푼 기대는 위로 올라가기도 전에 터져 버렸다. 그날은 한국에 코로나19 최초 감염자가 발생한 지 1주일쯤 된 1월 28일이었는데, 나의 목적지는 강남에서 동네 지하상가로 바뀌었다. 엄마의 만류로 동네조차 나가지 못할 뻔했던 나는 마스크 2개로 타협을 보았다. 다행히 집에는 예전에 미세먼지 때문에 사 두었던 마스크가 많이 있었다.

그때 친구는 '중국도 아니고 서울 가는데 뭐'라며 유난 떤다는 듯 말했는데, 지금 생각해 보니 맞는 말 같다. 마스크를 2개나 쓰고 나가면서도 나는 내심 걱정했던 것 같다. 확진자 수는 적었지만 그때의 공포감은 생생하다. 나갈 곳도 없고 재밌는 것도 없는 사면이 꽉 막힌 곳에 갇혀 있는 기분은 굳이 감옥에 가 보지 않아도 알 것 같다. 온종일 집 안에 있는 것만큼 고역이 없었다. 나는 친구와 함께 놀지 못해도 혼자라도 꼭 밖으로 나갔다. 생각과 계획이 없어도 일단 나가고 보았다. 나가서 하는 거라곤 걷는 것뿐이었지만 말이다.

모든 게 무료하다…

평일 오전 9시쯤 눈을 뜨고 미적미적 부엌으로 나오면 내가 그 시간에 나올 줄 알았다는 듯 김이 모락모락 나는 밥상이 차려져 있다. 바로 앞 벽에 걸린 때 묻은 시계를 바라보며 숟가락을 움직이다 시곗바늘이 '2'를 가리킬 때쯤 자리에서 일어난다. 그러고는 목이 늘어나 잠옷으로밖에 입지 못하는 티셔츠와 형형색색의 알파벳이 쓰여 있는 짙은 남색의 잠옷 바지 차림 그대로 책상에 앉는다. 여기저기 널브러져 있는 옷들은 산지 얼마 안 된 새것들이다.

세수도 하지 않고 충전기와 이어폰이 연결된 노트북을 켠다. 키보드를 두드릴 필요도 없이 어제 접속했던 사이트가 열려 있는 인터넷 창으로 향한다. 'EBS 온라인 클래스'이다. 출석 관리 페이지에 '출석했습니다'라는 사무적인 댓글을 입력하고 나서 교과 학습을 시작한다. 3월이면 시작할 줄 알았던 새 학기 등교가 계속 미뤄지다가 여기까지 오게 되었다. 얼굴 모르는 학교 선생님들이 올려놓은 강의를 완료 표시가 날 때까지 시청한다. 하지만 모든 강의를 열심히 시청하는 건 아니다. 수업은 두세 시간이면 끝나는데, 수업이 끝나고 나면 또다시 '쉬는 시간'이라는 명목으로 나무 책장에 둘러싸여 있는 분홍색 침대로 몸을 던진다. 커다란 베개들이 나를 감싸 준다.

SNS에서 여러 사진을 구경하다 보면 한두 시간이 훌쩍 지나가 버린다. 학교에서 지정한 학습이 끝나고 수학 문제집을 꺼내 빗금이 쳐져 있는 문제를 다시 풀어 보는데 책상 위에 있는 스마트폰으로 다시 손이 향한다. 유혹을 물리치려고 노력하지만 매우 어렵다. 이러한 일상이 매일 반복되고 있다.

모든 것이 무료하다. 무료함은 정말 최악의 느낌이다. 나가지 못하고 집에만 있는 것도 한계가 있는데, 이미 그 한계를 넘어선 지 오래다. 난 무료하지 않도록 노력했다. 《1984》와 《삼국지》도 읽고 금융 관련 책도 두 권이나 읽었다. 글도 잔뜩 써 봤다. 수필, 논술문, 그리고 남몰래 쓰던 소설도 마무리 지었다. 밀린 숙제도 했다. 하지만 이것들을 다 마치고도 시간이 남았다. 밖에 나가지 못하니 남는 시간에 스마트폰을 사용하는 비중은 더 높아졌다. 너무 무료해서 몸에 겨우 맞는 바지를 찾아 입고 밖에 나가 보면 사람들이 아예 없지는 않다. 나는 집 안에 가만히 멈춰 있지만 세상은 절대 멈추지 않는다.

이름은 모르지만 아파트 조그만 화단에는 하얀 꽃나무가, 지나가다 본 화분에는 분홍색 꽃이 피어 있다. 새 마스크 냄새를 맡으며 샌드위치라도 사 먹으려고 골목길을 걸어 나와 4차선 도로를 가로지르는 횡단보도를 한 번 건넌다. 기다리다 심심해 위를 보니 하늘이 매우 맑다. 대충 끼니를 때우고 저녁에는 운동을 하러 나간다. 권투를 시작한 지 3년이나 되었지만 이토록 뜸하게 체육관에 나간 것은 처음이다. 운동을 쉬고 3~4개월 정도 지나 한계를 느끼면서 다시 시작하게 되었다. 작은 동네 체육관에서 별 생각 없이 시작했는데 이제는 자진해서 시합을 나갈 정도로 권투에 푹 빠졌다.

예정되었던 대회 안내문이 시합 시작도 전에 사라진 지 벌써 5개월이나 지났다. 신발을 벗고 체육관 안으로 들어가면 비접촉 열 측정기로 체온을 잰다. 들어온 시간을 쓰고, 나머지 사항도 대략 작성한 뒤 탈의실로 들어간다. 복싱화를 신고 손에 노란색 핸드 랩hand wrap을 감은 뒤, 밖으로 나가서 줄넘기를 시작한다. 딱히 불편하지는 않지만, 링에 올라가거나 심하게 체력운동을 하는 날이면 누군가가 코와 입을 심하게 짓누르고 있는 듯한 기분이 든다.

온라인수업으로 인한 학생들의 교육 공백에 관한 우려가 커지면서 최근 등교 수업이 시작되었다. 그렇다고 전과 똑같아진 건 아니다. 초등학생은 세 번에 걸쳐 등교 시기를 나누었고, 중학생도 학년마다 등교 시기가 모두 다르다. 고등학생들도 마찬가지다. 나는 당장 어제 학교에 갔다 왔고, 내일도 학교에 간다. 격일로 학교에 가는데 학교에 가지 않는 날은 역시나 온라인으로 수업을 진행한다. 학교에서는 마스크를 쓰고 비닐장갑을 착용한 선생님들이 친구들과 떨어져 지내라고 지도하였고, 모든 학생의 양옆과 앞뒤 자리는 비워 두었다. 급식 시간에는 말을 하지 않고 친구들과의 포옹 또한 금지당했다. 모두 오랜만에 봐서 반가움이 가득 서렸는데도 허용되는 것은 2미터 간격을 두고 손 인사를 하는 것밖에 없었다.

지난 3월에는 약국에 사람들이 붐볐다. 마스크를 사려고 새벽부터 줄을 서는 사람도 있었다. 텔레비전에서는 종일 뉴스로 속보를 내보냈다. 뉴스 화면 오른쪽 위 작은 도표에 하루하루 늘어나는 숫자가 보였다. 휴대전화에서는 시끄러운 재난문자가 계속해서 울려 댔다. 대중교통은 위험하니 이동하려면 자가용을 이용해야 했다. 의료진들의 엄청난 고생이 우리의 마음을 아프게 했다. 손을 너무 많이 씻어 습진으로 고생하는 그들의 손은 환자들을 위한 것이었다.

우리는 역사의 한 현장에 있는 것이다!

이동이 제한된 순간부터 집에서 할 수 있는 것들을 찾기 시작했다. 더이상 무료함에 힘들어하고 있을 수만은 없었다. 난 그것을 딛고 일어나야 했다. 이때쯤 나오는 나방 파리와의 전쟁도 어느 정도 끝났다.

나는 '문화의 날'을 정했다. 거창한 무언가를 하는 것은 아니고, 매주 금요일 저녁 침대에 누워 터치 패드 오른쪽에 'always happy'라는 스티커가 붙은 하얗고 예쁜 노트북으로 영화를 보는 것이다. 작은 의자에 노트북을 올려놓고 이어폰을 연결한 뒤 얇은 이불과 부들부들한 베개를 꼭 감싸 안으면, 초라하지만 나만의 영화관이 만들어진다. 잠잘 준비는 모두 끝내 놓아야 한다. 영화를 보다 보면 도무지 준비할 수가 없기 때문이다. 다른 날은 안 된다. 무조건 금요일이어야만 했고, 그렇게 정해 놓으니 금요일이 매우 기다려졌다. 어떨 때는 두 편을 보기도 했다. 가족들과 함께 치킨을 먹으면서 한 편을 보고, 자기 전 방해받지 않는 나만의 영화관에서 또 한 편을 보기도 했다. 계획이 있고 그것을 기대하면서 기다리다 보면 삶의 이유가 생기면서 재미 또한 생기게 된다.

하지만 이것은 일시적이었다. 일주일간의 무료한 기분을 달래 줄 뿐, 완전히 치료해 주지는 못했다. 귀로는 컴퓨터에서 흘러나오는 노래를 듣지만 눈에는 검은 것밖에 보이지 않는다. 손가락으로 펜을 돌리면서 저녁에 공상과학 영화나 시원한 바다를 배경으로 한 해적 영화라도 볼까 생각하지만, 어디까지나 생각일 뿐이다. 바로 앞에 놓인 컴퓨터를 모두 분리했다가 다시 조립하는 것이 지금 나에게 가장 재밌는 일인 것 같았다. 신나는 노래를 틀어 놓고 눈을 감은 채 침대에서 방방 뛰면 무료함이 조금 사라질까? 딸기청을 넣은 우유를 마시면 기분이 조금 나아질 것이다. 하루 종일 '내가 인생을 잘 살고 있는 것인가', '내가 할 일은 무엇인가', '도대체 어떻게 해야 하는가' 끊임없이 질문을 던져도 할 수 있는 게 없다. 과도한 스마트폰 사용은 나를 우울하고 지치게 만든다. 종일 책상에 앉아서도, 침대에 누워서도 똑같은 기분을 느낀다. 그러다 한 번씩 곰이 그려진 시계를 보면 시간이 훌쩍 흘러가 있다.

24시간은 꽤 길다. 시계를 스무 번은 쳐다보아야 저녁이 된다. 나는 이렇게 일상을 보내고 있는데 친구들도 별반 다르지 않으리라 생각한다. 고등학교 진학을 앞두고 걱정 가득한 친구들마저 공부를 하지도 책을 읽지도 않는다. 그저 스마트폰만 붙들고 있다. 미성년자들을 이렇게 긴 시간 동안 방치하면 의욕도 행동력도 그리고 실력도 줄어든다. 경각심은 점점 바닥을 치고 있다.

기술 선생님께서는 "과연 이게 끝날까? 이거 안 끝날 것 같아"라고 말씀하셨다. 또 어떤 분은 "예전에 우물에서 물을 길어 먹던 때는 물을 사먹을 수도 있다는 말에 헛소리하지 말라고 했어. 나중에 아이들에게 '예전에는 마스크를 안 쓰고 살던 때가 있었다'고 말하게 될 수도 있단 말이야"라고 하셨다. 너무 극단적인 얘기로 들리겠지만 아무도 모르는 일이다. 불과 1년 전까지만 해도 이런 감염병이 대유행할 줄 꿈에도 몰랐다. 역사 선생님은 "여러분은 역사의 현장 속에 있는 거예요. 물론 좋은 건 아니지만" 하셨다. 그렇다. 우리는 역사의 현장에 있는 것이다.

돌연변이 바이러스로 인해 몸을 사리는 2020년, 우리는 2020년을 통째를 그렇게 기억하게 될 것 같다. 친구들과의 약속도 줄줄이 취소되고, 학교에서조차 만날 수 없는 친구들은 얼굴을 본 지가 언제인지 까마득하다. 날짜도 정확하지 않은 먼 미래의 약속이 최선이다. 친척 집에 갈 때도 걱정이 앞서고, 책상에는 책갈피가 꽂힌 대여섯 권의 책이 놓여 있다. 택배는 쌓이고 집안에 돈은 떨어진다. 모든 사람이 재정 걱정을 하고 있다.

만약, 아주 만약에 이 사태가 끝나지 않는다면 어떻게 될까? 비대면 일상이 자리 잡게 될 것이다. 식당에는 무인 기계가 도입되고 마트도 카페도 마찬가지 아닐까? 집에서 일하는 게 일상이 되고 미팅은 화상통화로 이루어질 것이다. 일자리는 줄어들 것이고, 특히 서비스업이 그럴 것이다. 그렇게 되면 극심한 경기 침체를 겪을 수도 있다. 직업군도 바뀔 텐데 과연 나의 꿈은 변화된 사회에 맞을지 걱정이다.

내 꿈은 '작가'다. 또 다른 꿈은 '사업가'다. 만약 '작가'가 된다면 경기가 침체된 상황에서 문학 활동을 제대로 할 수 있을까 생각해 본다. 돈이 줄어들면 가장 먼저 줄이는 게 취미와 문화생활이다. 이번 사태로 동네 체육관의 인원은 절반도 넘게 감소했다고 한다. 당장 먹고살기도 급급한데 책을 사서 읽는 사람은 드물 것이다. 책을 읽더라도 동네 도서관을 이용할 것이 뻔하다. 그래, 작가가 아니라면 사업가는 어떤가. 사업을 하려면 자금이 필요하다. 어떻게든 5백만 원을 모아 시작한다고 해도 1인 사업체가 어디까지 올라갈 수 있을까? 결국, 쉽지 않은 세상에 나는 포기하게 될 것 같다.

반갑다는 인사를 하고 싶다. 피로하지 않은 눈으로 예쁘게 웃고 싶다. 인터넷으로 모든 조사를 끝마친 그곳에 놀러 가고 싶다. 이 사태가 끝나면 늘 그랬던 것처럼 초록색 버스를 타고 동네를 반 바퀴 정도 돌아서 동네 구경을 갈 것이다. 막혀 있지 않은 공기를 마음껏 마실 것이다. 상쾌한 공기가 그립다. 그동안 당연하게 해 오던 것들이 오랜 시간 제한되는 상황이라 사람들은 더 힘들어하고 더 돌아다니고 싶어 하는 것 같다.

이 사태가 얼른 끝났으면 좋겠다. 차를 타고 이동하다가 창문을 보면 아름다운 하늘이 보인다. 먼지와 매연 없이 맑아진 뉴욕의 공기와 하늘, 사람이 줄어들자 동물들이 뛰어나온 영국의 한 공원에 대한 기사를 봤다. 난 이번 사태로 몸소 느낀다. 우리는 지구가, 세상이 매우 필요하지만 지구에게는 오히려 우리가 없는 것이 도움이 된다는 것을.

나의 소설 이야기를 좀 하자면, 작년 가을부터 쓰기 시작한 사후 세계를 배경으로 한 판타지 소설이다. 처음 쓸 때만 해도 1만 자도 못 채우고 끝날 것처럼 전개도 급하고 내용도 없었다. 하루 일과 정도를 담은 단편 소설이었다. 혹평을 받기도 했는데 낙담하지 않고 계속 썼다. 수정을 거듭하고 살을 붙이다 보니 어느덧 11만 자 넘는 원고를 완성하게 되었다.

사람은 끊임없이 성장한다. 이번 기회에 사람들은 많은 것을 느꼈을 것이다. 밖에서 보내는 시간이 줄면서 자신에 대해 더 알게 되었을 수도 있고, 집중해서 하던 일을 계속한 사람도 있을 것이고, 평소에 하지 못했던 다양한 문화생활로 피로를 푼 사람도 있을 것이다. 이번 사태가 좋다고 말할 수는 없지만, 모두들 한 가지라도 느낀 점, 삶에 도움이 된 것을 얻지 않았을까?

폭풍은 많은 것을 변화시킨다. 땅은 폐허가 되지만 사람들은 더욱더 굳건해진다. 언제 끝날지는 모르겠지만 끝은 정해져 있다. 현재로서는 매우 힘들지만 끝나고 나면 얻는 게 있다. 이미 지나간 시간은 바꿀 수 없지만, 미래를 준비하고 적응하며 생활을 지속해야만 한다.

유민정_중학생

나의 삶에서 달라진 것과 얻은 것

나는 고등학교 2학년이다.

이 문장만으로도 올해 나의 삶이 얼마나 변화되었는지 전할 수 있을 것 같다. 방송을 통해 처음 코로나의 존재를 알게 되었을 때에는 별 생각이 들지 않았다. '아, 중국에서 전염병이 발생했구나'라는 생각이었다. 나와는 큰 관련 없는 얘기로 느껴졌다. 그런데 우리나라에서도 확진자가 발생하고, 신천지 등 여러 사건들로 확진자가 걷잡을 수 없이 늘어나면서 개학마저 연기되고서야 경각심이 들기 시작했다.

난생 처음 온라인 개학을 하게 되었는데 불편한 점이 한둘이 아니었다. 그래도 불가능할 줄 알았던 온라인수업이 별 탈 없이 잘 진행되는 것을 보고, 내가 초등학생일 때와 비교하면 몇 년 사이에 많은 게 달라졌음을 느꼈다. 우리의 수업 데이터를 선생님이 모두 확인할 수 있고, 화상으로 수업을 하고 동아리 면접 같은 것을 하면서 수업이나 책에서만 접했던 빅데이터와 인터넷 시대가 무언지 제대로 느낄 수 있었다.

나의 삶에서 무엇들이 달라졌나

가장 먼저 나의 '입시'다. 고등학교에 올라온 뒤 항상 듣는 단어가 있다. 바로 학생기록부종합전형이다. 학창 시절 동안의 성적뿐 아니라 대외 활동, 수상, 독서, 세부 특기사항 등 여러 항목을 평가에 반영하는 전형이다. 이를 위해 학생들은 학교에서 열리는 각종 대회, 활동들로 자신의 생활기록부를 채워 나간다. 하지만 코로나19로 공백이 생기면서 학생들은 이를 보완할 여러 방법을 찾기 시작했다. 이것뿐만 아니라 지필평가와 수행평가 반영률 등 많은 것이 바뀌면서, 변화 하나하나에 신경을 써서 그것에 맞게 잘 준비해야겠다는 생각이 들었다.

두 번째는 나의 '취미 생활'이다 이번 공모를 준비하면서 임모빌리티 immobility가 뭘까 궁금해서 찾아봤는데, 항상 움직이며 흘러야 하는 자본·노동·상품 등이 코로나19로 인해 필요한 분야로 투입되지 못하고 이동이 정지된 상태를 뜻한다고 한다. 이 자본, 노동, 상품 중 나에게 가장 영향을 많이 미친 것은 상품이라고 생각한다.

나는 연극, 뮤지컬 같은 공연을 관람하는 것을 매우 좋아한다. 나의 가장 행복한 순간 중 하나가 공연을 볼 때인데, 지금 같은 시기에는 공연장만큼 위험한 곳도 없다. 밀폐된 공간에 수많은 사람이 다닥다닥 붙어 있으니 말이다. 많은 공연이 취소되었고, 공연이 열리더라도 공연장 입구의 열화상 카메라, 곳곳에 비치된 손 소독제와 자가 문진표, 공연장 안내원들의 끊임없이 감염 방지 안내 등 낯선 풍경이 펼쳐졌다.

공연장에 자주 못 가는 대신 집에서 공연 영상들을 보며 아쉬움을 달래고 있었는데, 공연 업계에서 나처럼 취미 생활을 즐기지 못하는 사람들을 위해 '힘콘'(힘내라 콘서트) 등 다양한 콘텐츠를 제공했다. 유튜브 또는 SNS 라이브 등을 통해 실시간 공연을 즐기고 배우와 관객이 실시간 채팅으로 토크를 나누는 것이다. 뮤지컬이나 연극 등의 공연은 흔히

'순간의 예술'이라 불린다. 공연장에서의 현장감이나 배우들의 세부적인 연기 등은 매일 달라지므로 공연이 끝난 후에는 내가 방금 본 공연을 다시 볼 수 없기 때문이다. 그런데 '힘콘' 같은 콘텐츠는 모든 사람이 동시에 그 순간뿐 아니라 이후에도 즐길 수 있으므로 이러한 예술 분야의 대중성을 높이는 좋은 기획인 것 같다.

세 번째는 나의 '일상'이다. 누구나 그렇겠지만 정말 많은 것이 바뀌었다. 가장 큰 변화는 학교에 가지 않는 것이다. 학교에 가지 않고 EBS 온라인 학습으로 수업을 대체했다. 시간을 융통성 있게 활용할 수 있게 되면서 온전히 자유롭게 보낼 수 있는 시간이 그만큼 많아졌다. 때문에 보고 싶던 영화와 책도 보고, 피아노 연주같이 하고 싶던 것들을 마음껏 할 수 있다는 좋은 점도 있지만, 등교를 시작한 지금 새로운 친구들과 친해질 수 있는 시간을 놓치고 곧바로 시험을 치게 되어 아쉬움이 크다.

또 달라진 점은 평소엔 잘 사용하지 않던 마스크나 손 소독제가 필수품이 되면서 내 가방과 주머니에 항상 들어 있게 되었다는 것이다. 이번에 감염 예방 수칙들을 실천하면서 느낀 점은, 생활 속에서 방역이나 청결을 유지하는 게 생각보다 어렵지 않다는 것이다. 마냥 좋은 일은 아니지만 전 세계 사람들이 생활 속 감염 예방 수칙을 실천하면서부터 그동안 오염되고 뜨거워지던 지구가 급속히 좋아지는 것을 보며, 모두 다 함께 노력한다면 막막해 보이는 일도 그리 어렵지 않겠다는 생각이 들었다.

마지막으로 나의 '생각'이다. 이번 코로나 바이러스의 유행은 많은 사람들에게 생각의 변화를 일으키는 계기가 된 것 같다. 힘든 상황에도 좀 더 나은 내일을 위해 마스크를 기부하거나 봉사에 나서는 간호사 같은 사람들이 존재하는 반면, 이를 기회로 자신의 이익만을 취하거나 자신의 행동이 미칠 영향은 전혀 생각지 않는 이기적인 사람들도 있다는 것을 알았다.

나도 공연장을 다녀오고 나서 반성을 많이 했다. 자신만을 생각하지 않고 공공을 위해 내가 무엇을 할 수 있는지, 나의 행동이 다른 이에게 어떤 영향을 미치는지 항상 생각해야 하겠다. 사실 답답함과 불편함 때문에 공공장소에서 은근슬쩍 마스크를 벗거나 내린 적이 많았다. 예방을 열심히 하고 집과 직장만 왕복한 사람이 그렇지 않은 회사 동료에 의해 감염되는 것을 보고 속으로 그 사람을 비난했다. 그러나 문득 내가 그런 사람이 될 수도 있다는 것을 깨달았고 그 후에 정말 많은 생각을 했다.

인터넷 속 많은 아름다운 사례들을 접하면서 많은 것을 느꼈다. 나는 학년이 올라가면서 어떤 목적을 위한 관계도 있다는 것을 알게 되고, 친한 사이에서조차 주고받는 것을 남몰래 계산하며 혼자 서운해 한 경우도 많았다. 그러나 최근 어렸을 때부터 날 진심으로 위해 주고 좋은 게 있으면 먼저 나눠 주는 친한 친구를 보면서 나도 그 친구에게 좋은 걸 나눠 주고 경험하게 해 주고 싶다는 생각이 들었다. 내가 다른 이에게 베풀고 배려하는 만큼 날 위해 주는 누군가도 존재한다는 것을 깨달았다.

코로나19는 많은 사람의 목숨을 앗아간 재앙이지만, 동시에 많은 사람들의 생각과 행동에 변화를 준 계기이기도 하다. 모두에게 힘든 시기지만 변화된 삶에 적응하고 서로 격려하며 잘 버틴다면 시간이 지나 되돌아볼 땐 많은 변화와 깨달음을 가져다준 경험이 되어 있지 않을까?

강민서_고등학생

국제사회 연대로 코로나-19 극복을

2019년 12월, 중국 우한에서 발생한 호흡기 감염 질환 COVID-19(코로나19)는 2020년 전 세계 사람들의 삶을 완전히 바꿔 놓았다. 처음엔 모두 별일 아니라고 생각했다. '지나가는 유행병이겠지', 나 또한 그렇게 생각했다. 하지만 중국 정부와 국민의 미흡한 위기의식 및 대처로 인해 전 세계로 급속히 전파되면서, 금방 끝날 것만 같던 바이러스는 우리나라를 포함한 전 세계인의 삶을 변화시켰다.

학생들은 등교할 수 없었고, 직장인들은 실직했으며, 의료인들은 연일 밤을 새워야 했다. 외출을 못 하게 된 사람들은 지인과 인터넷으로 소통하고, 나들이를 못 가게 된 사람들은 각자 집에서 취미를 즐기기 시작했다. 그 결과, 서로 마주하는 시간을 잃어 버린 언택트untact 사회가 펼쳐졌다. 생필품을 사기 위해 대형 마트를 찾던 사람들은 인터넷쇼핑을 생활화하게 되었고, 회사에 나가 업무를 처리하던 직장인들은 재택근무를 하였으며, 학교에 가서 직접 듣던 수업은 집에서 듣는 원격 수업으로 대체되었다. 사람들은 이렇게 인터넷과 깊은 관계를 맺어 갔다.

가장 근래에 유행한 메르스·에볼라 같은 전염병이 비교적 빨리 종식된 반면, 우리의 삶을 변화시키고 있는 코로나 바이러스가 아직도 종식되지 못하고 있는 이유는 무엇일까? 나는 이번 코로나19를 대응하는 데 있어서 국제사회의 협력이 원활하지 못했던 점이 가장 아쉬웠다. 코로나19는 한 국가의 노력만으로는 절대 해결되지 않는다. 전 세계적인 재난을 해결해 나가기 위해 국제사회가 서로 연대하지 못한다면, 우리는 코로나19의 끝을 보기 힘들 것이다.

국제사회가 합심해 바이러스에 대응해야 함에도 불구하고, 오히려 일부 열강들은 자국의 이익만을 추구하여 국제사회의 갈등을 심화시키고 있다. 5월에 열린 세계보건총회WHA에서 미국과 영국은 '코로나19 백신과 치료제가 공공재로 다뤄져야 하며 독점적인 특허권을 부여해선 안 된다'라는 결의를 거부했다. 그리고 미국은 코로나19의 진단·치료·예방에 사용할 수 있는 특허권을 세계보건기구WHO의 공동 관리에 맡기고 각국이 자유롭고 평등하게 사용하자는 목적으로 결성된 단체인 특허 풀에 들어가지 않겠다고 밝혔다. 또한 미국의 트럼프 대통령은 세계보건기구의 지원금을 전면 중단하고 이를 다른 공중보건 필요에 충당할 것이라고 선언했다.

반면, 다른 나라들은 코로나19 백신과 치료제를 위한 특허 풀을 마련해야 한다는 제안에 찬성했다. 중국의 시진핑 주석도 "중국이 개발한 백신은 공공재로 이용 가능하다"라고 밝혔다. 유럽연합EU 정상들의 견해 또한 동일하다. 만약 미국이 먼저 백신이나 치료제에 대한 특허권을 갖게 된다면, 전 세계의 다른 나라들은 미국의 거대 제약사들이 부르는 높은 가격에 백신과 치료제를 구입할 수밖에 없을 것이다.

인도의 한 온라인 매체는 "만약 치료제나 백신의 지식재산권 문제를 해결하지 못하면 에이즈의 비극을 되풀이할 수밖에 없다"고 지적했다.

에이즈 치료 특허 약품은 1년치가 1만~1만 5천 달러의 고가에 판매되어 이를 구할 수 없는 개발도상국의 수많은 사람들의 목숨을 잃게 했다. 이렇게 국제사회의 연대가 꼭 필요한 부분에 대한 선진국들의 자국 이기주의적 대응 방식은 전 세계적 재난 상황을 극복하는 데 어려움을 만든다. 또한, 치료제나 백신을 이용하지 못하는 개발도상국과 치료제와 백신에 대한 특허권을 가진 선진국 간 의료 자원의 불공정한 분배는 국제사회의 갈등과 양극화를 더욱 심화시킬 것이다.

이렇게 코로나19를 퇴치하기 위해 글로벌 리더십을 발휘하기보다 자국의 이익만을 추구하는 일부 국가의 모습과는 다르게, 글로벌 리더십을 발휘하여 국제 연대에 노력을 기울이는 기업들도 있다. 3월 중국 전자상거래 업체 알리바바의 창업자인 마윈 전 회장은 한국의 코로나19 극복을 돕기 위해 마스크 1백만 장을 기증하였다. '마윈 공익기금회'는 "우리가 매우 어려웠던 시기에 한국에서 온 물자가 우리의 극한 어려움을 완화해 줬다"며 "우리도 힘을 보탤 수 있기를 바란다"고 말했다. 한국의 KT는 '빌&멜린다 게이츠 재단'으로부터 120억 원 규모의 투자를 받아 앞으로 3년간 정보통신기술을 활용하여 감염병에 대비하는 차세대 방역 연구를 진행한다. 마이크로소프트 창업자인 빌 게이츠는 코로나19 백신을 만드는 데 유망한 7개 업체의 생산시설 건립에 자금을 대고 있다.

또한 한국의 SK 바이오사이언스는 발현 기술을 활용해 다수의 코로나19 백신 항원을 개발하고자 게이츠 재단으로부터 약 44억 원의 연구개발비를 지원받았다. 세계적 재난 상황에 맞서고자 아낌없는 지원을 행하는 이들의 행보는 코로나 백신 및 치료제에 대한 특허권을 선점하고자 국제적 연대를 거부하는 일부 국가와 비교되며 더욱 빛난다.

코로나로 인해 변화되었다고 느끼는 또 다른 부분은, 무차별적인 외국인 혐오 현상이 생겼다는 것이다. 우리나라는 지금까지 베트남과 매우 우호적인 관계를 형성해 왔다. 그러나 코로나19 사태 이후 베트남에서 '한국 혐오' 감정이 커지고 있다고 한다. 베트남 현지에서는 코로나19를 가리켜 '사우스 코로나'로 부르는 움직임까지 일어나고 있다. 뿐만 아니라 한 베트남의 페이스북 페이지에는 태극기를 코로나 바이러스 모양으로 변형시킨 사진이 게재되었다. 베트남 다낭에서는 대구에서 출발한 비행기에 탑승한 한국인을 아무 증상이 없는데도 일방적으로 격리시킨 일도 있다.

이러한 문제는 베트남에 국한되지 않는다. 코로나 바이러스가 처음 발생했 때 동양권의 문제로 치부하고, 그러면서 자연스레 동양인 혐오로 이어졌다. 영국 프리미어리그 토트넘과 맨시티 경기에서 손흥민 선수가 골을 넣어 소감 인터뷰를 했는데 이때 기침을 한 것 때문에 현지 축구팬이 손흥민 선수가 바이러스인 것처럼 합성한 사진들을 올렸다. 뿐만 아니라 상대 선수들이 방독면을 착용하고 있는 아시안 혐오를 부풀리는 내용을 인터넷에 올린 사례도 있다.

오스트레일리아에서도 코로나19 감염이 확산하면서 동양인에 대한 인종차별 사건이 종종 발생하고 있다. 시드니에서 백인 여성이 베트남계 자매에게 "코로나 걸린 동양 개"라는 욕설을 하며 얼굴에 침을 뱉었고, 멜버른 전철 안에서는 백인 여성이 마스크를 낀 두 동양인 남성에게 "코로나를 퍼뜨린다"며 "너희 나라로 돌아가라"고 폭언을 하는 모습이 공개되기도 했다.

나는 이러한 혐오 현상이 코로나 사태로 인해 개인적인 시간이 많아지면서 인터넷 사용이 늘어난 것과도 연결 고리가 있으리라 생각한다. 사람들은 인터넷 서핑을 하며 코로나19 사태에 대한 다양한 의견들을 보았을 것이고, 익명성이 보장되는 인터넷 특성상 자기 생각을 자유롭게 표출하며 코로나 초기 중국과 한국에 대한 차별적 여론을 조성하는 이들이 있었다. 이 루머는 파급력이 아주 큰 데다, 인터넷이라는 매체의 특성상 많은 사람들이 이를 쉽게 접하게 되면서 아시안 차별·혐오 현상이 더욱 빨리 퍼져 나갔을 것이다.

벌써 2020년의 절반이 지났다. 코로나19로 정말 정신없는 시간을 보낸 것 같다. 내가 학교에 가지 않고 온라인으로 수업을 듣게 될 줄은 정말 꿈에도 몰랐다. 이번 코로나 사태로 나는 정말 많은 것을 깨달았다. 세상은 그 누구도 예측할 수 없다는 것이다. '코로나19는 금방 종식될 것이다'라는 예측을 완전히 뒤엎고 6개월이 넘는 시간 동안 우리를 괴롭힐 줄 누가 알았겠는가. 또한 에볼라나 메르스 같은 전염성 바이러스에도 큰 피해 없이 버티던 우리나라가 코로나에 이렇게 빠르게 무너질 것이라고 누구도 예상하지 못했을 것이다.

마스크가 잘 팔리지 않아 사업을 그만둘까 고민하던 사업자가 불과 반년 만에 매출이 이렇게 급증하리라고 예상했을까? 잘나가는 맛집의 사장님이 불과 반년 만에 손님들의 발길이 뚝 끊길 거라고 예상할 수 있었을까? 세상은 정말 그 누구도 예측할 수 없다. 그렇기 때문에 변화된 상황에 누가 더 빠르게 적응하는지에 따라 변화된 사회를 이끌어 갈지, 혹은 변화된 사회에서 도태 당할지가 결정된다는 것을 느꼈다.

두 번째로, 탐욕에 눈먼 이해타산적 대응은 결국 모두를 불행하게 만든다는 것이다. 코로나19와 같은 팬데믹은 절대 한 국가의 노력만으로는 해결되지 않는다. 그리고 국제사회는 이런 사실을 알고 있다. 국제적 연대가 가장 우선시되어야 하는 전 세계적 재난 상황에도, 정치적 감정을 수반하고 자국의 이익만을 최우선하는 국가를 그 누가 옳다 할 수 있을까? 단기적으로 보면 국제 연대를 거부하고 자국의 발전을 위하는 것이 더 이익이라고 생각될 수도 있다. 하지만 장기적으로 보면 절대 이익이 되거나 옳은 일이라고 할 수 없다.

이제 코로나19는 몇몇 국가에만 해당하는 유행병이 아니다. 팬데믹 상황에서는 아무리 혼자 노력해도 국제사회의 연대 없이는 절대 극복해 낼 수 없을 것이다. 선진국은 자국이기주의적 태도를 버리고 국제평화주의에 따라 개발도상국의 모든 사람까지 공정하게 의료 자원을 누릴 수 있도록 해야 한다.

나 또한 이번 코로나 사태로 인해 일상의 많은 부분이 바뀌었다. 3개월이라는 긴 시간 동안 학교에 나가지 못했고, 자주 만나던 친구들을 만날 수도 없었다. 코로나를 기점으로 우리 사회는 정말 많이 바뀌게 될 것이다. 만약 우리가 미래를 예측해 보지 않고 과거를 반성하지 않는다면, 코로나와 같은 전 세계적 재난 상황이 또 우리에게 닥쳤을 때 막대한 피해는 변함없이 반복될 것이다.

누군가는 위기로 인해 좌절하고, 다른 누군가는 위기를 기회로 삼아 더 높이 올라간다. 많은 사람들이 코로나로 인해 사랑하는 이를 잃고 힘든 삶을 살아가고 있는 지금, 우리의 안전불감증을 자각하고 국제사회의 문제점을 해결할 대안을 찾기 위해 노력하는 등, 미래 사회에 대해 고민한다면 분명 우리의 미래를 더 나은 방향으로 바꿀 수 있을 것이다.

위기를 기회로 이끌지, 좌절이 되게 할지는 우리 스스로가 결정하는 것이다. 끝까지 무너지지 않고 국제적 연대로 코로나19 극복을 위해 함께 노력한다면, 코로나뿐만 아니라 그 어떤 강력하고 무서운 것이 온다 할지라도 이겨 내지 못하겠는가.

금은비_고등학생

6부

변화, 포스트 코로나 사유하기

바깥세상과의 소통을 희망하지만 한켠으로는
주저하는 내면적 갈등을 표현하고자 커튼으로
절반이 가리워진 창문을 연출하였다.

세 가지 키워드로 예측한 포스트 코로나 시대

코로나19로 인해 정말 많은 것들이 달라지고 있는 요즘이다. 전 세계의 경제·사회·문화가 이 바이러스로 인해 멈춘 것을 보면, 인간은 정말 나약한 존재라는 사실을 새삼 깨닫는다. 현재의 사태를 기점으로 B. C.Before Corona와 A. C.After Corona로 나뉠 것이라는 말이 나올 만큼, 전례 없는 혼란기라는 사실은 부정할 수 없을 것 같다. 하지만 똑같은 위기가 닥쳤을 때 어떻게 대처하는지에 따라서 누군가에게는 큰 기회가 될 수도 있다고 생각한다. 많은 생각을 해 본 결과, 세 가지의 큰 키워드를 중심으로 사회 변화를 예측해 보고 하나의 큰 결론을 도출했다.

역逆세계화

첫 번째 키워드는 '역세계화'다. 먼저 세계화의 정의를 보자면, '세계 여러 나라를 이해하고 받아들여 폐쇄적 상태에서 벗어나는 것'이다. 나는 감히 인류의 역사 발전에 큰 공헌을 한 것 중 하나가 무역이라 생각한다. 초기의 인류는 자급자족 형태로 생활하다가 점차 부족, 지역, 나라, 세계 단위로 무역을 해 왔다. 그러는 와중에 다른 지역의 선진 기술을 공유하고 거래하면서 인류의 기술이 발전해 왔다고 생각하기 때문이다. 유럽 역사의 암흑기라 불리는 중세 시대 때 중국과 한국은 융성한 문화를 꽃피웠다. 하지만 이후 서양은 적극적인 무역을 지속하여 점차 기술을 발전시켰으나, 중국은 본인들이 세계의 중심이리는 사상을 끝까지 고수했다. 그 결과, 18세기 산업혁명을 기점으로 동서양의 기술 차이는 더욱 커지게 되었다.

이처럼 인류는 무역을 통해서 서로의 기술을 공유하고 나눔으로써 발전해 왔다는 것을 알 수 있다. 중학교 사회 교과서에는 '국가별 분업 체제'를 설명하면서 옷 생산을 예시로 들었다. 목화는 미국에서, 염료 채색은 미얀마에서 하는 등 요즘에는 국가 단위로 분업하는 것이 일상화되었다. 이러한 국가 단위의 분업화를 다른 말로 하면 '저개발 국가들의 생산 기지화'라고 할 수 있다. 하지만 코로나 사태로 인해 육해공의 연결은 끊겼고 반강제적으로 자국 내에서 모든 것을 해결해야 하는 상황이 벌어지고 있다. 심지어 코로나 확산이 심한 지역은 나라 단위가 아니라 시, 도 단위의 생산이 필요할 수도 있다. 이로 인해 '내수 시장'의 중요성이 더 부각될 것 같다는 생각이 들었다.

우리나라는 농업 분야에서 그 점이 더욱 부각될 것 같다. 2007년 한미 FTA가 비준된 뒤 우려하던 일이 발생하지는 않았지만, 농민들이 크게 반발하고 나선 바 있다. 오렌지처럼 국내 생산이 거의 불가능한 작물을 수입하는 것에 대해 특히 반대의 목소리가 높았는데, 주된 반대 이유는 '자국 농산물의 경쟁력 하락'이었다.

가계의 소비 목적은 '제한된 비용으로 최대의 효용(만족감)을 추구'하는 것이라고 고등학교 경제 과목에서는 설명한다. 가장 적은 비용으로 최대의 만족감을 주는 재화나 서비스를 소비한다는 것인데, FTA가 비준

된 후 미국의 여러 농산물 등이 거의 관세도 없이 저렴한 가격에 들어오면서 농민들이 크게 반대했던 것이다.

코로나19 이후에는 상황이 달라질 것 같다. 수입하고 싶어도 수입할 길이 막혔으니, 과일 등에 대한 수요가 자연스레 국내 농산물로 연결될 것이다. 그에 따라 농촌에 대한 관심이 커지고 내수 진작 효과를 볼 것 같다. 지금 한국은 도시화율이 90퍼센트가 넘는 밀집 사회인데, 이를 계기로 '역이촌향도', 즉 '이촌향도' 현상으로 고령화되고 있는 농촌 사회에도 활력이 생기길 바란다. 또한 원래 도시가 아니었던 지역을 활성화하여, 수도권·광역권 중심의 경제 시장이 아닌 전국 전체가 활성화된 경제 시장을 가지게 되면 좋겠다.

자율성의 대두

두 번째 키워드는 '자율성의 대두'다. 학생 입장에서 코로나19 이후 가장 큰 삶의 변화가 무엇인지 묻는다면 첫 번째로 '학교에서 수업을 듣지 않고 집에서 온라인으로 수업을 듣는 것'이라고 말할 수 있다. 전대미문의 사태 속에서 교육부는 오프라인 수업의 대안으로 'EBS 온라인 클래스'라는 온라인수업 방법을 제시했고, 이는 현재까지 대략 2개월 넘는 기간 동안 성공적으로 운영되고 있다.

이런 상황에서 학생들에게 가장 요구되는 것은 당연히 '자율성'이다. 등교해서 수업을 받을 때와 달리 매일 아침 정해진 시간에 온라인으로 출석 체크를 하고 쌍방향 수업 외에는 정해진 시간 없이 원하는 강좌를 골라서 들을 수 있는 온라인 강의의 특성상, 이 모든 것들을 성공적으로 이수하려면 학생의 자율성이 가장 중요한 자질이다.

대부분의 대학에서도 이와 비슷한 상황이 일어나고 있고, 직장에서도 마찬가지다. 상사나 관리자가 하나하나 관리하고 지켜봤던 과거와 달리 코로나19 이후 유연근무제, 재택근무 등 개인의 자율성에 맡기는 업무 수행 방식이 확대되고 있다. 관리자나 상사 입장에서는 실시간으로 사람을 볼 수 없기 때문에 소통이 어렵다는 불만이 있을 수도 있다. 하지만 거시적으로 보면 '효과적인 업무' 수행의 초석을 마련하는 과정이라고 할 수도 있다. 예를 들어, 회사에서는 상사의 눈치를 보느라 5시간 넘게 걸리던 업무를 집에서는 눈치 보지 않고 3시간 만에 끝낸다면, 개인 입장에서는 업무를 빨리 끝내서 좋고 회사 입장에서는 똑같은 성취를 달성했기 때문에 서로 윈-윈 할 수 있는 것이다.

좀 더 거시적으로 보면, 나는 이번 코로나19로 인해 인간이 기계에 대항할 수 있는 힘이 생겼다고 생각한다. 지금까지 인류는 네 번의 산업혁명을 거치면서 차례차례 인간의 고유한 영역을 기계에 침범당해 왔다. 1·2차 산업혁명 때는 인간의 노동력을 빼앗겼고, 3차 산업혁명 때는 지식의 범위를 빼앗겼으며, 4차 산업혁명 때는 인간의 정체성까지 빼앗길 위험에 처해 있다.

4년 전 이세돌과 알파고의 대국을 보고 난 후 이 사실이 크게 와닿았다. 알파고의 지식 습득 방식인 딥 러닝deep learning은 일반적인 컴퓨터가 지식을 처리하는 과정과는 차원이 달랐다. 알파고는 여러 대국 자료를 수집하고 그것을 바탕으로 스스로 공부했다. 인간보다 순간 지식 처리량이 몇 만 배에 달하는 컴퓨터가 '생각'을 하게 된 것이다. 나는 그 당시 '인간의 미래는 어둡다'고 생각했다. 독일의 모 자동차 기업이 독일 현지에 자동차 공장을 세우면서 상당한 수의 일자리 창출을 기대했지만, 전면 기계화를 통해 실제 고용되는 직원은 20명 선에 그친다는 기사 내용도 충격이었다. 인간이 기계에 대항할 무기가 더는 남아 있지 않은 것 같았기 때문이다. 하지만 기계는 인간의 '자율성에 기반한 잠재성'을 보여 줄 수는 없다.

잠시 입장을 바꿔 보겠다. 기업가의 입장에서 어떤 선택을 할지 생각해 보자. 4차 산업혁명이 대두되고 기계의 장점이 부각되었다. 똑같은 노동을 하는데 기계는 24시간 가동되고 불만도 없지만, 인간은 하루에 8시간 근무하며 추가로 근무하면 추가 수당 등 상당히 많은 비용이 들어간다. 게다가 인간의 특성상 불만을 품을 수도 있다. 이런 상황에서 굳이 부담을 안고 인간을 고용하겠다는 사람은 몇 없을 것이다. 나 역시도 그렇게 생각했다. 그러나 지금은 상황이 달라졌다. 아무리 기계가 24시간 돌아가도 인간의 '자율성 기반의 잠재성'은 따라올 수 없다.

예시를 하나 들어 보겠다. 갑은 기업을 운영하는 경영인이다. 갑은 앞서 말한 변화를 모두 인지하는 상태이고, 새로운 공장을 열어서 기계와 인간 중 하나를 채용하려 한다. 갑의 계산 결과, 기계의 하루 노동량은 100이고, 인간의 하루 노동량은 70이다. 갑은 당연히 기계를 이용하겠지만, 인간이 자율성을 가지고 일하면 120, 130의 노동량을 제공할 수 있다고 가정해 보자. 그렇다면 인간을 고용하지 않을 이유는 없을 것이다. 이를 통해서 나는 드디어 인간이 산업혁명의 흐름에서 우위에 섰다고 생각한다.

과거 1차 산업혁명 시기에 인간은 기계의 대량생산을 막기 위해 기계를 파괴하는 '러다이트 운동'을 했다. 지금 생각해 보면 얼마나 어리석은 일인지 보일 것이다. 문제의 근본적 해결책이 아닌 단순한 미봉책 혹은 그 이하의 대책이니까 말이다. 하지만 지금은 다르다. 인간만이 가질 수 있는 강력한 무기인 '자율성'이 있기 때문이다. 자율성을 바탕으로 기계보다 우위를 점한 인간이 4차 산업혁명에 효과적으로 대응할 수 있으리라 생각한다.

긱 경제gig ecomomy

세 번째 키워드는 '긱 경제'다. 긱gig은 '일시적인 일'을 뜻한다. 1920년대 재즈바에서 필요할 경우 그때그때 단기적으로 연주자를 고용한 데서 유래한 말이다. 나는 코로나19 이후 긱 경제가 활성화될 것이라 생각한다.

바로 앞에서 말한 사례를 다시 한 번 보겠다. 갑은 기계를 고용하는 것보다 자율성을 지닌 인간을 고용하는 게 효율적이라는 것을 알게 되었다. 하지만 자율성을 지닌 사람은 매우 많고 각각의 전문 분야도 다르다. 이들을 모두 채용하려면 금전적인 부담이 크고, 그렇다고 제한된 인력만 고용하자니 뭔가 손해 보는 느낌이 든다.

나는 갑이 선택할 수 있는 좋은 대안이 바로 긱 경제에 있다고 생각한다. 긱 경제가 활성화되면 전통적인 '직장'의 개념이 파괴된다. 정해진 시각에 출퇴근하고 연봉을 받으며 근무하는 것이 아닌, 각 기업에서 프로젝트나 중요한 업무가 있을 때만 고용되어 일을 하고 임금을 받는 것이다.

현재의 시각으로 보면 '일용직 근로자'와 별다를 게 없어 보일 수도 있다. 하루하루 일이 생길 때마다 일을 하고 하루치 돈을 벌어 가는 형태이기 때문이다. 하지만 긱 경제가 확대되었다고 생각해 보자. 인간은 본인이 하고 싶은 일을 하면서 돈도 버는 생활을 할 수가 있다. 전통적인 직업관에서는 할 수 없는 일이다. 어느 한 기업에 취직이 되면 자신이 하고 싶은 일, 잘하는 일만 할 수는 없기 때문이다. 또한 이직을 하는데도 매우 큰 제약이 따른다. 재취업 실패에 대한 걱정, 재취업한 회사와 원래 회사의 월급 차이 등 고려해야 할 것이 한두 개가 아니다.

하지만 긱 경제에서는 다르다. 각 기업에서는 프로젝트에 필요한 인력을 인력 풀pool에 요구하고 거기에서 가장 적합한 사람, 즉 '자율성 기반의 잠재성'을 가진 사람을 그 프로젝트 기간 동안 취업시킨다. 이런 시스템에서는 고용인은 훌륭한 인재를 그때그때 뽑을 수 있어 좋고, 피고용인은 자신이 가장 잘할 수 있는 분야에 자신의 노동을 제공할 수 있어서 좋다. 즉, 윈-윈 할 수 있는 것이다.

노동에 얽매이지 않는 삶

결론적으로 내가 말한 세 가지 상황이 모두 일어난다면, 궁극적으로 '돈에 대한 인간의 욕망'이 조금 줄어들지 않을까? 경제 과목에서 첫 단원에 배우는, 모든 경제문제의 원인이자 희소성의 원인이 되는 '인간의 무한한 욕망'을 이러한 상황을 통해 조금이나마 감소시킬 수 있다고 생각한다. 세 가지 키워드의 공통점은 '노동에 얽매이지 않는 삶'이다. 인간은 지난 역사 동안 항상 무언가에 얽매여 왔다. 그중에서도 '노동'은 자본주의 체제에서 소수의 부자를 제외하고는 대부분의 사람들에게 뗄 수 없는 것이었다.

대부분의 직장인은 9시 출근 6시 퇴근, 점심시간을 제외하고 하루의 3분의 1을 노동에 사용하고 나머지 3분의 1을 수면에 사용한다. 노동은 시간 대비 얼마나 가치를 가지는가. 8시간을 주고 일과 수면 둘 중 하나를 선택하라고 한다면 아마 대부분의 사람은 수면을 택할 것이다.

인간은 지난 역사 동안 '노동'의 굴레에서 벗어나지 못했다. 하지만 앞서 말한 것들이 현실화된다면, 노동의 속박에서 어느 정도 자유로워질 수 있을 것이다. '돈'만 좇기보다는 궁극적으로 자신이 하고 싶고 잘하는 일을 하면서 자아를 실현하는 '안빈낙도'형 삶을 추구하게 될 것이다.

코로나19로 인해 이렇게 변화될 수 있다는 것이 모순되어 보일지 모른다. 그렇지만 위기를 맞아 어떻게 대처하는지에 따라 누군가에겐 일련의 사태가 두 번 오지 않을 기회가 될 수도 있다고 생각한다. 미래는 예측하는 것이 아니라 만들어 나가는 것이다.

앞으로의 일을 예상하고 대비하면서 함께 나아간다면 누구보다 밝은 미래가 열릴 것이라 생각한다.

천윤성_고등학생

달라진 미래를 기대하며

한참 개학 준비로 설레던 3월, 개학을 앞두고 '친구를 사귈 수 있을까?' '친구를 못 사귀면 어떡하지?' 한창 걱정하던 중에 개학이 연기되었다. 코로나19 때문이었다.

코로나19로 인해 달라진 일상에 대해 이야기하기 전, 먼저 코로나19를 간단히 살펴보자면, 2019년 12월 중국 우한에서 처음 발병한 호흡기 감염 질환으로 감염자의 침이 호흡기나 눈·코·입의 점막으로 침투될 때 전염되고 약 2주일의 잠복기를 거친 뒤 발열 및 기침이나 호흡곤란 등 호흡기 증상과 폐렴이 나타난다고 한다. 게다가 N차 감염이 되면 점점 약해지는 다른 바이러스들과는 다르게 아무리 퍼져도 약해지지 않고 잘 사라지지 않아 꽤 골치 아픈 바이러스라고 한다.

이렇게 전염성이 강한 코로나 바이러스는 전 세계로 순식간에 퍼졌다. 그리고 이렇게 퍼져 나간 코로나 바이러스에서 우리나라 또한 자유롭지 못했다. 바이러스가 급속히 퍼지면서 확진자가 급증했다. 사태를 빠르게 파악한 정부는 사회적 거리두기 등의 정책을 시행하며 발 빠르게 대처했지만 1만 2,003명의 확진자가 나오고 277명이 사망했다(6월 12일 기준). 물론 이렇게 많은 확진자가 나오기 전 여러 번 감소 추세를 보이긴

했다. 하지만 감소 추세가 보일 때마다 '나 하나쯤은', '우리는 괜찮겠지', '설마 걸리겠어?' 같은 안전 불감증으로 신천지, 이태원 클럽, 쿠팡 등에서 집단 감염이 발생하면서 확진자는 급속도로 늘어났고, 슬슬 외부 활동을 준비하던 사람들은 다시 집 안에만 머물러야 했다.

여러 차례 고난이 있었지만, 정부는 더 이상의 확진을 막기 위해 다양한 정책을 펼쳤다. 그중에서 내 일상을 달라지게 한 정책은 아마 휴교와 휴원이 아닐까 생각한다.

남는 게 시간이 되어 버린 일상

정부에서 휴교와 휴원을 시행한 덕분에 나는 학원도 안 가고 학교도 안 가게 되어 남는 게 시간인 상황이 되었다. 신나게 놀고 늦잠도 자고 좋아하는 취미 활동을 하면서 나름 보람되고 재미있게 보냈다. 학교에 가지 않고 즐겁게 놀다 보니 문득 '이러다 1년 꿇을 수도 있지 않을까?'라는 생각이 들었다. 별 생각 없이 떠오른 거지만 나름 나쁘지 않았다. 만약 그렇게 되면 회사는 뽑을 사람이 없으니 지원자 중 학업 성적은 떨어지지만 실력이 뛰어난 사람을 뽑을 수도 있고, 떨어진 취업준비생들에게 재도전할 기회가 주어지니 아르바이트를 전전하는 사람들에게 좋지 않을까 생각했다. 한 학년을 꿇고 가면 대학도 신입생 없는 상황을 걱정하지 않아도 된다고 막연히 생각했다.

이런 생각들을 하며 하루하루를 보낼 때 정부에서는 학교 수업을 더는 미룰 수 없다고 여겼는지 온라인 클래스를 개강했다. 온라인 클래스는 인터넷 강의 형식이고, 졸려도 꾸역꾸역 들어야 하는 학교 수업과 달리 피곤하면 잠시 잤다가 멀쩡한 정신으로 수업을 들을 수 있어서 좋았다. 하지만 온라인 클래스 강의에 수능 강의를 올려주셔서 교과서에 없는 내용이 나오니 교과서에 필기하며 집중하는 성격인 나로서는 집중하는 데 어려움이 있었다. 또한 처음 이용할 때는 수업을 어떻게 들어야 하는지 몰라서 익숙해지기까지 꽤 애를 먹었다. 역시 수업은 얼굴을 보며 하는 게 더 좋은 것 같다. 온라인으로 하니 집중도 되지 않고 재미가 없었다.

강의를 듣느라 컴퓨터를 오래 사용해서 그런지 소설 쓰는 것에 관심을 가지게 됐고 소설을 써서 인터넷에 올리거나 소소하지만 공모전에도 참여했다. 한때 작가가 꿈이었던지라 오랜만에 글을 쓰니 나름 재미도 있고, 내가 취미로 쓴 글에 사람들이 반응을 남겨 주는 걸 보니 뿌듯하고 기분도 좋았다. 다시 한 번 소설 작가라는 꿈을 상기하게 되었고 그 꿈을 이루고 싶다는 생각도 들었다.

코로나19 사태로 집 안에만 있다 보니 혼자서 할 만한 DIY 명화 그리기나 자수를 넣어 손수건 만들기 같은 취미 활동과 집에서 요리하는 영상들이 많이 등장했다. 나도 시간이 남아돌아서 음식 만드는 영상을 자주 시청하였고, 실제로 만들어 먹어 보면서 새로운 요리에 도전해 보기도 했다. 전에는 어떤 걸 넣어야 맛이 나는지를 몰랐기에 요리를 하지 않았는데, 이번에 영상을 보면서 따라 해보니 재밌었다. 가족들에게 아침을 차려 주기도 했다. 하지만 간과한 것이 있다. 유튜브에서 하는 요리들의 반은 고칼로리라는 점이다. 아무 생각 없이 고칼로리의 기름진 음식들을 해 먹다가 위에 탈이 나서 한동안 위염으로 고생하고 살도 많이 쪘다. 아무래도 집 안에만 있고 밖에 나가지 않으니 살이 더 쉽게 찌는 것 같았다.

얼마 전 뉴스에서 가족들이 집 안에서 서로 살을 부딪치며 오랜 시간 함께 있다 보니 스트레스가 상승하고 가정폭력이 급증했다고 했다. 장시간 함께 있으면 신경에 거슬리는 일들이 많을 것이라 예상은 했지만, 뉴스에 나오는 내용은 가관이었다. 정말 사람이 할 짓인가 싶을 정도로 극악무도했다. 나 혼자만 힘든 것이 아니니 서로 도와야 하는 시기에 자신의 스트레스를 자기보다 약한 아이들에게 푸는 것을 보니 저절로 눈살이 찌푸려졌다.

'내가 만약…'

코로나19 사태는 어떤 사람들에겐 고통과 괴로움이겠지만, 어떤 사람들에게는 희망과 기회라고 생각한다. 각자 마음먹기에 따라 다르겠지만 나와 같은 학생 입장에서 보면, 수업을 하지 못해 시험도 쉽게 나올 테니 학교에 가지 않는 동안 뼈 빠지게 공부하여 이번 기회에 성적을 올리자고 생각하는 사람들에게는 기회이자 희망일 것이다. 하지만 집 안에 있는 것만으로도 괴롭고 가족관계가 좋지 않은 학생들에게는 하루하루가 고통과 괴로움일 것이다.

굳이 학생이 아니더라도 어떤 사람들에게는 자신의 취미, 혹은 자신의 재능을 갈고 닦아 발전해 나가는 소중하고 귀한 시간이겠지만, 또 다른 사람들에게는 그저 놀고 즐기기 바쁜 흘러가는 시간일지도 모른다. 시간이 지나서 '그때 그 시간에 놀지 않고 공부를 했다면', '그때 그 시간에 잠을 자지 않고 책을 읽었다면' 이러면서 후회할지도 모른다.

나는 전자도 후자도 아닌 딱 중간이라고 생각한다. 놀고 자는 시간이 꽤 많긴 했지만 그렇다고 완전히 그런 것만은 아니고, 나의 취미와 재능을 발전시키려고 노력하면서 공부했기 때문이다. 하지만 후회가 없는 건 아니다. '내가 만약 노는 시간에 영어 문장을 암기했으면 시험이 더욱 수월했을 텐데' 같은 후회는 여전히 하고 있다. 하지만 지나간 시간은 붙잡을 수 없으니 언제나 그랬듯 미래에는 다르기만을 기대할 뿐이다.

현재 격주 등교를 하고 있는데 집에서 가만히 앉아만 있다 보니 체력이 떨어져 학교에 가면 매우 피곤하고, 학교만 갔다 오면 더 힘들어 하는 나를 볼 수 있었다. 물론 체력 탓도 있겠지만 학교에서 계속 마스크를 쓰고 있는 것도 한몫한다는 생각이 든다. 평소에도 마스크를 쓰고 다니니 괜찮으려니 했는데 생각보다 더 힘들었다. 내가 원해서 쓸 때는 답답하다는 느낌이 없었는데 의무라고 생각하니 괜히 답답하고 불편했다.

이렇듯 현재 코로나19 때문에 학생들, 어른들 모두 힘들어하고 지쳐 있다. '나 정도는 괜찮겠지' 같은 안일한 생각은 하지 말고 조심하고 또 조심해서 하루빨리 코로나19 사태가 해결되기만을 바란다. 이 글을 통해 코로나19 사태를 해결하기 위해 열심히 노력하고 계신 모든 분들께 진심으로 감사의 마음을 전하고 싶다.

강가희_고등학생

좋았다면 추억이고, 나빴다면 경험이다

2020년, 우리는 포스트 코로나 시대를 생각한다. 처음에 '우한 폐렴'이라는 명칭으로 불렸던 코로나19는 중국을 시작으로 전 세계로 확산되어 수많은 고귀한 생명을 거두어 갔다. 코로나19는 2020년을 뜨겁게 달구었다. 코로나19는 우리 삶의 많은 것들을 변화시켰고, 다시 코로나 이전 상태로 돌아가기는 어렵다는 생각을 갖게 만들었다.

내가 생각하는 포스트 코로나 시대를 정리하면 첫째, 비대면 활동이 많아짐으로써 온라인 사업의 수요가 급증할 것으로 예상된다. 사람들과 직접 마주하지 않아도 집에서 편하게 모든 것을 할 수 있게 될 것이다. 예를 들어, 음식 배달 앱이나 영화·드라마를 무료로 시청할 수 있는 앱 app 등의 가입자 수가 늘고 화상회의 서비스 등이 발전할 것이다. 코로나로 인해 집에만 머물면서 굳이 밖에 나가지 않아도 충분히 모든 것을 해결할 수 있기 때문이다. SNS에서 많이 검색된 것을 보면 대표적으로 홈트레이닝, 홈베이킹, 달고나 커피 등 집에서 즐길 수 있는 일들의 검색 수가 확연히 늘어났다고 한다.

여기서 내가 걱정하는 것이 있다. 비대면 활동의 증가로 한국 특유의 정서인 '정'의 색깔이 옅어질까 하는 것이다. 물론 온라인으로도 충분히 정을 쌓고 다질 수 있으나 백 번 보는 것보다 한 번 경험하는 것이 낫다는 말이 있듯, 백 번 온라인으로 만나는 것보다는 한 번 오프라인으로 만나는 것이 더 좋다고 생각한다. 아마 이후 세대들에겐 온라인 체제가 익숙할 것이다.

'정'이 옅어진다는 뜻에 대해 예를 들어 본다면, 학교를 가는 이유는 학습 목적도 있지만 학생들의 사회성을 기르기 위한 것도 있다. 그런데 학교에 가지 않고 온라인 교육으로 대체되는 기간이 길어진다면, 학생들끼리 만나는 시간이 적어 사회성 발달에 문제가 생길 수도 있다. 친구들과 함께 사이 좋게 놀기도 하고 싸우기도 하며 크는 것이 학생들인데 그 기회가 줄어들 것이다. 함께 사는 사회에서 사람들을 만나지 않고 혼자만의 삶이 지속되다 보면 연결 구조가 복잡한 사회에서 적응하기 힘들 것이고, 개인주의가 만연한 사회에서 정을 잃는 사람들이 점점 많아질까 걱정된다.

둘째, 온라인수업 기간이 길어질수록 학교 공교육의 영향력이 약해질 것이다. 현재 온라인수업에서 직접 영상을 찍어 수업하시는 선생님은 몇 분 안 계시고, EBS나 다른 해설 강의를 가져와 수업 자료로 올려 두는 경우가 빈번하다. 이런 식으로 수업이 계속 진행된다면 선생님께서 직접 진행하시는 수업보다 EBS나 타사 인터넷 강의들의 영향력이 커질 것이다. 또한 특성화고나 예고 같은 경우는 실습·실기가 중심이고 등록금이 비싼 학교도 있는데 등록금은 그대로 받으면서 누구나 찾아볼 수 있는 인터넷 강의로 때워 교육의 질이 떨어진 것에 대해 반발이 크다. 앞으로도 온라인수업이 이런 식으로 진행된다면 온라인수업의 수요가 증가한다고 해도 불만이 많아질 것이다.

그래도 온라인수업의 장점을 하나 꼽자면, 온라인수업은 듣고 싶을 때 그날의 강의를 들으면 되기 때문에 자신의 시간을 좀 더 효율적으로 사용하는 법을 터득할 수 있을 것이다. 또한 집에 있다 보면 평소 함께할 시간이 부족했던 가족들과 함께하는 시간도 많아질 것이다.

셋째, 1년의 교육 과정 계획을 세울 때 대안 A, 대안 B로 두 가지 이상을 마련하게 될 것이다. 교육부에서 특수 상황에 대비하여 대안을 두 가지 이상 만듦으로써, 바이러스가 다시 창궐하더라도 혼선이 덜 생기도록 교육 체계를 빠르게 바꿀 수 있을 것이다. 특수한 상황의 전개 과정과 모든 상황을 고려해야 하므로 불가능한 일일 수도 있지만, 이번처럼 순차적인 연기가 아니라 교육부가 미리 준비한 탄탄한 매뉴얼에 따라 빠르게 대응하면 좋을 것 같다. 코로나19 바이러스 같은 전염병이 재등장할 때 빠른 교육 체계의 변환은 학생들의 혼선을 방지하고 바뀐 교육 체계에 적응할 시간도 충분히 줄 수 있다. 그렇게 하면 억울한 사람이 비교적 적을 것이다.

넷째, 정보 노출의 위험성이 커질 것이다. 현재 확진자의 동선이 실시간 분 단위로 알려지면서 많은 곳을 돌아다닌 '슈퍼 전파자'들이 강한 비판을 받고 있다. 대중의 시선을 의식하여 자신의 행실을 되돌아보는 좋은 영향도 있겠지만, 과도하게 눈치를 보게 되면 비난받지 않기 위해 스스로의 자유를 억압하면서 자존감이 떨어지는 악영향을 끼칠 것이다. 그리고 앞으로 이런 바이러스 사태가 아닌 경우에도 내가 어디를 몇 시에 갔는지, 정부와 통신사·카드 회사가 손잡고 열람한다면 마음 놓고 자유롭게 돌아다닐 수 있을까 하는 생각이 든다.

다섯째, 각종 바이러스 및 질병에 예민해져 조금만 아파도 병원을 찾는 사람들이 증가할 것이다. 병원을 찾는 사람이 급증하면 의료계 종사자들은 코로나 이전보다 더 바빠질 수 있다. 코로나19가 진행되는 동안 '슈퍼 전파자' 때문에 병원의 침대 수가 부족하여 확진자도 집에서 자가 격리를 하는 등 의료 체계가 마비되었다. 병원의 의료 인력도 부족했고 시설도 제대로 갖추어져 있지 않았다. 전염병 창궐에 대비한 의료계의 대응 매뉴얼도 다루어질 것 같다.

한편, SNS에서는 다양한 챌린지 이벤트가 진행되었다. 함께 외출을 자제하고 집에 있는 모습을 찍어 올리거나, 코로나의 최전선에서 자신의 목숨을 걸고 바쁘게 일하는 의료진들에게 감사를 표하는 챌린지도 이루어졌다. 추가적으로 바이러스나 질병에 대한 관심이 증가함에 따라 신약 개발과 검사 키트kit 제조 기술이 발전하고, 일상생활을 하다가 몸의 이상 증세를 자각하면 마스크를 쓰고 최대한 사람들과의 접촉을 줄이는 시민의식도 성장할 것이다.

여섯째, 포스트 코로나 시대에는 재택근무, 유연근무제 등을 실시하면서 언택트 생활의 필수품인 컴퓨터 산업이 발달하고, 여러 물품 대란을 겪었으니 물류창고 또한 늘 것이다. 코로나를 겪으면서 다양한 직종에서 바이러스 사태에 대비한 대응책과 매뉴얼을 만들고 다음에는 더 유연하게 일할 수 있도록 힘쓸 것이다.

일곱째, 앞으로는 서비스 직종보다 제조업을 선택하는 사람이 증가할 수 있다. 물론 직업은 개인의 진로에 따라 선택하겠지만, 사람과 사람이 대면하여 정신적 스트레스를 유발하는 서비스 직종의 인기는 감소하고, 온라인으로 판매하는 제품에 한정하여 볼 때 이 시국에도 변함없이 수

익을 창출할 수 있는 제조업을 선택하는 사람이 많아질 것이다. 특수한
상황에서는 평소와 다른 수요가 생긴다. 이번에 마스크와 손 소독제 대
란이 있었던 것처럼, 특정 제품에 대한 수요가 증가하여 이를 확보하려
고 경쟁하는 현상은 코로나 이후 더 심해질 것이다. 제품 확보 경쟁과 더
불어, 이 시국에도 다양한 사람들과 비교적 적게 만나는 제조업이 인기
를 끌 것 같다.

여덟째, 공연과 스포츠 관람에 새로운 방식을 도입하려는 시도가 활발
해질 것이다. 무관중 경기, 드라이브 인 영화관처럼 최대한 접촉을 줄인
채 문화생활을 즐기는 방식 또한 늘어날 것이다. 집에서 즐기는 문화생
활의 증가로 다양한 방식의 접근이 가능할 것이다.

마지막으로 아홉째, 코로나로 인해 사람들의 발길이 끊기자 베네치아
에 물고기가 돌아오는 등 지구가 회복의 신호를 보내왔다. 이것을 보고
인간이 자연에 끼치는 악영향을 제대로 깨닫고 최대한 자연을 보존하면
서 개발 혹은 관광하는 방법에 더욱 관심을 가질 것으로 보인다.

이상 아홉 가지 전망은 포스트 코로나 시대에 대한 나의 상상에 불과
하지만, 그렇다고 안 될 것도 없는 것들이다.

'당연한 것들'을 깨닫게 되다

우리는 코로나19를 단지 교육 체계 붕괴를 초래한 원인, 죽음을 부르
는 사악한 질병 정도로만 인식하고 있다. 틀린 말은 아니다. 코로나19는
전 세계적으로 비극적인 결과를 초래했다. 다시는 일어나서는 안 되는 비
극이다. 하지만 어떤 이들에게는 '당연한 것들'을 잊고 살았음을 깨닫는
계기가 되었을 것이다. 방역 조치 없이 사람들을 만나 모임을 가지는 일,

이동에 제한 없이 자유롭게 밖에 나가는 일, 아름다운 자연경관을 언제든 보러 가는 일 등 모두 감사한 일이었는데도 우리는 '당연시'해 왔다.

코로나로 인간의 활동이 잠시 주춤한 사이 지구는 숨을 쉬었다. 대표적인 예로 사람의 발길이 끊긴 미국의 '맨해튼 비치'는 미생물이 증가하여 아름다운 야광 바다가 되었다. 멸종위기종인 바다거북도 호주 '레인섬'에 몰려들어 알을 낳았다. 이것을 '코로나의 역설'이라고 부른다. 이런 것들을 보면, 우리가 잠시 멈춰야 보이는 것들에 대해 무관심한 채로 바쁘게 살아왔다는 것을 깨닫는다. 코로나19의 악영향도 있지만 코로나 덕분에 우리도 잠시 멈춰 우리의 지나온 삶을 다시 생각해 보고, 당연하게 여겨 왔던 것에도 감사함을 느끼는 시민의식이 코로나 이후 더 강하게 성장하기를 마음속으로 바란다.

얼마 전 핸드폰을 바꾸면서 사진 갤러리를 정리했는데, 나의 과거 추억들이 담긴 사진과 동영상을 보며 생각했다. '사람들은 바쁜 자기 삶에 치여 주변을 돌아볼 시간이 없었구나. 나도 다를 바 없이 주변을 놓치며 살아왔구나.' 코로나는 지금도 우리에게 악영향을 끼치고 수많은 사람들의 목숨을 앗아가는 무시무시한 질병이지만, 코로나 때문에 내가 잠시 쉬어갈 틈을 만들게 된 것 같아서 숨통이 트였다. 코로나 때문에 밖에 못 나가고 친구들과 만나지 못하면서 집 안에서 굉장히 우울했고 힘들었다. 그럴 때마다 가족과 함께 보내는 시간을 늘렸고 그 힘듦을 극복해 냈다.

모든 사람들을 지치게 했던 코로나를 생각하면 떠오르는 말이 두 가지가 있다. 하나는 "매일 뜨는 달과 별임에도 유난히 오늘따라 밝아 보였다는 것은 우리의 오늘이 조금 어두웠나 보다"라는 말이다. 우리는 지금 조금 어두운 오늘을 지나가고 있을 뿐, 달과 별은 매일 뜬다는 것을 잊지 말아야 한다.

또한 "좋았다면 추억이고 나빴다면 경험이다", 이 말은 내가 지금까지 들은 말 중 단연코 최고의 명언이라 생각한다. 겨울방학에 '지속가능한 개발 목표 SDGs 캠프'에 참여했을 당시 멘토 님들 중 한 분께서 하신 말씀이다. 포스트 코로나 시대가 올 때는 '나빴다면 경험이다'라는 생각으로 여기서 좌절하지 않고 미래를 가꾸고 발전시키려는 시도와 의지를 가져야 한다. 그럼 우리는 코로나라는 아픈 상처를 딛고 한층 더 성장하는 지구촌의 모습을 보여 줄 수 있을 것이다.

우리는 늘 그래 왔듯이 이 역경 또한 극복해 낼 것이다. 코로나로 더 이상의 희생자가 나오지 않도록 우리는 늘 긴장하고 있어야 한다.

이은서_고등학생

편리한 삶보다는 함께하는 삶을 꿈꾸며

어느 날 눈을 떠 보니 온 세상이 긴급 상황에 놓여 있었다. 내딛는 걸음마다 코로나 문제로 떠들썩한 두려움의 소리만 들려왔다. 코로나로 인해, 특히 내가 살고 있는 대구는 온 국민의 주목을 받게 되었다.

대부분의 사람들은 집에서 머물러야 했다. 나 역시 예외는 아니었다. 모든 시간을 집에서 보내다 보니, 평소에는 볼 수 없었던 것이 보이기 시작했다. 바로 나와 가장 가까운 사이이며 나와 생활을 함께 공유하는, 나를 낳아 주신 어머니였다. 평소라면 서로 맡은 일이 달라서 어머니는 출근하시고 나는 학생의 본분을 다해 등교해야 했지만, 지금 내 앞에 놓여 있는 상황은 어머니와 함께 모든 시간을 보내야 된다는 것이었다.

그래서인지 내 시선이 가는 곳마다 어머니가 계셨다. 나의 시선에 들어온 어머니는 우리 가족을 위해 쉼 없이 일하는 모습이었다. 어머니의 손에는 우리가 먹은 그릇들과 방구석에 처박혀 있던 빨랫감들이 있었고, 어머니의 빨래 돌리는 소리가 쉼 없이 들려왔다. 사랑이 아니면 만들 수 없는 수많은 소리와 모습들이 내 귀와 눈에 슬그머니 담겼다. 어머니가 그동안 우리를 위해 얼마나 많이 희생하셨는지 가늠할 수 없었다.

내 기억 속 어머니의 모습을 떠올려 보면, 우리를 배려해 주시는 어머니의 삶은 그 이상일 것이라고 확신한다. 어머니가 집에서 하시는 일들은 힘들고 수고스럽지만 얻는 이익이 전혀 없는 가사노동이다. 그런데도 우리를 위해 헌신하시는 모습은 위에서도 말했지만 정말 사랑이 없으면 어려운 일이라 생각한다.

만약 코로나가 발생하기 전의 나였다면, 어머니가 가족을 위해 희생하셔서 감사하다는 한낱 머릿속 생각뿐이었겠지만, 지금의 나는 어머니를 향한 감사의 마음을 행동으로 직접 보여 드리고 싶었다. 나는 이 마음을 전달하기 위해 어머니가 우리를 위해 애써 주신 모습을 그리며, 감사한 마음을 담아 어머니가 그동안 하셨던 일들을 도와 드릴 것이다.

코로나는 많은 사람에게 고통을 주고 죽음의 두려움을 안겨 주고 있다. 하지만 한편으로는 나의 주변을 다시 돌아볼 기회, 무엇보다 나 자신을 돌아볼 기회를 주기도 했다. 코로나의 확산을 막기 위해 정부에서는 당분간 학교의 개학을 연기시켰다. 이제 막 고등학교 1학년이 된 나로서는 입학식의 따스한 봄 햇살을 만끽하지도 못한 채, 따가운 여름 햇살 아래 개학을 맞이할 것이다. 그 사이 학교에 가지 않고 집에 있으면서 나의 생활은 처참히 뭉개졌다. 고등학생이 아니라 여전히 중학생 시절의 나로 머물러 있었다.

'고등학생이 된다면…' 하고 다짐했던 목표도 사라지고, 부끄럽게도 나의 생활은 몸과 이불이 하나가 되어 한 폭의 그림을 그리고 있었다. 마음은 초조함의 뜀박질을 뛰고 있는데, 막상 현실의 내 몸은 천하태평을 누리고 있었던 것이다.

다행히 학교에서 온라인수업을 진행했다. 나는 선생님이 만들어 주신 영상을 보고 마감 시간까지 과제를 올리면서 나태한 나의 삶이 조금씩 달라지는 걸 느꼈다. 마감 시간 안에 과제를 제출하지 못하면 출석이 확인되지 않아 나의 진로에 걸림돌이 될 수 있었기에, 혹시 하지 않은 과제가 있는지 확인하느라 나의 눈알이 돌아가는 소리를 듣는 게 일상이 되었다. 처음에는 다루는 방법이 낯설어 어려웠지만, 이러한 과정을 겪으면서 내가 사회인으로 점차 성장하고 있는 것 같아 마음이 간질거렸다.

코로나로 인해 담임 선생님을 당황하게 만든 사건도 있었다. 평소 휴대전화를 잘 사용하지 않아 전시용 휴대전화라는 말을 듣던 나는 선생님에게 걸려 오는 전화를 종종 받지 못했다. 전화는 서로 얼굴을 보지 못한 채 음성으로만 접해야 해서 상대방에 대해 알기가 어렵다. 그래서인지 내 잘못으로 지금까지 선생님과 나 사이에 쌓인 신뢰가 깨지지 않을까 걱정스러웠다. 나는 이 일을 계기로 언제 어디서든 받을 수 있게 휴대전화를 몸에 지니고 다니면서 상대방에게 피해를 주지 않으려고 노력했다.

만약 이런 일을 겪지 않았다면, 나중에 직장을 다니더라도 이 습관이 내 발목을 잡는 걸림돌이 되었을 것이다. 지금이라도 이런 경험을 해서 참 다행이라고 생각한다. 코로나로 인해 학교에 가지 못해 사회생활을 조금도 배울 수 없을 거라 확신했던 나 스스로가 부끄러웠다. 꼭 학교에 가지 않아도, 인터넷 매체를 통해 조금은 사회생활을 배울 수 있었다. 하지만 휴대전화나 인터넷 같은 매체에 너무 의존한다면 우리가 잘 아는 직업들이 사라지게 될 것 같다.

평소 옷이나 필요한 물건을 온라인으로 구입하여 택배를 통해 받는 편이었는데, 코로나 때문에 집 밖에 나가지 않게 되자 택배나 배달 서비스에 더욱 의존하게 되었다. 이렇게 모든 것이 온라인으로 이루어진다면 직접 동네 마트에 가서 장을 볼 필요가 없어지고, 그렇게 되면 마트의 계산원은 점차 사라질 것이다.

최근 미국의 점원 없는 무인 마트 '아마존 고Amazon Go'가 많은 이들을 놀라게 했다. 우리나라도 사람 없는 무인 편의점이 등장하고 카페에서는 로봇 바리스타가 커피를 내리며, 버스는 기사 없는 자율주행 버스로, 면접은 대면 면접이 아닌 AI 면접으로 바뀌면서 기계가 점점 사람을 대신하고 있다. 은행도 은행원이 없는 무인 은행 또는 모바일뱅킹이 보급되어 집에서도 은행 업무를 처리할 수 있게 되었다. 학교는 원격 수업으로 수업 방식을 바꿔 인터넷 강의가 더 활성화되었다.

이런 상황을 보면 사회가 비대면으로 바뀌고 있다는 것을 알 수 있다. 비대면 사회는 사람과의 대면 없이 첨단 기술을 활용한 상품 및 서비스로 살아가는 사회를 말한다. 서비스는 사람들이 노동이나 활동을 통해 사람들에게 제공하는 것인데, 지금 미래의 서비스를 예상해 보면 로봇이나 인공지능이 사람에게 필요한 것을 충분히 제공할 수 있을 것 같다. 지금은 집을 나가서 주변 가게나 상점에 들어가면 점원들의 밝은 미소와 인사를 볼 수 있다. 그러나 시간이 지날수록 내 주변의 가게나 상점은 손님은 있지만 점원이 없는 무인 상점이 될 것이다. 그러한 모습을 생각하면 타인과의 대화가 어색해지는 단절된 사회가 되지 않을까 두렵다.

코로나19 확산을 막기 위해 정부는 어쩔 수 없이 사회적 거리두기를 시행하면서 사람과 사람의 대면을 자제하도록 했다. 이 상황이 지속되어 어쩔 수 없이 인간관계가 단절된 삶을 살아가게 된다면 공동체 의식도, 배려하는 마음가짐도 사라져 개인주의 사회로 변해 갈까 걱정이 된다.

우리는 더 나은 삶, 더 편리한 삶을 추구한다. 하지만 계속해서 편리한 삶을 찾다 보면 당장 자신의 직업이 위태로울지도 모른다. 직장과 직업을 잃어버릴 처지에 놓인 자신을 자책하며 스스로를 무기력한 존재로 여기는 내가 될까 우려스럽다. 겉으로 보기에는 우리의 삶이 휘황찬란하며 편리한 삶이라고 여겨질 수 있겠지만, 그 속에 사는 사람들의 실제 모습은 겉으로 보이는 것과 전혀 다를 것이다.

당장은 편리한 삶에 대한 애착이 나를 지배할 때도 있지만, 그것이 더 발전하다가는 우리 사회에서 우리의 마음가짐, 사람이 갖춰야 할 소양, 사회관계 등 인간과 인간이 맺는 관계가 무너지고 사라져 인격 형성의 바탕이 흔들릴 것이다. 사회 구성원 중 인격에 문제가 있는 사람이 하나둘 늘어나게 되면 그 사회는 큰 혼란을 겪게 될 것이다. 서로 배려하지 않는 세상은 평화롭게 살아갈 수 없다. 왜냐하면 자신의 이익을 추구하느라 주변을 돌아보지 않기 때문이다. 그 영향은 결국 자신에게까지 미칠 것이다. 비록 편리한 세상을 만들었을지 모르지만, 실상은 평화가 없는 삭막한 세상이 되는 것이다.

비대면 사회는 단기적으로 보면 사람들에게 편리함을 줄 수 있을지도 모른다. 하지만 장기적으로는 사람들에게 혼란을 줄 수 있어 문제가 될 것으로 생각한다. 지금은 어쩔 수 없이 비접촉, 비대면이 가장 좋은 대책이지만, 코로나가 빨리 해결되어 사람과 사람 간의 관계가 회복되기를 바란다. 현재는 비대면 사회에서 비롯되는 피해를 받고 있지 않지만, 오래 지속될 때의 상황은 심히 걱정되기 때문이다.

정혜윤_고등학생

나를 성찰하는 시간

코로나. 온 세상 사람이 처음 접하고 처음 들어 보는 전염병으로, 순식간에 온 지구를 두려움에 휩싸이게 한 질병이다. 그동안 아무렇지 않게 지내 왔던 우리들의 생활은 코로나가 등장하기 전과 후가 확연히 차이가 나기 시작했다.

처음엔 엘리베이터를 타면 만나는 사람들이 마스크를 착용하고 있어서 신기했다. 얼마 후 마스크를 쓰지 않은 사람은 거의 사라지고, 마스크를 써야 하는 것이 당연해졌다. 사람들로 붐비던 길거리는 아무도 지나다니지 않게 되었다. 등교는 2주 미뤄지다 또 2주, 그리고 2주 더 미뤄지더니 6월이 되어서야 했다. 학교에선 열 체크, 자가 진단, 마스크 착용, 사회적 거리두기 등 매 쉬는 시간마다 선생님께서 확인하셨다.

3월 등교가 6월 등교로 바뀌면서 시험도 지연되었다. 산책이나 친구들과의 대화 등 모든 것이 차단되고 감염을 경계하고 걱정하는 것이 당연해졌다. 이처럼 코로나로 인해 많은 불편함과 걱정 등이 생겼는데 나는 그중 나의 미래가 더 걱정되었다.

나는 초등학교 선생님이 되는 것이 꿈이었다. 아이들과 대화하며 함께 뛰어다니고, 손에 손을 잡고 친목을 다지고 추억을 쌓는 것이 꿈이었기 때문이다. 그러나 코로나로 원격 수업을 하게 되면서 선생님과 학생들은 얼굴을 보며 수업하는 것이 아닌 컴퓨터를 통해 인사를 나누게 되었고, 학생들이 카메라를 켜지 않으면 선생님 혼자 설명하는 것과 다름없는 수업 형태가 되었다.

내가 추구하는 교육 방식은 선생님 혼자 설명하는 강의식 형태가 아니라, 친구들과 함께 토의하고 대화하며 직접 물어보고 답하는 형태의 수업을 하는 것이다. 인터넷 강사처럼 컴퓨터 안에서 말하는 것은 내가 추구하는 교육 방식이 아니다. 처음엔 어색했던 친구라도 수업을 같이하고 모둠별로 앉아 있다 보면 학생들은 금방 친밀해지고 수업에도 능동적으로 참여한다. 하지만 코로나로 인해 이제는 서로 대화할 수조차 없게 되어 강의식 수업밖에 할 수 없게 되었다.

코로나가 언제 사라질지 모르고 백신이 언제 만들어질지도 모르는 상황에서, 무작정 초등학교 선생님이 되어 내가 원하는 수업 방식을 하겠다는 꿈을 키울 순 없는 노릇이었다. 그래서 개학을 기다리는 동안 앞으로 코로나뿐만 아니라 4차 산업혁명으로 바뀔 사회의 모습과 달라진 환경 등을 고려하여, 내가 달라진 사회에서 사람들에게 도움을 줄 수 있는 직업, 즉 미래 사회에 내가 도움을 줄 수 있고 사회에서 필요한 직업이 무엇일지 생각해 보는 시간을 가지게 되었다.

가장 관심이 간 직업은 심리상담사였다. 심리상담사를 하고 싶은 이유 중 하나는 초등학교 때부터 알고 지낸 한 친구가 교우관계로 매우 힘들어하며 나에게 전화를 걸었을 때의 경험 때문이다. 그 친구가 "나 힘든 일이 있는데 들어줄 수 있어?"라고 물어 왔을 때 나를 의지하고 믿어 준다는 느낌이 들었다. '내가 누군가에게 필요한 사람이구나. 누군가에게 도움을 줄 수 있구나'라는 생각을 했고 마지막까지 그 친구의 말을 경청하고 내 경험에 비추어 의견을 말해 줬다. 대화를 모두 마쳤을 때 "너한테 말하니까 마음이 아주 편해진다. 정말 고마워"라는 친구의 말을 들었을 때의 그 감동을 잊을 수가 없다. 친구의 이야기를 들어주기만 했는데, 그것만으로도 상대방에게 도움이 된다는 것이 신기하고 좋았다.

심리상담사가 되고 싶은 또 다른 이유는 요즘 코로나로 달라진 삶을 많이 답답해하고 힘들어하는 사람이 늘고 있기 때문이다. 사람들이 자신의 고민을 나에게 말하고 같이 대화하며 그 고민이 완화되어 행복해질 수 있도록 도움을 주고 싶어졌다.

코로나로 학원 등 사교육을 받기가 힘들어졌다. 공부를 하려면 자기주도 학습을 해야 하는 상황이 되었다. 항상 학원에서 내준 숙제만 하다가 갑자기 자기주도학습을 하려니, 머릿속으로 해야 할 일을 생각만 하고 밤이 되면 실천하지 못한 계획을 후회하는 일상을 반복했다. 계속 연기되어 안 볼 것 같던 3월 첫 모의고사는 5월에 집에서 봤고, 동복이나 춘추복을 입을 줄 알았던 등교 모습은 하복 차림으로 바뀌었다.

이 경험을 통해 느낀 것이 다섯 가지 정도 있다. 그중 첫 번째는 '끝은 언젠가 온다'는 것이다. 날짜가 지정되어 그때까지 모든 것을 해내야 한다는 것을 끝이라고 본다면, 그 날짜까지는 지금부터 아주 멀게 느껴지지만 하루하루 지내다 보면 어느덧 끝이 다가와 있기 때문이다.

두 번째, 오늘 하루는 길게 느껴지지만 하루하루가 모인 일주일, 한 달은 짧게 느껴진다는 것이다. 개학이 미뤄져 많은 시간을 집에서 보내면서 '하루가 이렇게 길구나' 하고 느꼈다. 6시에 저녁을 먹은 후에도 잘 시간까지 아직 6시간이나 남은 사실이 신기했다. 하지만 그런 하루하루를 지내고 보니 벌써 6월이 되었다. 코로나로 집에만 있으니 더욱더 날짜 개념이 없어지면서 오늘이 며칠인지, 무슨 요일인지조차 잘 몰랐다.

세 번째로 느낀 것은 기회는 늘 준비하고 기다리는 자에게 온다는 것이다. 나는 '고등학교에 가서는 매일매일 학교 수업을 마치고 집에 오면 무조건 복습하고 공부해야지' 하며 미래 계획을 세웠다. 그런데 개학이 점점 미뤄지자 '아직 개학을 안 했으니까' 하며 마음이 나태해졌고 온라인 개학을 했는데도 불구하고 '등교 개학이 아니니까 일단 수업을 듣고 일단 학교 숙제만 해야지' 하며 복습을 하지 않았다. 내가 먼저 공부 계획을 짰거나 여가 생활을 찾아 미리 열심히 준비하고 있었다면, 코로나로 개학이 미뤄졌을 때 집에서 머물러야 했던 시간은 오히려 기회가 되어 다가오지 않았을까?

네 번째, 성격은 상황에 따라서 바뀔 수 있다는 것이다. 나는 내성적인 성격이라 처음 만나는 친구들과 대화를 잘 못하고 부끄러워하는 데도 불구하고, 개학을 늦게 하다 보니 처음 만나는 고등학교 친구들과 원래 알았던 사이처럼 자연스럽게 대화를 나누었다. 나는 달라진 나의 모습에 깜짝 놀랐다. 같은 반 친구들과 같이 지낼 수 있는 시간이 얼마 남지 않았다는 생각이 들었기 때문이었다.

다섯 번째, 감사하는 마음을 가지게 된 것이다. 코로나가 오기 전, 나는 부모님께서 감사 일기를 적으라고 하실 때 '감사한 게 뭐가 있을까?' 오랫동안 고민만 했다. 하지만 지금은 가족들이 건강하게 함께 밥을 먹을 수 있다는 것, 학교에 갈 수 있다는 것, 친구들과 밥 먹으며 대화할 수 있다는 것도 다 감사한 일임을 깨닫게 되었다. 매일매일 일어나는 일이니 당연하게 여기고 사소하게 생각했던 것들이, 사실은 당연하게 일어나는 것이 아니고 사소한 것이 아님을 깨닫게 되었을 때, 내가 그동안 감사하지 않고 불평불만만 하며 살아왔다는 것을 느꼈다. 모든 것에 감사하는 마음을 가질 수 있게 되어 다행이라는 생각이 든다.

코로나로 인해서 하고 싶은 것 등을 절제하며 힘든 시간을 지냈지만, 그만큼 마음이 성숙해질 수 있었던 시간이었던 것 같다. 코로나를 겪으면서 나의 모습에 후회도 하고 미래에 대한 걱정도 했지만, 더 나은 나를 만들어 주는 소중한 시간을 보낼 수 있다는 것에 감사할 따름이다.

정예윤_고등학생

폭풍은 지나가리라

2020년이 시작된 지 벌써 반년이 지나고 있지만 전 세계는 아직 코로나의 위험에서 벗어나지 못하고 있다. 우한에서 처음 시작된 이 바이러스는 몇 백만 명의 확진자를 만들며 세계를 위협하고 있다. 코로나 이후의 시기를 뜻하는 '포스트 코로나'라는 신조어가 생길 정도로, 코로나는 우리 삶에 많은 영향을 끼치고 있다. "폭풍은 지나가고 인류는 살아남겠지만 우리는 다른 세상에 살 것이다." 유명 역사학자 유발 하라리Yuval Noah Harari의 말이다. 이처럼 코로나로 인해 크게 변화한 우리 사회에 대해 말하고자 한다.

코로나로 인한 가장 큰 변화는 야외 활동과 대면 활동을 꺼리고 재택근무 또는 온라인 클래스로 수업을 듣는 등 이동 제한과 활동 범위가 줄어든 것이라 생각한다. 이제 코로나로 인해 언택트untact 사회가 더욱 발달할 것이다. 전염병의 특성상 환자는 격리하고 예방 차원에서 서로 거리두기를 하는 것이 안전하다. 사회적 거리두기라는 말은 이제 익숙한 문장이다.

이동 제한으로 인한 사회 변화는 여러 가지가 있다. 그중 하나는, 대형

마트나 시장 이용률이 줄어들고 대신 편의점이나 온라인쇼핑을 이용하는 사람들의 수가 크게 늘었다는 것이다. 나 역시 주말에 가끔 친구와 함께 가던 대형 마트에 발걸음을 끊게 되었다. 음식점에서 음식을 먹는 사람들도 포장해 가는 빈도수가 늘었다. 매장에서 먹고 가는 사람들 역시 불안한 마음으로 빨리 먹고 마스크를 쓰고 자리를 떠난다. 그런데 이런 불안을 이용해 배달 앱app 업체들은 배달료나 수수료를 더 받는 운영 방침을 취했다. 모두가 혼란하고 힘든 시기에 자영업자들에게 부담을 지우는 배려 없고 이익만을 따지는 옳지 못한 방침이라고 생각한다.

배달 업체 직원들 덕분에 우리는 집에서 안전하게 물품을 받을 수 있다. 배달 물량이 많아진 요즘 배달 업체들의 위생 상태는 어떨까? 최근 부천에 있는 쿠팡 물류센터에서 확진자가 대거 나왔다. 코로나로 인해 늘어난 물량 수요를 맞추느라 직원들의 위생 점검을 소홀히했고, 대처 역시 적절하지 않았다. 코로나를 피하고자 이용한 배달이 오히려 직원들에게는 악영향을 끼친 것이다. 이런 배달 문화의 악영향에도 사회는 점점 오프라인 매장보다는 온라인 매장이 발달하고 그에 맞춘 서비스가 특화될 것으로 생각한다.

코로나 때문에 가장 고통받는 사람들은 자영업자가 아닐까? 사람들의 외부 활동이 줄어들자 각종 매장에는 비상이 걸렸다. 겪어 보지 않은 IMF가 이랬을까 하는 생각도 든다. 정부는 이를 구제하고 경제를 살리기 위해 각 가정에 재난지원금을 지급하고 있는데, 이 돈은 어떤 사람들에게는 귀중한 생계를 꾸려 나갈 수 있는 동아줄이 되었다고 생각한다.

한편, 감염병을 예방하기 위해 여러 물품들이 등장하였는데, '코로나' 하면 빠지지 않고 언급되는 것은 역시 마스크다. 이제 밖을 나가기만 하면 어디서나 마스크를 한 사람들을 볼 수 있다. 코로나 이전에는 감기 걸렸을 때나 겨우 쓰던 마스크를, 전 국민이 쓰고 다니는 모습은 이제 익숙한 일상의 풍경으로 자리 잡았다.

코로나 사태 초기에는 마스크 사재기로 인해 곤란에 빠진 사람들이 많았다. 사재기는 인간의 이기심과 미래에 대한 불안으로 비롯된 것이라고 생각한다. 마스크를 얻기 위해 약사에게 폭력을 휘두르고 다른 사람들에게 피해를 주는 극단적인 행동을 하는 사람들 역시 늘어났다. 어떤 마스크를 써야 하는지도 논란의 대상이었다. 다양한 마스크의 종류 중 코로나 감염을 막아 줄 수 있는 마스크를 찾아다닌다.

또 다른 문제는 마스크를 끼면 호흡이 불편하고, 특히 나처럼 안경을 쓰는 사람들은 김이 서린다는 것이다. 별것 아니라고 생각할 수 있지만 비염 환자나 안경 쓰는 사람들에게는 잠깐의 거슬림으로 끝나지 않는 매우 심각한 문제다. 점점 더워지는 여름, 마스크는 큰 불편함을 안겨 준다. 마스크로 덮여 있는 얼굴은 바람도 제대로 들어오지 않아 땀이 가득 차게 된다.

마스크는 화장품 매장에도 큰 타격을 입혔다. 마스크를 하면 얼굴이 가려지니 불편한 화장을 하지 않고 다니는 여성들이 늘었다. 특히 입술 제품은 거의 쓰이지 않는다고 해도 과언이 아니다. 마스크로 가려지지 않는 얼굴 상단 부분만 화장하는 재미있는 상황도 벌어졌다. 이 사태가 계속되면 마스크가 하나의 패션으로 자리 잡을 수도 있을 것 같다.

손 소독제 역시 수요가 늘었다. 엘리베이터 난간에는 손 소독제가 묶여 있고, 공공기관에 들어가면 제일 먼저 손 소독제의 위치를 파악해 둔다. 간단하게 핸드폰과 여러 물품을 소독할 수 있는 알코올 솜도 여러 가정에서 쓰이고 있다. 이런 위생적인 문화가 코로나가 종식된 이후에도 그대로 유지되었으면 좋겠다.

문화생활은 점점 집에서 즐기는 쪽으로 발달할 것이다. 최근 미술관이나 박물관에도 찾는 사람이 뚝 끊겼다. 영화관은 유례 없는 불경기를 맞았다. 이대로라면 손해만 입고 끝날 영화들이 많다. 사회적 거리두기를 실천하는 요즘, 사람들은 영화관을 찾기보다는 넷플릭스나 왓챠플레이, 유튜브 등 집에서도 충분히 즐길 수 있는 영상을 본다. 이 기회를 통해 개인 방송이 더 뜨게 될 거라는 생각이 든다. 그러나 한편으로는 이동 제한으로 인한 스트레스로 더 자극적이고 유해한 볼거리에 노출될 청소년들이 우려되기도 한다.

집에서 할 수 있는 대표적인 취미 활동으로는 독서가 있는데, 도서관에 가지 못하는 사람들을 위해 교보문고 온라인 서점에서는 이북 무료 대여 이벤트를 진행하기도 했다. 야외에서 할 수 있는 취미가 줄어든 대신 이런 기회를 놓치지 말고 이용하는 데서 재미를 느끼는 것도 좋다. 운동하고 싶지만 헬스장이나 야외는 왠지 불안한 사람들 사이에서는 홈트레이닝이 유행이다. 집에서도 간단히 영상을 보고 따라할 수 있는 요가 같은 운동이 인기를 끌고 있다.

회사에서도 화상 채팅과 메일로 소통하는 재택근무를 채택한다. 이 경우 사장들은 직원들이 나태해지지 않을까 걱정스러워 감시하고 싶은 욕구가 생길 것이다. 회사와 달리 집에서는 직원이 무엇을 하는지 모르기 때문이다.

그러나 오히려 이것이 기회가 될 수 있다. 현대사회에 접어들면서 사회는 주입식 교육을 받은 사람보다는, 자율적으로 사고하고 위기 상황에 빠르게 대처할 수 있는 주도적 성격의 인재를 원하는 쪽으로 변했다. 코로나로 인해 재택근무가 보편화된 사회에서는 자율적으로 일할 수 없는 조직은 망할 수밖에 없다. 상명하복을 따르며 상급자의 명령만 기다리는 것이 아닌, 적당한 자율성을 유지하며 유연하게 상황에 대처하는 인재를 기를 기회다. 이 위기를 자율적 조직을 만드는 기회로 삼는 조직은 반드시 성공할 것이다. 감시보다는 기회를 활용해 자율적 협동을 이끌어 내는 것이 중요하다.

　그렇다면 나 같은 평범한 학생들은 어떠한가. 학생들에게 방학의 기쁨보다는 학업에 대한 불안만 안겨 준 코로나. 코로나로 인해 본의 아니게 길어진 방학은 누군가에게는 실컷 놀 수 있는 기회가 되었고, 누군가에게는 한없이 귀중하고 유용한 시간이 되었을 것이다. 진로를 더욱 자세히 알아보고 고민해 볼 수 있는 기회로 삼을 수도 있다. 평소 하고 싶었지만 시간이 없어서 하지 못했던 취미 생활을 즐기고, 자신에게 부족한 부분을 더욱 정진하는 의미 있는 시간이기도 하였을 것이다.

　나는 자신 있게 스스로 알찬 방학을 보냈다고는 말하지 못한다. 오히려 되돌아보면 귀중한 시간을 낭비한 것 같기도 하다. 하지만 그 긴 시간을 하릴없이 흘려 보내지만은 않았다. 가장 보람차게 느끼는 것은 부족하다고 생각했던 수학 과목을 조금 더 깊이 파고들 수 있었다는 점이다. 비록 중간고사에서 썩 좋은 성적을 거두지는 못했지만, 기초를 탄탄히 쌓을 수 있었다는 점과 예전보다 한 단계 더 발전한 나 자신이 자랑스럽다.

　놀이 문화 역시 많이 바뀌었다. 시험이 끝나면 대부분 영화관 혹은 PC방에 가서 신나게 놀던 청소년들이 이제는 무엇을 하며 스트레스를 풀어야 할까? 많은 학생들이 스트레스는 풀고 싶은데 사회적 거리두기와 감염 예방을 해야 하니 답답할 것이다. 나의 경우, 수학여행을 매우 기대하고 있는데 이대로라면 과연 갈 수 있을지 여부조차 불확실하다. 학업으로 지친 학생들에게 학교에서 공식적으로 놀 수 있는 시간을 만들어주는 체육대회도 올해는 개최되기 힘들 것 같다. 활동적인 학생들의 경우 운동장에서 축구를 하며 놀지 못해 답답해하는 모습을 많이 볼 수 있다. 적어도 코로나 사태가 완전히 끝나기 전에는 단체운동을 하기 어려울 것이다. 학교에서도 체육 활동은 거의 하지 않는다.

집에서는 다른 친구들과 놀 수 있는 컴퓨터 게임과 모바일 게임 사용량이 증가할 것이다. 멀리 떨어져 있어도 같이 즐길 수 있는 게임은 부모님 입장에서는 골치 아프지만 학생들에게는 그나마 친구들과 소통할 수 있는 수단이어서, 부모님과 갈등이 벌어질 것 같다. 당장 우리 집만 해도 동생이 과도한 게임으로 부모님과 다투는 일이 빈번하게 발생하고 있다.

이동 제한으로 인한 스트레스를 푸는 나만의 방법은 친한 친구와 주말마다 만나 서울숲을 몇 바퀴 돌고 오는 것이다. 집에만 있어 약해지기 쉬운 하체 힘을 기를 수도 있고 격하지 않은 운동이라 몸에 부담도 적다. 답답한 사람들은 잠깐이라도 동네를 걸으며 기분을 환기하고 건강도 챙길 것을 추천한다.

원래대로라면 학기 초에 같은 반이 되고 서먹하지만 천천히 친해졌을 친구들을 2020년의 절반이 지나서야 만나니 낯설고 어색했다. 사회적 거리두기로 인해 책상 사이의 거리도 한참 떨어져 앉게 되었다. 그래도 1학년 때 같은 반이었던 친구와 오랜만에 만나 인사하고, 옆자리에 있는 새로운 친구도 사귀니 평범한 반 분위기를 찾은 것 같아 안심되었다. 그런데 학교에 등교하니 온라인수업을 하느라 밀렸던 수행평가와 시험들이 해일처럼 몰려왔다. 온라인 클래스만 듣고 처음 치르는 시험이라 조금 낯설고 걱정된다.

코로나가 끝난 다음 사회가 어떻게 변할지는 그저 상상만 할 뿐이다. 거센 코로나의 물결 속에 난 휩쓸리지 않고 흐름을 찾기 위해 노력하고 있다. 원하든 원하지 않든 세계는 이미 빠르게 변화하고 있다. 다가오는 포스트 코로나 시대에 발맞추어 나아가야겠다. 이 에세이를 쓰면서 그동안 그냥 넘겨 왔던 사회 변화를 깊이 생각할 기회를 갖게 되어 좋았다.

김의진_고등학생

우리가 잃은 것과 얻은 것

최근 우리의 삶은 급격하게 변화하기 시작했다. 2019년 12월 중국 우한에서 처음 발생하여 전 세계로 확산한 호흡기 감염 질환 코로나19 때문이다. 우리 사회는 많이 바뀌면서 발전했지만 전염력 강한 바이러스로 전 세계가 혼란에 빠지고 모든 게 멈추었다. 대체 어떤 바이러스길래 우리가 몇 달째 두려워하고 있는 건지, 바이러스가 가져온 변화와 그 피해와 이익 등에 대해 크게 다섯 가지로 이야기하고자 한다.

첫째, 등교 중지 및 온라인수업이다. 코로나 바이러스는 감염자의 비말이 호흡기나 눈, 코, 입의 점막으로 침투될 때 전염된다. 많은 사람이 밀접하게 붙어 있을수록 바이러스는 더 쉽고 빠르게 전염된다. 많은 학생이 동시에 모이는 학교는 집단 감염 위험성이 높기에, 등교 개학을 늦추고 온라인수업으로 대체되었다. 정해진 시간표대로 수업을 듣고 과제를 제출해야 한다.

온라인수업에는 여러 장단점이 있다. 장점은 학생들이 정해진 시간 안에서 자유롭게 수업을 들을 수 있다는 것이다. 학교에서와 같은 수의 강의를 들어야 하는데, 학교 수업 시간보다 짧은 경우가 많고 휴대전화로도 강의를 들을 수 있기에 집이 아닌 밖에서도 들을 수 있다. 단점은 수업 듣기가 자유로워진 것을 악용한다는 것이다. 배속 프로그램을 사용하여 수업을 빠르게 듣거나, 창을 여러 개 띄워 놓고 같은 시간에 여러 강의를 동시에 듣는 일이 발생하였다. 짧은 시간에 학교보다는 비교적 편한 장소에서 자유롭게 공부할 수 있는 것은 좋지만, 여전히 온라인수업이 대면 수업을 완벽히 대신할 수는 없는 것 같다.

둘째, 사회적 거리두기다. 2020년 3월 22일부터 15일간 강도 높은 사회적 거리두기가 시작되었다. 지인과의 모임, 종교 시설 참석 등 집단 감염 위험성이 높은 곳에 가는 것을 자제하는 것이다. 고강도 사회적 거리두기가 시작되면서 외식을 하기보다 배달 음식을 시켜 먹는 사례가 급증하고 있다. 실제 1월 19일부터 2월 23일까지 약 한 달 넘는 기간 동안 배달 앱app 이용자가 약 3배 정도 폭등하였다. 이 외에도 시장에 가서 장을 보기보단 택배를 시키고, 영화관에서 영화를 보기보단 온라인 동영상 스트리밍 서비스로 집에서 시청한다.

집에서 보내는 시간이 늘면서 여가 활동이 유행하기 시작했다. 집에서 간편하게 할 수 있는 요리, 쉽게 따라 할 수 있는 홈트레이닝, 그리고 시간 보내기에 좋은 게임 등이 유행했다. 나 역시 밖에 나가는 횟수가 현저히 줄게 되었다. 하지만 외출을 자제하고 친구들 모임도 피하다 보니, 집에서 보내는 시간이 너무 무의미하고 아깝게 느껴졌다.

세 번째, 실업이다. 바이러스에 대한 두려움으로 인해 사람들은 외출을 멈추기 시작했다. 이로 인해 자영업자들과 특정 업종에 대한 수요가 급감하고, 이는 해당 산업의 공급을 감소시켜 노동자를 실업의 위기로 내몬다. 실제 우리나라와 미국뿐 아니라 세계 모든 국가에서 수많은 실업자가 생겨났다. 통계청에 따르면, 우리나라도 실업자의 비율이 2019년 8월부터 12월까지는 3퍼센트 초반을 유지하였으나, 2020년 1월부터는 3퍼센트 후반대로 급증하기 시작했고 최근 4.5퍼센트까지 상승하였다.

네 번째, 변화된 사회로 인한 사람들의 인식이다. 코로나 바이러스의 가장 대표적인 증상은 발열, 기침, 인후통이다. 요즘같이 바이러스에 대한 경각심이 늘어난 때에 공공시설에서 기침을 하거나 마스크를 안 쓴 사람들은 따가운 눈초리를 받게 된다. 누군가는 약간의 기침도 망설이며 조심하지만, 누군가는 특정 동영상 공유 서비스에서 조회 수와 반응 등을 얻으려고 지하철에서 바이러스에 걸린 것처럼 기침하며 피하라고 소리치기도 했다.

다섯 번째, 마스크 구매다. 바이러스는 비말로 인해 전파된다. 바이러스가 전파되는 것을 막고 서로 예방하자는 차원에서 우리는 모두 마스크를 쓴다. 미세먼지 차단용 마스크인 KF94는 평균 0.4마이크로미터 크기의 입자를 94퍼센트 이상 걸러 낼 수 있다. 그러나 마스크가 걸러 내는 입자의 양이 많을수록 필터는 더욱더 두껍고 여러 겹으로 이루어진다. 일회용 덴탈 마스크보다 훨씬 답답하고 숨 쉬는 것이 불편하다는 뜻이다.

코로나 바이러스가 전 세계적으로 확산하면서 마스크를 대량으로 구매하려는 사람들이 생기기 시작했다. 하지만 마스크를 대량으로 판매하겠다는 연락을 받고 현장에 가 보면 아무것도 없다. 사람들의 욕심이 신종 사기를 낳은 것이다. 이러한 사건이 계속되자, 정부는 '마스크 수급 안정화 대책' 중 하나인 마스크 5부제를 3월 5일부터 실시하였다. 마스크 5부제란, 출생 연도 끝자리에 따라 지정된 날에만 공적 마스크를 살 수 있도록 한 것이다. 이후 마스크 수급 상황이 개선됨에 따라 6월 1일부터 마스크 5부제가 폐지되며 출생 연도와 상관없이 원하는 요일에 마스크를 구매할 수 있게 되었다.

나 역시 마스크 5부제가 실시되었을 때, 시간이 많은 주말마다 가족들과 여권을 들고 약국 앞에서 줄을 섰다. 거의 모든 약국마다 대기하는 사람들의 줄이 길게 늘어섰다. 마스크를 구매하려고 줄을 서서 기다린 것이 처음이라 새롭고 낯설기도 해서 기다리는 시간이 그리 길지 않게 느껴졌다. 정부의 대책에 대해 욕을 하는 사람도 있고, 다른 약국에서는 기다리지 않고 마스크를 빠르게 살 수 있다고 정보를 주고 가는 사람도 있었다. 그러나 지금은 마스크 구매가 편리해져서 더는 줄을 서서 기다리지 않는다. 여전히 마스크를 쓰고 생활하는 것은 불편하지만 이제는 외출 시 꼭 챙겨야 하는 필수품이 되었다.

이렇게 총 다섯 가지가 내가 생각하는 코로나 바이러스가 우리 삶에 가져온 변화들이다. 그렇다면 바이러스가 우리에게 준 피해와 이익은 무엇이 있을까?

우리가 몰랐던 코로나 바이러스가 가져온 이익 첫 번째는 위생에 대한 경각심이다. 모두 마스크를 쓰고 기침할 때 조심하고 손을 수시로 씻고 개인 물품을 소독한다. 함부로 물건을 만지지 않고 공공시설에서는 이런 물건들을 소독한다. 바이러스 유행이 진정된다고 해서 이러한 경각심은 바로는 사라지지 않을 것이다.

두 번째 이익은 재택근무 또는 온라인수업으로 인한 휴식이다. 직장 또는 학교까지 가지 않아도 되고, 자유롭게 원하는 공간에서 자신만의 업무가 가능해졌다. 이뿐만 아니라 온라인수업이 진행되면서 인터넷 서버가 활성화되었다. 여러 번의 시행착오 끝에 아무리 많은 학생이 인터넷에 접속해도 더는 지체되지 않고 서버가 원활하게 돌아간다. 이번 일을 계기로 온라인수업 또는 재택근무가 더욱 활성화되어 온라인으로도 업무를 보는 일이 많아질 것이다.

세 번째는 교통이 혼잡하지 않다는 것이다. 사회적 거리두기가 강화되면서 모두 외출을 자제한다. 외출을 자제하면서 차량 이용량이 급감했고 이로 인해 미세먼지도 줄어들었다.

네 번째, 의료 자재 업종과 배송 업체의 이익이다. 개인 위생 관리에 필요한 손 소독제, 온도계 등에 대한 구매가 늘어나면서 관련 사업이 이익을 보았다. 배송 업체의 이익은 외식을 자제하는 대신 배달을 시켜 먹고 시장에서 장을 보는 대신 배송을 시키기 때문이다. 우리 가족 역시 외식을 하러 나가기보단 가족 행사가 있는 날에도 집에서 먹는 것으로 대체하고 마트 가는 것을 자제한다.

반대로 첫 번째 피해는 자영업자가 입는 손실이다. 외출 자제로 가게를 이용하는 사람이 줄면서 자영업자들이 큰 피해를 보게 되었다. 자영업자들을 구제하기 위해 정부가 여러 가지 대책을 내놓았다. 우선 국세 또는 지방세 납부 기한 연장이다. 코로나 바이러스로 피해를 본 납세자를 대상으로 법인세, 부가가치세 신고 및 납부 기한을 최대 9개월 연장해 주었다. 이외에도 고용유지지원금, 소상공인 경영안정자금, 특별자금 지원 등이 있다.

두 번째는 학생들이 보게 되는 피해다. 준비했던 시험이 연기되거나 취소되고, 갑작스러운 성적 시스템 변화로 고입 또는 대입을 준비하는

데 차질을 빚게 되었다. 여름방학이 줄어들면서 대입을 준비할 수 있는 기간도 줄어들고, 등교 중지와 온라인수업 등으로 약 한 학기 정도를 무의미하게 보내게 된 셈이다. 성적 시스템이 바뀌면서 봉사 활동이 더는 성적에 반영되지 않는데 이로 인해 혼란을 겪기도 했다. 또한 학교에 있는 시간이 길어지지 않도록 수업 시간 및 쉬는 시간도 줄어들어 수업의 효율성이 떨어지고 시험 문제의 형식이 변화되는 등 학생들이 입는 피해가 한둘이 아니다.

세 번째는 직장인이 입은 피해다. 가장 보편적인 피해는 무급휴가이다. 회사에 출근하지 않고 휴가를 갖는 되는 대신 급여가 전혀 없는 것이다. 회사 매출과 자신의 업무 실적이 연봉과 관련되는 경우도 큰 피해를 입었다. 경기가 침체된 상태에서 회사의 매출이 안정적이기는 쉽지 않다. 회사 매출이 연봉과 관련된 경우, 또는 회사에서 업무를 볼 수 없는 상황이지만 자신의 실적이 연봉과 관련된 경우에는 큰 피해를 볼 수밖에 없다.

네 번째는 마스크로 인한 불편함, 문화생활 중지, 그리고 경기 침체 등이다. 마스크를 쓰고 걸어서 학교까지 등교하는 것은 생각보다 훨씬 힘든 일이었다. 특히나 요즘처럼 온도와 습도가 높은 날씨에 마스크를 착용하는 것은 더욱더 힘들다. 문화생활도 중지되었다. 영화관에서 영화를 보거나, 노래방을 가거나 PC방을 이용하는 것이 어려워졌다. 이것이 내가 생각하는 피해와 이익이다.

나는 현재 대한민국에 거주하고 있고 최근 해외에 방문한 적이 전혀 없기 때문에, 다른 나라의 상황은 매체로만 접할 뿐 자세하게 알 방법이 없다. 그러나 최근 1년간 미국 서부 지역 애리조나주에서 유학 생활을 마치고 며칠 전 한국으로 돌아온 친구로부터 알게 된 현재 미국의 상황, 그리고 미국과 우리나라의 다른 점에 대해서 알아보았다.

첫 번째는 인종차별이다. 가장 먼저 예상했던 이 점은 뉴스나 기사를 통해서도 여러 번 접했다. 실제 친구가 겪었던 인종차별 사례는 길거리를 지나갈 때 코로나 바이러스라고 불린다는 것, 그리고 무례한 질문을 받는다는 것이다. 길거리뿐만 아니라 학교에서도 욕을 먹고 차별당하는 것을 보며 다수의 편견이 얼마나 무서운지 알게 되었다.

두 번째, 일명 사재기다. 생활용품이 가장 먼저 동났다고 한다. 휴지와 물이 특히 동났고, 손 소독제 같은 위생용품은 아예 공급되지 않았다고 한다. 한동안은 모든 물품을 구매하기가 어려웠고 공급 자체가 없어서 힘들었다는 이야기를 전해 들었다.

세 번째, 거리두기의 변화다. 친구가 느낀 미국 거주자들의 거리두기는 대통령의 경제 재개 전후로 나뉜다고 한다. 경제 재개 전, 미국에서는 원래 마스크를 잘 쓰지 않는 문화였으나 그와 상관없이 모두 마스크를 쓰고 장갑을 끼기도 했으나 트럼프 대통령이 경제 재개를 선언한 후, 바이러스에 대한 경각심이 사라진 것처럼 보였다고 한다. 마스크를 쓰는 사람은 거의 없고 특정 장소로 휴가를 떠나기도 했다는 것이다. '이렇게 위생에 대한 경각심 없이 거리두기를 하지 않아도 바이러스 확산이 안 될까?'라는 의구심이 들었는데, 아니나 다를까 특정 장소에서 거리두기를 하지 않은 사람들 때문에 바이러스가 전파되어 확진자가 생겨났다고 했다.

친구는 인천 공항에 도착했을 때 마스크와 손 소독제 등 위생용품을 다량으로 수령했고, 기본 정보와 증상이 있는지 없는지를 확인하는 서식을 작성하고 자가 격리 앱을 설치한다고 했다. 이 중 친구가 가장 꼼꼼하다고 느낀 부분은 전화번호가 맞는지 재차 확인하는 것이었다고 했다. 본인 휴대폰 번호를 기재하면 확인 차 전화를 걸어 보고, 만약 휴대폰이 없으면 한국에 거주 중인 가족 또는 친구의 확인이 가능해야 하는 것을 보고 다시 한 번 엄격하게 관리한다는 것을 느꼈다고 한다. 이렇듯 미국에서 한국으로 돌아오면서 친구가 경험한 것들을 들어 보니 정말 큰 차이가 있다고 느꼈다.

마지막으로 이번 코로나 바이러스 사태와 관련하여 한 가지 더 언급하고 싶은 것이 있다. 바로 강경화 장관의 BBC 인터뷰다. SNS에서 이 인터뷰를 짧게 보고 그 뒷부분도 궁금해져서 인터뷰 전체를 찾아 여러 번 반복해서 들어 보았다. 들리는 대로 적어 놓고 보니 더욱더 인상 깊게 남았다. 가장 인상 깊었던 부분은 바로 인종차별에 대한 언급이었다.

앞서 말했듯이, 미국에서 동양인이라는 이유로 바이러스가 확산하기 전부터 인종차별을 당한 친구가 생각 나서 더욱 그냥 지나칠 수 없었던 것 같다. 인터뷰 일부분을 번역해 보자면, "한국인뿐만 아니라 얼마나 많은 동양인이 말뿐이 아닌 신체적 폭력까지 받고 있는지 말할 수가 없다. 그리고 정부는 이러한 피해를 멈추기 위해 책임을 져야 한다"는 내용이다. 이 인터뷰로 영국인들은 강경화 장관이 영국의 장관이었으면 좋겠다는 반응을 보이는 등, 모두에게 깊은 인상을 남긴 인터뷰였다.

아직도 바이러스는 진정될 기미를 보이지 않고 있다. 거리두기 수칙을 지키지 않은 몇몇 사람들 때문에 일부 지역은 혼란에 빠지기도 했다. 여전히 모든 것에 신경을 쓰는 것은 어렵고 힘들다. 그러나 잠깐의 불편함 때문에 개인 위생 수칙과 거리두기를 지키지 않아서 생기는 피해는 없어야 한다.

우리는 계속 바이러스에 대한 경각심을 가지고 바이러스가 종식될 때까지 경계 태세를 늦추지 말아야 한다. 의료진들을 비롯하여 많은 의료계 종사자 분들의 노고가 개인의 이기심과 불찰로 인해 물거품이 되지 않도록 우리 모두 힘들지만 노력해야 한다. 하루빨리 마스크를 벗고 친구들과 웃으며 만나고, 선생님의 수업을 직접 매일 들을 수 있는 날이 오기를 바란다.

조민경_중학생

포스트 코로나, 공존의 시대로

2020년 나는 열일곱이다. 태어난 지 17년이 된 나는 지금껏 경험하지 못했던, 역사 시간에나 배웠던 백 년 전 스페인 독감, 조선 시대 천연두의 재현을 겪고 있는 것 같다. 이런 믿기지 않는 사태는 문명의 초기 단계나, 최첨단의 현 시대에서나 참담할 수밖에 없다는 게 암울했다. 코로나19가 창궐하기 바로 직전까지 꿈에도 이런 날이 올 줄 모르고 2020년 1월 초에 엄마 아빠와 함께 사치스러운 졸업식을 했다. 1월 중순에 하와이에서 너무나 평화로운 일상을 보내고 왔는데, 이후 하와이에서는 한국인의 입국을 금지했다.

지금은 이웃과 사회를 생각해야 할 때

대구에서 신천지라는 사이비 종교단체가 집단 감염의 발원지가 되었다. 대구에서만 하루 5백여 명의 확진자가 나왔다. 대구에 사는 사람들이 얼마나 두려울까 짐작도 할 수 없었다. 코로나19 상황을 전하는 뉴스 속보에서 매일 신천지에 대해 다뤘는데, 코로나 바이러스만큼 무시무시한 게 신천지의 포섭 활동 같았고 신천지 교인이라면 모두 확진자일 것만 같았다.

중국 우한에서 처음 바이러스가 발생했을 때도 '우한 폐렴'이라는 명칭이 전혀 이상하지 않았다. 원망과 혐오가 중국으로 번졌다. 중국에서도 누군가의 소중한 가족이 전염병에 걸려 아파하고 있었을 텐데도, 싸잡아 중국 우한에 사는 사람들은 그저 불결하고 끔찍하게 느껴졌다. 유럽이나 미국에서 모든 동양인을 혐오하고 이유 없이 폭행을 가하는 사례가 뉴스에서 보도되기 시작했다. 인종차별이 전근대적인 사고의 산물이라고 생각했는데 시대가 변해도 변함 없음에 역사가 거꾸로 거슬러 가고 있다고 혀를 끌끌 찼다.

우리나라뿐 아니라 많은 나라가 자국민을 보호하고자 전세기를 보내 우한에서의 탈출을 도왔다. 국내로 이송된 우한 교민들이 충청도에 있는 시설에서 격리 생활을 하기로 했는데, 시설 근처 주민들은 혹시라도 그들에게 전염될까 무서워 차량으로 길을 가로막고 교민이 들어오는 것을 반대했다. 이런 사태에 나도 내가 혐오하는 것이 코로나 바이러스인지 그것에 감염된 확진자인지 헷갈리기 시작했다. 바이러스를 옮기는 모든 것들이 불편하고 불쾌하고 혐오스러웠다.

코로나가 계속 확산되면서 두려움과 이기심이 비례해 갈 때 내게도 하나의 사건이 터졌다. 내가 사는 주상복합 상가 내 병원에 코로나 의심 환자가 내원했다는 일명 '긴급 공지' 문자가 친구들에게서 왔다. 구청에서 문자를 보내기도 전에, 의심 환자가 확진자라는 진단이 나오기도 전에, 우리 아파트명 아래로 커다란 주의를 요한다는 문자를 몇 통이나 받았는지 모른다.

누군지도 모르는 사람이 누구에게나 개방된 병원에 다녀갔다는 이유만으로 나는 이미 코로나 바이러스 보균자가 된 것 같았고, 우리 아파트는 바이러스의 온상지가 된 것만 같았다. 중국 우한이나 코호트 조치가 내려진 대구의 어떤 병원처럼 우리 아파트가 폐쇄되는 건 아닌지, 내일 약속한 친구는 나를 만나 줄지, 배송 중인 엄마의 택배는 잘 도착할 수 있을지 각종 두려움에 빠졌다.

나는 그제야 정신이 들었다. 기껏 의심 환자의 방문 정도로도 이렇게 소스라치게 놀라는데 정말 병에 걸린 수많은 사람들의 심정은 어떨까. 나만 괜찮다면, 나만 걸리지 않으면 된다는 이기심은 무턱대고 동양인을 혐오하는, 뉴스에 나오는 백인들과 다름없었다. 우한에서 입국하는 자국민에 대한 걱정이 앞섰던 것 또한 사회가 아닌 오직 나의 안전만을 중요시한 것이라 한심스럽기 짝이 없었다. 난 얼마나 난감하고 기막힐지 직접 경험하고서야 비로소 눈이 뜨였다. 나 하나만 생각할 때가 아니라, 우리 모두의 이웃과 사회를 생각해야 할 때라는 것을 말이다.

포스트 코로나의 시작은?

현재 우리 사회는 혼밥, 혼술, 혼족 등 점점 간섭받기 싫고 간섭하기도 싫은 개인 중심 사회, 개인 이기주의로 가고 있다고 해도 과언이 아니다. 옆집에 누가 사는지도 모르고 도움이 필요한 타인에게 관여하는 것이 꺼려진다. 그러나 이번 코로나 사태로 지금껏 알지 못했던 진정한 이웃의 의미를 깨달았다. 가난하고 소외된 이웃을 돌보지 못한다면 그들 안에서 코로나19의 무차별 전염은 얼마든지 예견할 수 있다. 가난하고 소외된 이웃은 나와 별개가 아니고 직접적으로 연결된 공존 관계라는 사실을 몸소 깨닫는 계기가 되었다.

포스트 코로나 시대에 내가 살아남았다면 그것은 고마운 이웃이 있기 때문일 것이다. 사회적 거리 유지에 힘쓰고 마스크 열심히 쓰고 각자 개인 위생을 철저히 한 내 이웃 덕분에 내가 코로나19에 전염되지 않았을 것이니 말이다. 신천지는 사회적으로 불안하고 나약한 젊은이들에게 포교를 목적으로 계획적으로 다가가 그들이 필요로 하는 안정감과 사랑을 주었다. 신천지보다 우리 사회가 먼저 그들에게 손을 내밀었다면 그렇게 많은 젊은이들이 사이비 종교에 빠지게 되었을까? 우리가 가난하고 소외된 이웃, 사회적 약자들과 더불어 살아가야 하는 이유다.

정부와 지자체가 각종 재난지원금을 지급하고, 방호복을 입고 이마에 반창고를 붙인 의사와 간호사들은 사회적 신분과 빈부 격차를 가리지 않고 모든 확진자를 끝까지 돌보고 있다. 이것이 바로 인간 존엄과 이웃 사랑의 표징이 아닐까? 포스트 코로나의 시작은 더불어 사는 공존의 시대이길 바란다.

우리 가족은 매일 밤 이 힘든 시기를 극복하고자 기도를 드리는데, 기도문에는 '생명과 이웃의 존엄, 사랑과 연대의 중요성을 더 깊이 깨닫고 배려와 돌봄으로 희망을 나누는 공동체로 거듭나는 시기가 되기를 바란다'는 내용이 담겨 있다.

박경원_고등학생

참고자료

윌리엄 셰익스피어, 《셰익스피어 소네트》, 피천득 옮김, 2018, 민음사.

조너선 갓셜, 《스토리텔링 애니멀》, 2014, 민음사.

이용균, 《한국도시지리학회지 18권3호, 모빌리티의 구성과 실천에 대한 지리학적 탐색》, 2015, 한국도시지리학회. (http://kiss.kstudy.com/thesis/thesis-view.asp?key=3384709)

Butler, J., *Precarious Life: The powers of Mourning and Violence*. 2004, London; New York: Verso.

경북일보, https://www.kyongbuk.co.kr/news/articleView.html?idxno=2039061, 2020.05.06.

경인에듀, https://www.kyeonginedu.com/mobile/article.html?no=23836, 2020.05.12.

노컷뉴스, https://www.nocutnews.co.kr/news/5311179, 2020.03.19.

뉴시스, https://bit.ly/2Ma2GcQ, 2020.05.29.

매일신문, https://n.news.naver.com/mnews/article/088/0000650024?sid=110, 2020.06.03.

미디어리퍼블릭, http://www.mrepublic.co.kr/news/articleView.html?idxno=47284, 2020.06.04.

서울경제, https://www.sedaily.com/NewsView/1Z1ODAVO7J, 2020.04.03.

식품외식경제, https://www.foodbank.co.kr/news/articleView.html?idxno=59554, 2020.04.07.

신한카드 네이버 포스트, http://bitly.kr/WpKrh4DDi1, 2020.05.29.

아시아경제, https://www.asiae.co.kr/article/2020022710595236456, 2020.02.27.

연합뉴스, https://www.yna.co.kr/view/AKR20200319164700007, 2020.03.19.

연합뉴스, https://www.yna.co.kr/view/AKR20200513141100001, 2020.05.13.

영남일보, http://bitly.kr/ipl0RZRTfo, 2020.05.29.

오마이뉴스, http://www.ohmynews.com/NWS_Web/View/at_pg.aspx?CNTN_CD=A000 2647212, 2020.06.04.

이데일리, https://bit.ly/2zvvz0B, 2020.05.29.

이투데이, https://m.etoday.co.kr/view.php?idxno=1882620, 2020.04.11.

인사이트, https://www.insight.co.kr/news/287218, 2020.06.04.

충청투데이, http://www.cctoday.co.kr/news/articleView.html?idxno=2073846, 2020.06.05.

한국경제, https://www.hankyung.com/society/article/2020022380157, 2020.02.23.

한국금융신문, https://bit.ly/2ZLSdfH, 2020.05.29.

한국일보, https://m.hankookilbo.com/News/Read/202003251847791614, 2020.03.31.

한겨레, http://www.hani.co.kr/arti/opinion/column/947934.html ,2020.06.04.

한겨레21, http://h21.hani.co.kr/arti/society/society_general/48756.html 2020.05.30.

EBSstory, https://blog.naver.com/ebsstory/221978868268, 2020.05.26.

KBS 뉴스, http://mn.kbs.co.kr/mobile/news/view.do?ncd=4397770, 2020.03.09.

NBCnews, https://nbcnews.to/30msQBG, 2020.03.16.

SBS 뉴스, https://m.youtube.com/watch?v=KqTjuCUiREc, 2019.06.29.

TIME, https://bit.ly/30rCyTO, 2020.03.12.

YTN, https://www.ytn.co.kr/_ln/0104_202005221114181600, 2020.05.22.

https://m.search.naver.com/search.naver?where=m_news&sm=mtb_jum&query=%EA%B3%
A0%EC%86%8C%EB%93%9D%EC%B8%B5+%EC%A0%80%EC%86%8C%EB%93%9D%E
C%B8%B5+%EC%83%9D%ED%99%9C%ED%8C%A8%ED%84%B4 (2019년 기사)

코로나 시대
(임)모빌리티와 우리들의 이야기

2020년 12월 15일 초판 1쇄 발행

엮은이 ㅣ 건국대학교 모빌리티 인문교양센터
펴낸이 ㅣ 노경인 · 김주영

펴낸곳 ㅣ 도서출판 앨피
출판등록 ㅣ 2004년 11월 23일 제2011-000087호
주소 ㅣ 우)07275 서울시 영등포구 영등포로 5길 19(양평동 2가, 동아프라임밸리) 1202-1호
전화 ㅣ 02-336-2776 팩스 ㅣ 0505-115-0525
블로그 ㅣ bolg.naver.com/lpbook12
전자우편 ㅣ lpbook12@naver.com

ISBN 979-11-90901-09-3   94300